C000071833

1 MONTH OF
FREE
READING

at

www.ForgottenBooks.com

By purchasing this book you are eligible for one month membership to ForgottenBooks.com, giving you unlimited access to our entire collection of over 1,000,000 titles via our web site and mobile apps.

To claim your free month visit:
www.forgottenbooks.com/free1034753

* Offer is valid for 45 days from date of purchase. Terms and conditions apply.

ISBN 978-0-364-52738-2
PIBN 11034753

This book is a reproduction of an important historical work. Forgotten Books uses
state-of-the-art technology to digitally reconstruct the work, preserving the original format
whilst repairing imperfections present in the aged copy. In rare cases, an imperfection in
the original, such as a blemish or missing page, may be replicated in our edition. We do,
however, repair the vast majority of imperfections successfully; any imperfections that
remain are intentionally left to preserve the state of such historical works.

Forgotten Books is a registered trademark of FB &c Ltd.
Copyright © 2018 FB &c Ltd.
FB &c Ltd, Dalton House, 60 Windsor Avenue, London, SW19 2RR.
Company number 08720141. Registered in England and Wales.

For support please visit www.forgottenbooks.com

DANTE ALIGHIERI

LA

DIVINE COMÉDIE

89607

TRADUCTION LIBRE

PAR

M. Max. DURAND-FARDEL

PARIS

LIBRAIRIE PLON

E. PLON, NOURRIT et Cⁱᵉ, IMPRIMEURS-ÉDITEURS

RUE GARANCIÈRE, 10

1895

Tous droits réservés

PRÉFACE

Ce livre a pour objet de vulgariser l'œuvre de Dante, la *Divine Comédie,* si difficilement abordable jusqu'ici aux lecteurs français.

Si le nom de Dante remplit encore, après tant de siècles écoulés, l'Italie tout entière, il en est peu qui soient aussi populaires en France, ainsi que dans tous les pays où les lettres sont une religion. Mais ses œuvres ne sont pas populaires.

Le poète de la *Divine Comédie* est populaire parce qu'il est le plus humain des poètes. Dans les élans, comme dans les écarts de son imagination, il garde la sensibilité, le jugement, les aspirations, les tristesses, les passions de l'humanité. Tous ceux à qui il est permis de communiquer avec lui retrouvent en lui quelque chose d'eux-mêmes.

Ses œuvres ne sont pas populaires. (Je ne puis me permettre de parler de l'Italie : je reste en

France.) Ce n'est pas parce qu'il a parlé une langue semblable à ces aïeules dont le portrait ne nous transmet que les traits les plus caractéristiques de la race qu'elles ont créée; mais c'est qu'il fut d'un temps dont l'image est enveloppée pour nous d'un brouillard impénétrable.

Nous pouvons bien arriver à en reconstituer le langage, à en retrouver les vêtements comme les habitudes extérieures. Mais la pensée, l'imagination, les idées du treizième siècle sont pour nous lettre morte. Cependant, par-dessus ce brouillard, brillent les caractères essentiels de l'humanité, et c'est parce que nous les y retrouvons que l'œuvre de Dante assure à son génie une durée qui offre à nos yeux un caractère d'immortalité.

De cette œuvre il nous faut laisser à son pays de naissance la partie politique (*de Monarchia*), la partie de linguistique (*de Vulgari Eloquio*), la partie philosophique (*il Convito*). Tout cela ne peut intéresser chez nous que ceux à qui la connaissance de la langue dans laquelle c'est écrit permet d'en pénétrer et la forme et le fond : et pour eux une traduction est inutile.

On doit en dire autant des œuvres purement lyriques de ce génie universel. Il est vrai qu'une originalité personnelle s'en dégage moins vivement de la production touffue du lyrisme roman ou provençal ; et je crois pouvoir affirmer que la traduction en est impossible, j'entends une traduction qui fasse honneur à l'auteur et profit au lecteur.

On ne saurait traduire la *Vita nuova* elle-même, cette sorte d'autobiographie, pas plus qu'on ne pourrait traduire, en vers ou en prose, une partition d'opéra. De semblables tentatives en ont été faites cependant. Mais je pense qu'on peut regretter la somme de talent et de peine qui a pu y être consacrée.

Pour l'immense majorité, des lettrés comme des illettrés, Dante, c'est la *Divine Comédie*. Et il est permis de croire que, si Dante n'eût pas écrit la *Divine Comédie,* ses œuvres, en prose ou en vers, tout en restant encore d'un grand intérêt pour les érudits de son pays, n'en franchiraient probablement pas le cercle aujourd'hui, mais certainement ne dépasseraient guère les limites de sa patrie.

Et dans la *Divine Comédie* elle-même, bien qu'elle représente un tout, que le dessin en ait été arrêté d'abord, ou qu'il ne se soit fixé qu'à mesure, il faut bien distinguer la première partie, l'*Enfer,* des deux autres, le *Purgatoire* et le *Paradis,* la

première et la troisième se fondant en quelque
sorte dans la seconde.

L'*Enfer* est une œuvre dramatique, où l'intérêt
se soutient de lui-même, soulevé par le souffle
étrange qui s'en exhale.

Les deux autres parties deviennent de plus en
plus mystiques et raisonneuses. Ici l'intérêt ou, si
l'on veut, la complicité du lecteur s'amoindrit
pour la généralité du vulgaire et, il me semble
du moins, ne garde son prestige que grâce à la
magie du style. Ce style, c'est, autant que la gran-
deur et la diversité de l'imagination, ce qui peut
retenir et captiver ceux qui sont en état de le sen-
tir. Mais c'est là ce qui rend si nécessairement
imparfaite la reproduction de cette œuvre dans
une langue étrangère. Le style n'est pas une chose
qui se transmette à distance.

Ce style de Dante, incorrect au point de vue
de la langue formée, et à la formation de laquelle
le poète a pris une si grande part, — cet art
incomparable avec lequel il se joue de la contrac-
tion et de l'ellipse, — cette faculté merveilleuse
d'enfermer une idée ou une image dans un vers,
dans un mot, et cette puissance de chaque mot,
telle que, dans ces milliers de vers, il n'en est pas
un qui puisse être retranché, — cette érudition,
un peu confuse et complaisante, qui se meut avec

la même abondance dans la mythologie, l'Écriture sainte, l'histoire ancienne et l'histoire contemporaine, — cette richesse de comparaisons empruntées à la terre comme au ciel, c'est-à-dire aux plus humbles comme aux plus gracieuses des choses terrestres, et aux plus sublimes comme aux plus secrètes des choses célestes...

Voilà ce qui explique cette sorte d'hypnotisme que l'œuvre exerce depuis des siècles, et le roulement continu de toute une nation parmi les abîmes et les sommets qui s'y succèdent sans trêve.

Mais voilà ce qui sera toujours refusé à ceux qui n'auront pas reçu, en héritage, le secret de ce beau langage, ou qui n'auront pu au moins acquérir avec lui une intime familiarité.

Il existe plusieurs traductions françaises intégrales de la *Divine Comédie*. Toutes sont assurément estimables, et représentent de grands et louables efforts. Mais voici en quoi elles me semblent pécher :

Par respect sans doute pour la grande image de l'auteur, elles se sont toutes astreintes à une reproduction littérale du texte.

Est-ce ainsi que doivent nous être transmises

les œuvres étrangères, alors surtout, et je n'en ai pas d'autres en vue, qu'il s'agit d'œuvres lyriques, et appartenant à des époques absolument différentes de la nôtre?

Le devoir d'un traducteur est de représenter, aussi exactement qu'il le peut, les actes et les objets, et de reproduire, aussi fidèlement qu'il lui est permis, les pensées, exposés ou exprimés par l'auteur. Mais est-ce par la copie servile des mots qu'il y réussira? Non, assurément. D'un pays à un autre pays, et d'une époque à une autre époque, les mêmes objets et les mêmes pensées s'expriment d'une manière différente, et des expressions en apparence identiques ne répondent plus aux mêmes phénomènes ni aux mêmes idées. C'est qu'en réalité les choses sont vues par des yeux différents et les impressions ressenties par des organisations tout autres. Et l'on peut dire que plus une traduction est littérale, et plus elle est infidèle, en ce sens que moins elle rend ce qu'elle est censée nous fournir.

De là vient le peu d'attrait que présentent au lecteur français les traductions de la *Divine Comédie;* et, s'il reste froid devant le grand drame de l'*Enfer,* il est certain que la reproduction intégrale des deux autres cantiques rebute plutôt qu'elle ne retient l'immense majorité de ceux qui tentent de

s'y engager. Ils essayent quelquefois le *Purgatoire*,
mais ils n'abordent pas le *Paradis* (1).

: Je crois donc à l'impossibilité de présenter,
surtout de ces deux dernières parties de la trilo-
gie, une traduction, à proprement parler, accep-
table. Ce qui nous empêchera toujours de pénétrer
celles-ci sous leur forme originale, ce n'est pas
l'exagération mystique ou symbolique qui les
domine, c'est la scolastique, plus philosophique
encore que théologique, accommodée aux pro-
cédés du moyen âge. Notre esprit y résiste, et
notre attention s'y refuse.

Pour en faire une exposition facilement intel-
ligible, et en même temps aussi fidèle que pos-
sible, j'ai eu recours à la forme du récit, c'est-à-dire
à la forme impersonnelle. Ceci m'a permis d'éla-
guer les digressions les moins nécessaires, de
condenser les discours, de résumer les exposi-
tions, de manière à mettre surtout en lumière
la pensée du poète. Et, tout en laissant de côté ce
qui appartient à la scolastique du moyen âge, je
me suis appliqué à conserver à la narration le

_____

(1) Il semble qu'il n'en soit guère autrement en Italie même.
Voici ce que je trouve dans une analyse du *Paradis* due à un écri-
vain distingué, à qui l'œuvre de Dante est très familière : « *Il fatto
è che generalmente l'Inferno si studia; del Purgatorio si guar-
dano pochi canti; il Paradiso è quasi interamente trascunato.* »
(*Di cielo in cielo*, TERESA GAMBINOSSI, Sᵉ CONTE.)

mouvement et la vie qu'il lui a plu d'y introduire, comme à en reproduire les termes mêmes.

Est-ce un abrégé, une analyse, une adaptation? Il y a un peu de tout cela, mais ce n'est pas absolument cela. C'est plutôt une transcription, comme ce que fait un musicien pour approprier au piano une œuvre symphonique. Je pourrais dire encore le *Purgatoire* et le *Paradis* mis à la portée de tout le monde, si je n'avais à craindre que le lecteur ne s'offensât de ce que je ne trouverais pas à sa portée ce qu'il faut bien admettre que j'ai compris moi-même. Mais je pourrais lui répondre que je me suis attaché à lui épargner les fatigues quelquefois douloureuses d'une interprétation qu'une traduction littérale serait impropre à lui faciliter. Et tel est en effet l'unique objet de ce travail.

J'ai eu recours, pour le texte de la Comédie, aux éditions suivantes :

La Divina Commedia, col commento di Pietro Fraticelli, Firenze, 1889.

La Divina Commedia, per cura di Eugenio Carmerini, Milano, 1891.

La Divina Commedia, « da Scartazzini », *ed. minore,* Milano, 1893.

Il n'est peut-être pas nécessaire d'ajouter que

je n'ai pu mettre à profit ces éditions, dont la date, comme on le voit, est très récente, que grâce aux commentaires qui les accompagnent. On y trouve un résumé abondant des commentaires innombrables que les siècles ont amassés depuis Boccace, et auxquels viennent, incessamment renouvelées, s'ajouter des gloses nouvelles et des corrections successives (1).

Ces commentaires, dont la nécessité n'est pas moindre pour les Italiens eux-mêmes que pour les étrangers, ont pour objet d'éclairer un texte auquel son âge assigne de nombreuses obscurités, comme d'interpréter les citations et les allusions mythologiques ou historiques qui tiennent une si grande place dans le poème. J'y ai puisé avec discrétion, ne retenant que ce qui m'a paru indispensable pour l'intelligence du texte, ou intéressant au sujet des événements et des mœurs du temps et des contrées parmi lesquels l'œuvre se déroule.

Quant à une interprétation complète des symboles qui sont le fond du poème et en gouvernent les développements, elle exigerait plus de place que celle que tient l'œuvre elle-même. Ce n'est

---

(1) Le 9 août 1373, la République florentine avait ordonné que Dante serait lu et expliqué publiquement. Le 3 octobre, à l'église Saint-Étienne, Boccace montait en chaire, engagé pour 100 florins.

qu'à la longue sans doute qu'elle est parvenue à atteindre le caractère dogmatique qui lui a été prêté. On ne peut, du reste, qu'admirer la sagacité avec laquelle la pensée du poète a été, ou semble avoir été pénétrée. Je n'en ai reproduit que les traits qui m'ont paru les plus essentiels.

Mon seul but, je le répète, a été d'aider à populariser parmi nous une œuvre dont il ne suffit pas vraiment de connaître le nom et quelques épisodes transmis de générations en générations.

Aux commentaires italiens dont je viens de parler il convient d'ajouter des notes très personnelles et très érudites dont M. Dauphin a enrichi une traduction de la *Divine Comédie,* beaucoup moins connue qu'elle ne mérite de l'être : elles pourraient être mises utilement à profit, de l'autre côté des Alpes (1). La remarquable étude de M. John Symonds, si bien traduite par Mlle Augis (2), m'a également servi. J'y ajouterai les pages poétiques dans lesquelles M. Carducci a tracé un magnifique tableau de l'inspiration de Dante et

_____

(1) La *Divine Comédie,* traduction par M. HENRI DAUPHIN, Amiens, 1886.

(2) JOHN SYMONDS, *Dante, son temps, etc.,* traduit de l'anglais par Mlle AUGIS, Paris, 1891.

de la sublimité de son œuvre (I), et une analyse curieusement étudiée et singulièrement pénétrante de la psychologie du poème, très récemment parue, par un professeur distingué de philosophie au lycée A. Doria, de Gênes (2). Un travail plus modeste de Mme Gambinossi Conte m'a permis de suivre dans le monde mortel la fantaisie du poète, en regard de l'infini où il entraîne notre imagination (3). J'ai suivi avec fruit, dans une publication encore récente (4), les gloses et les discussions auxquelles donnent lieu, et donneront lieu sans fin, même après la publication d'une édition *princeps* tant réclamée, la langue et la pensée du poète florentin, souvent aussi énigmatiques l'une que l'autre.

Le cours que professe à la Sorbonne avec tant d'éclat l'auteur de l'*Italie mystique*, M. Gebhart, s'il n'a pas encore pénétré jusqu'au fond du poème, fournit des notions très précises sur le monde social et religieux où il se déroule. Je dois mentionner encore les belles études de Villemain, Ozanam, Lahitte, Ed. Rod, Jeanroy, etc. Je dois

---

(1) *L'Opera di Dante, discorso* di Giosué Carducci, Bologna, 1888.

(2) *La psicologia dell' arte nella Divina Commedia,* par le prof. Leynardi.

(3) Teresa Gambinossi Conte, *I luoghi d'Italia rammentati nella Divina Commedia*, Firenze, 1893.

(4) *Giornale Dantesco*, Roma, Venezia.

aussi de bien vifs remerciements à un professeur distingué d'italien, à Paris, Mlle Giulietta Samaia, qui, en voulant bien me prêter sa parfaite entente du texte et de l'esprit de la *Divine Comédie,* m'a rendu un service précieux.

Max. Durand-Fardel.

1ᵉʳ novembre 1894.

INTRODUCTION

L'inspiration de Dante semble pouvoir être rapportée à une double origine : son amour pour Béatrice, traversé par le cours des circonstances, et son amour pour l'Italie, traversé par le cours des événements.

Son premier amour se retrouve dans la plus célèbre de ses œuvres, sous le personnage figuré de Béatrice, déguisé sous le symbole de la Science théologique. Le souvenir de cette impression ineffaçable de son enfance n'est pas resté en lui à l'état d'une plaie toujours ouverte ; ses préoccupations politiques, ses différentes amours et son propre mariage ont certainement dû la guérir ; mais elle a laissé du moins une cicatrice indélébile. On y reconnaîtra peut-être la source de la mysticité religieuse et si hautement idéale qui domine son œuvre.

D'une autre part, nous retrouvons dans l'histoire de Florence l'explication des sentiments de rancune contre la ville où il était né, qui se rencontrent à chaque instant dans ses vers, auprès de la sollicitude qu'il garde à l'Italie, sa grande patrie. Et le besoin de les exhaler semble tenir dans son œuvre maîtresse autant de place que celui de glorifier la *donna gentile*.

Telle serait la double origine de la partie sublime et religieuse et de la partie terrestre et politique de son poème de la *Divine Comédie*.

Ajoutez à cela un mélange indéfinissable de passions mystiques et de passions personnelles, de découragement et d'enthousiasme, de souvenirs glorieux et de sombres prévisions, tout cela dicté par une sensibilité exaltée et maladive, un orgueil superbe, et des élans tantôt de pitié sincère et d'une sorte de cruauté satisfaite.

Dante Alighieri est né à Florence, en 1265, d'une famille qui faisait remonter assez loin son origine, mais ne possédait qu'une fortune médiocre. Son éducation fut des plus soignées.

En 1274, il avait alors neuf ans, il rencontra, dans une fête privée où son père l'avait amené, une enfant de huit ans, du nom de Beatrice Portinari, dont son imagination et son cœur précoces furent si vivement frappés qu'il lui adressa le jour même ses premiers vers, et que son image ne put désormais se détacher de lui.

Il ne la revit que neuf ans après, en 1283. Elle était devenue une jeune fille. Il la rencontra dans la rue, en compagnie de deux dames, et lui adressa un salut auquel elle répondit gracieusement. Envahi d'une émotion profonde, il rentra chez lui ; puis, saisi d'un sommeil invincible, il eut une vision et, aussitôt réveillé, il écrivit un sonnet où il dépeignait son rêve. Depuis lors, il ne paraît avoir eu avec elle que des rapports de société.

Béatrice se maria peu de temps après, et mourut en 1290.

Dante, inconsolable d'abord, épousa l'année suivante Gemma di Manetto Donati, sur les instances de sa famille, inquiète du chagrin dans lequel il était demeuré plongé. Il n'est guère resté de traces de cette union, bien qu'il en ait eu plusieurs enfants. Deux de ses fils auraient été des hommes assez distingués, l'un dans les offices publics, l'autre dans les lettres. Le dernier vestige connu de sa descendance aurait été une fille, mariée en 1549 à un comte Serego di Verona (1).

Telle est la simple histoire, traditionnelle ou légendaire, de l'amour de Dante pour Béatrice, telle qu'elle nous est parvenue. Et c'est ainsi que le nom de Béatrice s'est trouvé indissolublement uni, dans l'immortalité, à celui du grand poète (2).

La vie politique de Dante a été beaucoup plus compliquée ; et cependant elle pourrait être résumée en quelques lignes. Elle n'a guère été autre que celle de la plupart des hommes de ce temps-là que distinguait leur naissance, ou leur fortune, ou leur intelligence, ou l'élévation de leur caractère ; et l'histoire de chacun d'eux serait une représentation fidèle de l'état de leur pays.

Par un contraste frappant, alors que naissait en Italie cette magnifique période où les arts et les lettres allaient revêtir une splendeur qui n'est pas encore amoindrie à nos

_____

(1) Eugenio Camerini, *La Divina Commedia*, 1891.

(2) On a cherché à prouver que Béatrice n'avait pas existé et n'était qu'une création imaginaire. On a montré d'un autre côté que, si elle avait eu une existence réelle, elle ne pouvait avoir été une Portinari. Je ne pense pas que ces savantes dissertations soient d'un grand intérêt pour les lecteurs de la *Comédie,* ni pour les admirateurs du poète.

yeux, régnait un épouvantable désordre moral et social.

Tout le sol de l'Italie, de l'Italie du nord surtout, se trouvait morcelé entre des royaumes, des républiques, des villes, des châteaux, c'est-à-dire des tyrannies, populaires ou personnelles, qui régnaient chacune suivant sa guise, s'abattant et se redressant tour à tour, à travers les incessantes révolutions que l'ambition, la cupidité, la jalousie, des intérêts mercantiles, des haines intéressées, entés sur les mœurs les plus farouches et une immoralité indescriptible, renouvelaient chaque jour entre les moindres et les plus considérables de ces éléments.

Dante avait porté les armes, dans sa jeunesse, dans les rangs du parti guelfe. Puis, considéré à Florence comme un des esprits les plus éclairés de la République, après s'être affilié à l'un des sept *arti maggiori*, celui des médecins et des apothicaires, condition nécessaire pour entrer dans la vie publique, il prit une grande part aux affaires intérieures et extérieures de l'État. En 1300, il avait alors trente-cinq ans, il fut nommé l'un des six prieurs, le priorat représentant la plus haute magistrature de Florence.

« Tous les malheurs de ma vie, a-t-il écrit dans une lettre particulière, me sont venus de ce malheureux priorat. »

En effet, alors que l'État se trouvait sans relâche en proie aux querelles sanglantes de deux factions ennemies, les Noirs et les Blancs, il était impossible de ne pas se heurter chaque jour aux intérêts ou aux passions de quelqu'un des représentants des grandes familles qui se partageaient entre ces deux factions et leurs ramifications.

L'élévation du caractère de Dante, son incontestable supériorité sur tous ses concitoyens, supériorité dont il avait une haute conscience, son imperturbable équité, et, l'on peut supposer, un caractère peu maniable, ne pouvaient manquer de lui faire des ennemis dans tous les camps; or toutes les haines alors étaient impitoyables.

En 1301, le pape Boniface VIII, de concert avec la faction des Noirs, dominante alors, avait appelé Charles de Valois, frère du roi de France Philippe le Bel; c'était dans le but de réformer le gouvernement de Florence, où il voulait l'envoyer, et d'abattre la faction adverse des Blancs. Dante, envoyé en ambassade auprès du Saint-Père, s'opposa avec animation à cette venue, qu'il considérait comme dangereuse pour l'indépendance de sa patrie, et fit tous ses efforts pour le dissuader d'une intervention aussi malencontreuse. Mais le Pape ne céda en rien, et s'arrangea pour retarder tellement le départ de l'ambassadeur florentin que les ennemis de celui-ci, le parti des Noirs l'ayant emporté, saccagèrent sa maison et, sous le prétexte faux d'appartenir à la faction abattue, le firent bannir de Florence.

Ce récit, emprunté textuellement à Fraticelli, et généralement accepté, a été contesté, comme la plupart de ceux qui ont trait à la vie privée comme à la vie politique du poète (1). Il est difficile, pour la première, de

(1) Voir l'article de M. JEANROY dans la *Grande Encyclopédie*, et aussi un article de la *Revue des Deux Mondes* (15 décembre 1890), la *Biographie de Dante*, par M. ED. ROD, conçue dans le même esprit critique que celui de M. JEANROY; l'un et l'autre, sans doute inspirés du scepticisme de M. BARTOLI (Florence, 1885-89), relativement à tout ce qui nous a été transmis sur la vie de l'Alighieri.

faire le départ de la légende et de la réalité. La seconde
a dû offrir bien des complications, également difficiles
à saisir sur le vif, en rapport avec la situation si compli-
quée elle-même de l'Italie du Nord : là l'émiettement
des partis au pouvoir d'un jour ne pouvait avoir d'égal
que les bouleversements et les révolutions qui en chan-
geaient incessamment les conditions. La droiture in-
flexible du caractère de Dante le condamnait d'avance
à recueillir de tous les côtés des inimitiés également
inflexibles. « Il était Guelfe par tradition et par souve-
nir, dit M. Bartoli; il était Gibelin par dédain, par
colère, par désir de vengeance. »

Ce qui nous intéresse davantage, c'est ce que nous
savons, sinon par le menu, du moins dans son ensemble,
de la vie menée par l'Alighieri depuis son exil, dont il
ne devait pas voir la fin, jusqu'à sa mort, c'est-à-dire
depuis sa trente-sixième jusqu'à sa cinquante-sixième
année, de 1301 à 1321.

L'exil de Dante fut donc définitif. Il ne revit jamais
la cité où s'était déroulé le premier roman de sa jeunesse
précoce, et où il aurait pu consacrer au bien public sa
grande intelligence et ses hautes vertus.

Exil plusieurs fois proclamé, confiscation de sa modeste
fortune, condamnation deux fois répétée à être brûlé
vif, tels furent les effets des haines qu'il avait laissées
dans tous les partis, tel fut le mépris de cette démo-
cratie pour la gloire que, vivant encore, il eût pu déjà
déverser sur son ingrate patrie.

Il est vrai qu'en 1316 une amnistie générale aurait
pu lui permettre de revenir finir ses jours à Florence;
mais il fallait la payer d'actes humiliants auxquels sa
juste fierté ne pouvait s'abaisser.

Une obscurité relative règne sur l'existence errante et précaire qu'il dut mener pendant cette longue période de vingt années. Ce fut bien une vie errante, par les villes, les châteaux, les monastères, et quelques voyages plus lointains, à Paris même. Il paraît avoir reçu partout un accueil sympathique, souvent affectueux, près d'anciens amis et d'amis nouveaux.

Il n'avait pas renoncé à jouer un rôle politique; mais il se donna surtout à des travaux littéraires, embrassant depuis les sujets d'étude les plus sévères jusqu'à des œuvres de pure imagination. Ses écrits sur la philosophie, la linguistique, la politique, sans parler de ses *canzoni*, représentent une production considérable et qui étonne singulièrement quand on songe aux dures circonstances parmi lesquelles elle s'est accomplie. Mais l'œuvre qui devait lui assurer l'immortalité, la *Divine Comédie*, ne cessa jamais de le dominer. Si l'*Enfer* parut dès 1308, le *Paradis*, sa troisième *cantica*, comme il a nommé chacune des parties de sa trilogie, ne fut terminé qu'en 1321, année de sa mort (1).

C'était un homme de tenue soignée (*pulito*), de taille moyenne, d'un aspect agréable et plein de gravité, parlant peu, mais prompt à la riposte, éloquent lorsqu'il le fallait. (Bruni.)

Il avait, au dire de Boccace, le visage allongé, le nez aquilin, les yeux plutôt grands que petits, les mâchoires fortes, la lèvre inférieure avancée. Son teint était brun, sa barbe et ses cheveux épais, noirs et crépus (2).

---

(1) On n'est nullement d'accord sur l'exactitude de ces dates.

(2) Boccace a été son contemporain. Il était né en 1313. Bruni, un peu plus tard, en 1369.

Dante, nous dit M. Jeanroy, était, de son propre aveu, de complexion amoureuse. Sa correspondance en témoigne, et aussi sa confession à Béatrice. Ceci nous éloigne un peu du Dante de la légende, ce sombre personnage dont les femmes s'écartaient dans la rue en disant entre elles : « Voici celui qui revient de l'enfer. »

L'imagination et la sensibilité se sont montrées chez Dante d'une précocité presque maladive. Il paraît avoir été toute sa vie sujet à des visions, c'est-à-dire à des hallucinations. Les évanouissements qui suivirent plus d'une fois ses plus fortes émotions dans son voyage en enfer, avec égarement au réveil, bien que fictifs, doivent être la représentation d'accidents réellement éprouvés. Il paraît impossible de ne pas voir, dans toutes ces circonstances, des témoignages, sinon d'une hystérie proprement dite, du moins d'une constitution bien voisine de l'hystérie. Ce mot, qui paraîtra peut-être à quelques personnes un peu irrévérencieux pour la personne du grand poète, n'exprime pas précisément un diagnostic, mais l'idée d'une déséquilibration du système nerveux, ce qui est du reste parfaitement compatible, et se rencontre souvent, avec le plus large développement des facultés de l'intelligence (1).

---

(1) On lit dans le *Giornal Dantesco* (Roma-Venezia, anno I, quaderno VI) : « *Quanti potranno leggere senza sorridere,* dans le *libretto* de M. Durand-Fardel : *Dante Alighieri*, OLLENDORF, 1893, que : Dante paraît avoir été toute sa vie sujet à des visions ou à des hallucinations, que l'*Inferno* est l'œuvre d'un visionnaire...? » (Passerini.)

On lit dans la *Gazetta litteraria* (Torino, 25 novembre 1893) : « Ce me fut un grand plaisir quand, dans une récente étude de M. Durand-Fardel, j'ai trouvé cette note qui m'a paru aussi justifiée que nouvelle (*nuovissima*) : que Dante est probablement mort

Dante alla mourir à Ravenne en 1321, âgé de cinquante-six ans, sans doute épuisé par les souffrances physiques et morales de ses longues années d'exil, et par le travail continu auquel il n'avait cessé de se livrer. Il ne nous est pas parvenu grand'chose sur les dernières circonstances de sa vie. Nous savons seulement que son ami Guido Novello da Polenta, seigneur de Ravenne, qui venait de l'inviter à se rendre auprès de lui, lui fit des funérailles honorables et y prononça son oraison funèbre. Ses restes reposent encore à Ravenne.

Un monument lui a été élevé dans l'église de Santa Croce de Florence, Panthéon des grands hommes de l'Italie.

Il aimait la science, disent ses biographes, et il la considérait comme la base la plus solide de l'ordre moral et social (1). Il aimait les arts, la peinture, et l'on a dit qu'il avait pris quelque part aux études de Giotto, son ami. Il aimait surtout la musique.

Il aimait la science, parce qu'il aimait tout ce qui peut agrandir l'esprit ou élever l'âme. Mais la part qui a été attribuée à la science dans son œuvre me paraît fort exagérée, ou du moins je n'ai pas su l'y retrouver. Il faut convenir d'ailleurs qu'une vie aussi tourmentée que la sienne ne se prêtait guère aux élucubrations scientifiques. Il est déjà à peine concevable que son existence, qui n'a pas eu une bien longue durée, ait pu suffire à l'œuvre immense qu'il nous a laissée.

---

d'épuisement et de maladie nerveuse, et qu'il a dû souffrir d'accès épileptiques... » (C. Lombroso.)

Cette citation n'est pas parfaitement exacte.

C'est ainsi que je n'ai jamais parlé d'épilepsie.

(1) *Il Convito, trattato 1°.*

« Il faut savoir, a-t-il dit lui-même à propos de la *Commedia,* que cette œuvre n'est pas simple, mais qu'elle peut être appelée *polisensa :* c'est-à-dire qu'autre est le sens qui peut être donné à la lettre, autre est le sens des choses exprimées par la lettre. Le premier s'appelle littéral, le second allégorique. »

On peut trouver tout ce qu'on veut dans ce langage allégorique dont il ne se départit guère. Les innombrables commentateurs qui ont entrepris de nous initier à la pensée du poète ne s'en sont pas fait faute.

Sans doute, un esprit tel que le sien, un des plus compréhensifs qui aient pu exister, devait avoir des clartés de tout ce qu'on savait ou croyait savoir de son temps. Mais il semble que ses connaissances scientifiques ne dépassaient guère Aristote, qui fut son guide dans les choses terrestres, comme Virgile l'était dans les choses divines. Son exposition des conceptions célestes d'Aristote (1), la théorie qu'il développe de la génération (2), ne témoignent pas en réalité de ce que nous appelons l'esprit scientifique. Celui-ci n'avait pas manqué, malgré tant d'erreurs inévitables, aux grands philosophes de l'antiquité; mais il ne régnait pas précisément au moyen âge (3).

Les trois œuvres maîtresses de Dante sont : la *Vita nuova* (la Vie nouvelle), *il Convito* (le Banquet) et la *Divina Commedia.*

(1) *Il Convito, trattato* 2°.
(2) XXV° chant du *Purgatoire.*
(3) M. Jeanroy a dit : « Ce n'est pas comme penseur, c'est comme artiste qu'il ouvre un âge nouveau. » (La *Grande Encyclopédie,* article DANTE.) Si l'on songe aux idées innombrables qu'il a remuées, il faut reconnaître que si Dante ne fut pas précisément un savant, il fut surtout un penseur.

Il Convito est assez pénible à lire. C'est un traité de morale philosophique comme pouvait en écrire un esprit d'une aussi grande élévation, mais un esprit du treizième siècle.

La *Vita nuova,* dont la composition bizarre n'est pas sans attrait, et où l'allégorie systématique prend des accents d'une douceur et d'une tendresse ineffables, est d'une lecture irritante en raison de la difficulté que l'on ressent d'y démêler ce qui est histoire ou roman, vécu ou imaginé, pleuré ou versifié (1).

Poète, moraliste ou philosophe, Dante a pu être égalé ou surpassé dans le cours des siècles. Mais la *Commedia* (2) est de tous les temps et de tous les mondes, et c'est cette œuvre, indéfinissable et inimitable, qui a entraîné dans son immortalité des œuvres assurément curieuses et attachantes, mais demeurées trop loin de nous.

A quelles impulsions et à quelles idées pouvons-nous rapporter l'inspiration et la réalisation de cette œuvre immense? Nous ne le savons pas, car le poète ne l'a pas dit. Nous pouvons au moins le chercher.

Ce n'a pas été pour la satisfaction de placer ses ennemis dans l'Enfer et ses amis dans le Purgatoire ou le Paradis qu'il l'a conçue et accomplie (3). Ce n'est pas

(1) La *Vita nuova* est une sorte d'autobiographie allégorique consacrée à l'amour de Dante pour Béatrice.

(2) Dante avait intitulé son poème *Commedia,* parce que la comédie, au rebours de la tragédie, se termine toujours par un dénouement heureux, et parce que le style de la comédie est plus libre et plus simple que celui de la tragédie, toujours élevé et sublime. (Lettre à Can Grande.) C'est la postérité qui lui a donné le nom de *Divine Comédie.*

(3) Dante a placé dans l'Enfer son vieux maître, Brunetto Latini, à qui il témoigne les sentiments les plus affectueux.

par esprit de rancune et de camaraderie qu'on écrit la *Divine Comédie*. Ce n'a pas été pour élever un temple à Béatrice : il avait écrit la *Vita nuova*. Ce n'a pas été pour montrer ce qu'on pouvait faire de la langue vulgaire, ou pour soutenir une conception politique. Il a écrit *il Convito* et *de Monarchia*.

Il faut chercher plus haut (1).

Le treizième siècle fut un siècle d'anarchie (Carducci). Les esprits dévoyés et les âmes égarées ne savaient de quel côté se tourner ni sur quoi se poser. L'Empire était condamné par son éloignement, son indifférence, la vanité de ses apparitions réitérées. Il fallait un conducteur d'hommes. Un seul peut-être eût pu être celui-là, Frédéric II. Mais il lui aurait fallu vivre plusieurs vies successives : et encore qu'en serait-il sorti ?

La papauté avait perdu son prestige. Il y avait eu de grands papes, quelques politiques habiles s'étaient assis sur le trône de saint Pierre; quelques saints même. Mais ce qui manqua le plus à cette déjà longue lignée de souverains spirituels, c'était le sens moral. La papauté s'affaissait sous le dégoût et la terreur.

Il fallait un conducteur d'âmes. Quelques grands esprits avaient surgi, dont l'empreinte n'est pas encore effacée de nos jours, Mais, à peine disparus, leurs enseignements et leurs vertus s'étaient obscurcis, et le

(1) Ozanam a vu dans la *Comédie* une œuvre de contrition. « C'est de la grande révolution qui se fit dans son âme (vers 1300) et des larmes de cette glorieuse pénitence que nous voyons sortir un poème immortel. » (*OEuvres complètes*, t. IX.) On en avait dit à peu près autant à propos de la mort de Béatrice, qui avait eu lieu dix ans auparavant. C'est sans doute tout un concours de circonstances funestes qui ont poussé dans le mysticisme et la familiarité de la mort une organisation toute prête elle-même à s'y plonger.

temps était encore loin où l'Église romaine, comme les préceptes de ces puissants éducateurs, devaient reprendre dans le monde une place digne de leurs origines.

Dante a voulu sans doute construire un monument qui promît un asile secourable aux âmes blessées, un tribunal inflexible aux tyrans. Il a voulu porter l'effroi dans les cœurs superbes, apporter un encouragement aux désespérés, une consolation aux souffrants, montrer une apothéose aux héros. Et, pour initier les âmes aux choses divines, pour expliquer aux esprits les allégories, il a fondu le monde mortel dans le monde surnaturel, il a ramené le passé, il a prêté une figure à ses pressentiments, il a remué l'histoire, il a agité la légende, il a mis en jeu les forces de l'univers, il a étalé tous les aspects de la nature ; et il s'est mis lui-même au premier plan, se livrant tout entier dans ses grandeurs et ses faiblesses, acteur à la fois et spectateur des scènes les plus tragiques, des épisodes les plus émouvants et des représentations les plus sublimes (1).

Mais l'étude de la *Commedia* nous offre un intérêt d'un ordre très particulier sur lequel je tiens à insister.

---

(1) M. Giosué Carducci a écrit de fort belles pages sur ce même sujet. (*Discorso sull' opera di Dante*, Bologna, 1888.) Cet écrivain distingué y a ajouté un rapprochement intéressant entre les états d'âme en Italie, à la fin du treizième siècle, et les états d'âme en France, après les tourmentes de la Révolution et de l'empire. L'aboutissant en a été la *Divine Comédie* d'un côté et de l'autre le romantisme. Mais la *Comédie* a été une œuvre d'encouragement et d'espérance, et le romantisme une œuvre de pessimisme. M. Carducci aurait pu mentionner particulièrement le *Génie du christianisme*. L'action exercée sur la société française par le poème (en prose) de Chateaubriand a été beaucoup plus rapide et effective ; elle a été moins durable sans doute. Mais il ne faudrait pas pousser trop loin de semblables rapprochements.

La biographie de l'Alighieri ne nous apparaît qu'enveloppée d'une singulière obscurité. Il n'est pas un des incidents ou des caractères de la vie politique qu'il aurait menée, ou de la vie passionnelle qui lui a été attribuée, soit par ses premiers biographes, soit par la tradition, dont l'authenticité ne soit encore contestée ou par des critiques sérieuses, ou par des partis pris d'apparence assez systématique. C'est donc à ses œuvres elles-mêmes qu'il faut s'adresser si l'on veut chercher à reconstruire l'homme qu'il était, ce qui est en réalité plus intéressant encore que les circonstances mêmes d'une existence aussi troublée que la sienne.

La *Vita nuova* nous offre l'apparence d'une autobiographie où il semble qu'il n'y ait qu'à s'efforcer de dégager, des allégories qui l'obscurcissent, l'histoire d'une passion romanesque dont on peut admettre que le génie du poète ait gardé une empreinte jamais effacée, mais qui ne paraît avoir exercé aucune influence sur les péripéties ultérieures de sa destinée. C'est une œuvre de jeunesse et qui ne se rapporte qu'à une courte période de sa vie; c'est un hymne enthousiaste à l'amour glorieux; c'est un *lamento* touchant sur l'amour brisé! Il est vrai qu'un des plus éloquents interprètes de Dante, dans notre pays, assure que l'on peut déjà, dans la *Vita nuova*, reconnaître et prédire l'homme qui fera l'Enfer, le Purgatoire et le Paradis (1).

La *Commedia*, de son côté, nous montre l'homme viril dans sa prodigieuse émotivité, ses passions exhubérantes, les hauteurs de son âme et les faiblesses de

(1) VILLEMAIN, *Cours de littérature française. Tableau de la littérature du moyen âge*, 1857.

son caractère, les énergies et les défaillances de son être.

La *Vita nuova* est un portrait où l'art l'emporte sans doute sur la ressemblance.

La *Commedia,* c'est l'homme lui-même.

Il ne s'agit plus des allégories mystiques de la *Vita nuova*. Ce ne sont plus les procédés scolastiques d'*il Convito*. Le poète de la *Commedia* nous livre ici sans préparation tous ses modes de voir, de sentir, de comprendre, de vivre enfin. Il nous les livre parmi un mélange inexprimable de colères et d'apaisements, de rudesse et de douceur, de justice implacable et de mansuétude chrétienne. Et sur tout ceci plane la sincérité, la vertu capitale de Dante, qui fut une de ses gloires, après avoir été peut-être la cause première de ses malheurs.

Un critique aussi profond que sagace, M. Brunetière, dans une de ses brillantes conférences sur la poésie lyrique au dix-neuvième siècle, dit à propos des Byron, des Gœthe, des Lamartine et des Hugo : « Leur poésie... porte l'empreinte ineffaçable de leur génie particulier, en ce qu'elle est révélatrice pour nous du plus intime et du plus profond d'eux-mêmes. Elle nous renseigne non seulement sur ce qu'ils ont pensé de l'amour, de la nature et de la mort, mais sur les lieux où ils ont vécu, sur les impressions qu'ils y ont éprouvées, sur leurs goûts, au besoin sur leurs vices eux-mêmes. Ce sont des aveux, ce sont des confessions (1). »

C'est tout cela que nous retrouvons dans la *Divine Comédie*. S'il est une œuvre dont la présence de son créateur ne puisse se détacher un instant, c'est bien

(1) La *Revue bleue* du 18 février 1894.

celle-ci. Il ne s'en absente pas d'un vers, il en est le héros. C'est pour lui que tout le monde céleste, depuis les régions infernales jusqu'au sommet du Purgatoire et jusqu'aux plus sublimes profondeurs de l'Empyrée, est mis en l'air, et que les lois éternelles sont transgressées, et que les bienheureux s'inquiètent, et que les messagers célestes se déplacent. Si aucune œuvre peut-être n'a une portée plus universelle, il n'en est sans doute pas de plus personnelle.

Dante a eu plus d'un prédécesseur dans la peinture imaginaire de l'Enfer (1). Mais son véritable précurseur est Virgile, qu'il appelle son auteur, son maître, son guide (*il suo duca*). Mais qu'il y a loin du doux favori d'Auguste au sévère Florentin ! L'Enfer de Virgile est d'un poète ; celui de Dante est d'un visionnaire.

Si l'œuvre de l'Alighieri a une portée universelle, embrassant toute acception de temps et de lieu, si elle plonge au plus profond de la pensée humaine, elle se trouvait d'abord écrite, naturellement, pour ses contemporains et pour ceux de son pays ; aussi est-elle remplie de souvenirs, de récits et d'allusions dont l'intérêt véritable se concentre dans un cercle bien circonscrit d'acteurs et de spectateurs. Il en était alors de l'histoire comme de la morale. Les moindres hommes, comme les moindres incidents, de Florence ou de la Romagne, prenaient aux yeux du poète une importance capitale, comme les questions de morale se mesuraient d'après ce qui régnait autour de lui, et s'accommodaient aux circonstances du petit monde où il vivait. Son esprit,

(1) C. LABITTE, *La Divine Comédie avant Dante, Revue des Deux Mondes*, 1842, et traduction Brizeux.

quelle que fût son étendue, avait dû se modeler dans une certaine mesure sur les divisions infinies de son pays. Les cercles de son Enfer répondaient aux cercles des vices et des faiblesses des hommes de son temps et de son milieu, mais auraient sans doute aujourd'hui de tout autres destinations.

Nous retrouvons ici un caractère très général de l'histoire. Il faut arriver aux temps modernes pour voir les intérêts et les spectacles s'élargir successivement. Dans l'antiquité, — et il en était également ainsi alors que Dante écrivait, — le monde était étroit pour chacun, et quelque intuition que l'on pût avoir de son étendue, les intérêts comme les connaissances se circonscrivaient dans des limites bien restreintes, que Dante cependant, il faut le reconnaître, avait su élargir : Rome seule, à son apogée, avait eu du monde une notion analogue à celle qui appartient aux époques modernes. Mais cette notion s'était perdue, ou au moins très affaiblie.

A l'heure où écrivait l'Alighieri, la langue en Italie était en voie d'évolution, encore hésitante entre ses idiomes vulgaires et la langue latine sa mère. Tandis que la langue vulgaire se trouvait morcelée dans les régions diverses du monde italien, le latin était l'organe de l'Église, du droit, des lettres, bien que déjà les traducteurs de la Bible, des Pères et des classiques, et quelques auteurs de mémoires contemporains, s'essayassent dans la langue nationale, avec laquelle les poètes *Minores* mariaient la langue provençale (1).

(1) « La langue de Dante était plus vulgarisée déjà qu'on ne le croit. Il ne l'a pas créée. Il l'a organisée. » (OZANAM, *le Purgatoire de Dante, traduction et commentaires. OEuvres complètes*, 1862, t. IX.) Mais quand le savant professeur ajoute : « La langue n'a

Dante rêvait une langue *illustre,* propre surtout aux sujets élevés, tels que l'amour, la guerre, la morale (1), empruntée à la langue vulgaire, mais unifiée et dépouillée de ses vêtements grossiers, et à la langue latiue, mais revêtue d'un costume national. C'était là une de ses préoccupations dominantes, cherchant à quelle autorité directrice pourrait revenir la réalisation de cette conception, comme il cherchait une autorité impériale pour réaliser son rêve de centralisation monarchique (2).

Pour ce qui concerne le style de la *Divina Commedia,* c'est aux compatriotes du poète qu'il appartient de l'apprécier. Tout ce que nous pouvons faire est de chercher, et je m'empresse d'ajouter, à leur aide, à en dégager la pensée et à nous pénétrer des sentiments dont il est l'expression. Mais ce qui nous est permis, c'est d'admirer la clarté, et l'on peut dire le degré d'avancement de sa prose, qui permettent de lire couramment son traité de morale philosophique, *il Convito,* malgré le caractère abstrait qu'il emprunte à ses formes scolastiques et à l'usage continu de l'allégorie.

Le poète de la *Divine Comédie* paraît avoir été hanté toute sa vie, et sans s'en laisser détourner par les vicissitudes terribles dont elle a été traversée, de deux idées d'ordre bien différent, mais qu'un lien commun rattachait peut-être dans son esprit, l'un de politique, l'autre de linguistique.

Le traité *de Monarchia* et celui *de Vulgari Eloquio*

---

pas changé depuis. C'est Corneille, non Villehardoin ou Froissard , je dois avouer que j'ai peine à reconnaître dans la langue de la *Commedia* une modernité comparable à celle de Corneille.

(1) *Soggetti di amore, di guerra, di rettitudine.*

(2) GINO CAPPONI, *Storia della repubblica di Firenze,* 1856.

peuvent être rangés parmi les *operæ minores* de l'Ali-
ghieri : mais ils nous révèlent plus d'un côté intéressant
de cet esprit étonnant, que le mysticisme religieux et le
mysticisme passionnel laissaient ouvert aux spéculations
politiques et littéraires les plus élevées.

En présence du désordre moral et social où il voyait
l'Italie s'épuiser, il s'était abandonné au rêve d'une
monarchie qui, dans son idée, ramènerait l'ordre et
l'harmonie dans ce corps sans tête et sans cœur, où se
consumaient vainement les éléments, pleins de vie
cependant, du pays auquel il avait voué son âme et son
intelligence.

Mais ce n'était pas à ce corps lui-même, usé en appa-
rence avant d'avoir accompli son évolution naturelle,
qu'il pouvait demander cette ressource suprême.

Ce n'était pas à Rome surtout, ce n'était pas à la
papauté, sur laquelle cependant il jetait encore des
regards de détresse, ce n'était pas assurément à ses
représentants qui ne lui inspiraient que du dégoût et de
la haine.

Ce n'était pas à la France, toujours prête à poser sa
griffe de lion sur l'Italie, et dont les ambitions vaines
devaient, bien longtemps encore après lui, venir s'y
épuiser dans leurs propres efforts.

C'est à l'Allemagne qu'il en appelait, rêvant par
avance ce fantôme d'empereur sans empire qui devait
traîner sa vaine existence jusqu'à la Révolution française.
La couronne de fer n'a guère ceint que le front puissant
de Charles-Quint : la plupart des autres n'ont porté
qu'une couronne de théâtre. Et cette institution impé-
riale ne devait guère laisser, de sa durée tant de fois
séculaire, qu'un thème aux éloquentes objurgations

adressées par notre poète à nous, au Pape et à l'Empereur.

Ce fantôme se montrera bien des fois dans la *Comédie,* ramené par l'idée fixe du poète, et sa dernière apparition accompagnera le dénouement du poème.

Si l'on prétendait reproduire un portrait achevé de Dante, il ne faudrait pas considérer seulement le mystique, le politique, le lettré, le poète : il faudrait encore envisager le philosophe. Mais sa philosophie ne se prête pas à la définition : ce n'était pas une doctrine, si ce n'est en ce qu'elle devait à la subtile et puérile scolastique du moyen âge (Gebhart). Ses maîtres en philosophie avaient été Platon, Aristote, les grands théologiens, Thomas d'Aquin surtout.

« La sagesse et la science sont la source de toute félicité. La science est la perfection dernière de notre âme, celle où réside notre félicité suprême, le désir de savoir étant né avec nous; mais la sagesse mesure ce désir à la possibilité de le satisfaire (1). »

La philosophie de Dante, tout en prêchant la science et la sagesse, n'était en réalité qu'un appel à l'ordre, à la justice, à la concorde, à la vertu. Du sommet de l'idéal où planait le poète de la *Divine Comédie,* descendait un évangile dicté par la sagesse humaine, mais enveloppé des voiles de cette théologie mystique qui a tant contribué à le revêtir lui-même, presque de son vivant, d'une figure légendaire.

C'est là surtout qu'il paraît intéressant de rechercher la philosophie de Dante, et non dans les conceptions

_____

(1) *Il Convito, trattati* 1° et 3°, a été traduit par SÉBASTIEN RHÉAL, 1892.

imaginaires qu'il n'avait pas inventées, et qu'il a seulement parées de la magie de son style. Lamennais a dit aussi : « Dante n'eut point de philosophie propre. Il adopta, sans innover, celle admise dans l'école... (1). »

Il paraît assez difficile de se faire, d'après la *Divine Comédie* au moins, celle de ses œuvres que nous pouvons le mieux approcher, une idée précise de sa philosophie religieuse et de ses croyances.

La conception de ses *tre Cantiche,* l'Enfer, le Purgatoire et le Paradis, est assurément orthodoxe (2), mais dans l'exécution plus païenne peut-être qu'autre chose. Sans doute, il fait planer sur toute son œuvre la divine justice de celui qui est l'ennemi de tout mal...; sans doute, il célèbre dans le langage le plus théologique la venue de Jésus-Christ sur la terre, comme sa descente aux enfers...; sans doute, il montre l'univers inondé de l'amour divin, et il semble, parmi les couleurs fulgurantes et les teintes attendries qu'il a prodiguées aux splendeurs du Paradis, s'abimer lui-même dans les délices de l'adoration.

Mais la mythologie ne tient pas une moindre place, ce qui était, il faut le dire, très conforme aux habitudes littéraires de l'époque, dans l'Enfer surtout, et dans le Purgatoire, que les souvenirs sacrés; et l'Église elle-même n'y apparaît guère que sous la personne de ses chefs indignes, et sur le trône profané de saint Pierre.

Que pensait-il au fond de sa conscience? S'il est une

(1) *Dante,* LAMENNAIS, traduction de la *Divine Comédie,* 1883. Œuvres posthumes.

(2) Se raporter à la paraphrase de l'oraison dominicale (*Purgatoire*) et à l'examen théologique subi devant saint Pierre (*Paradis*).

âme difficile à interroger, c'est celle de l'Alighieri. **Tout**
ce que nous pouvons dire, c'est que c'était un esprit
bien libre, en dehors des entraves que lui imposaient
sa propre droiture et une conscience inexorable; un
esprit qui, sans doute, n'eût pas subi longtemps le pres-
tige de la monarchie qu'il appelait, pas plus qu'il n'a
subi le prestige de l'Église et de son chef suprême.

Et il ne faut pas oublier que la langue poétique per-
met toujours de suspecter quelque chose de la sincérité,
non point de l'âme, mais de l'esprit. La poésie est un
cristal grossissant. Si l'on a pu surprendre dans l'ex-
pression de ses extases amoureuses quelque agrandis-
sement de la réalité (1), n'est-il pas permis de supposer
à l'imagination du poète quelque part dans la magnifi-
cence de ses élans religieux ?

Dante peut-il être considéré, ainsi qu'on l'a fait,
comme un précurseur de Luther ? S'il n'était pas inutile
de poser des questions auxquelles il est impossible de
répondre, on aimerait à se demander quels sentiments
il eût éprouvés, quelle attitude il eût gardée, devant la
grande œuvre de la Réforme, qui ne devait s'établir que
près de deux siècles après lui. Pris chacun dans le
temps et dans le milieu où il vivait, il est difficile de
les rapprocher : Luther fut un révolutionnaire, Dante
est un conservateur. L'un voulait détruire la papauté,
l'autre n'était ennemi que des papes. Mais combien de
pensées communes ont dû s'agiter dans ces grandes
âmes !

L'Italie fut conservatrice aussi. Et cependant elle était
au cœur même de ces ignominies que, à part de courtes

(1) JEANROY, article cité.

interruptions, nos temps seuls ont vues remplacées par d'austères grandeurs. Mais c'est que, dans ces longs siècles d'interrègne qui ont séparé la chute de l'empire romain de son émancipation contemporaine, c'est surtout de la papauté qu'elle a vécu.

L'ENFER

L'ENFER

L'Enfer est représenté comme une cavité en forme de cône renversé, creusée dans le globe terrestre. Son orifice, ou la base du cône, recouvert par la croûte terrestre, se trouve au-dessous de Jérusalem. Au point diamétralement opposé du globe s'élève la montagne du Purgatoire, qui sort de l'Océan au milieu d'une petite île.

L'action du poème commence la nuit qui précède le vendredi saint, du 24 au 25 mars de l'année 1300. Elle se termine à l'octave de Pâques, après une durée de dix jours.

Le symbole figuré dans le premier chant contient toute la trame de l'œuvre. L'interprétation qui en a été généralement adoptée est la suivante :

Dante représente l'homme armé de la seule raison naturelle ; *Virgile*, la science des choses humaines ; *Béatrice*, la science des choses divines.

La *Forêt obscure* signifie le désordre politique et moral de l'Italie, et les entraînements auxquels Dante n'avait su résister, et qu'il confessera lui-même. La *Montagne heureuse* signifie à la fois la paix et la consolation de la conscience, et l'ordre politique et moral qu'illumine la grâce divine.

Les *trois bêtes* sont la figuration des trois éléments du parti guelfe auxquels sont attribués les factions et les désordres qui désolent l'Italie : la *Panthère* est Florence l'envieuse ; le *Lion* est la France l'orgueilleuse ; la *Louve* est Rome l'avare.

Dante s'est abstenu de donner la clef de la plupart des symboles et des allégories qui forment le tissu de son poème. Toutes ces interprétations sont donc l'œuvre de ses innombrables commentateurs.

Dante était au milieu du chemin de sa vie. Il se trouva égaré dans une forêt obscure et embroussaillée où il lui devenait impossible de reconnaître son chemin. Le souvenir en est encore plein d'épouvante pour lui, « presque aussi amer que la pensée de la mort ». Comment y était-il entré? Il ne pouvait le dire, tant il était plein de sommeil quand il avait perdu sa route. Après une nuit d'angoisse, il vit une colline dont les épaules étaient revêtues des rayons de cet astre qui conduit l'homme par tous les chemins. Il se mit en devoir de la gravir, et, comme celui qui, échappé à la mer et parvenu sur le rivage, tout haletant encore, se retourne vers l'onde menaçante et regarde, il se retournait pour regarder en arrière ce passage qui ne laissa jamais passer âme vivante. Puis, après un instant de repos, il reprenait son chemin, lentement, par la plage déserte, quand il vit devant lui une panthère vive et légère, la peau toute tachetée, qui ne le quittait pas des yeux. Il était sur le point de revenir sur ses pas; mais la fraîcheur du matin, ce soleil qui montait, accompagné des étoiles qui étaient avec lui quand l'amour divin mit en mouvement toutes ces belles choses, commençaient à le rassurer un peu, lorsque s'offrit à sa vue un lion qui se dirigeait vers lui, la tête haute, et comme poussé par une faim rageuse dont il semblait que l'air même eût peur; puis une louve décharnée, qui paraissait pleine de crimes et d'envies.

Saisi de terreur, comme il redescendait vers la vallée, lui apparut un être, hésitant et silencieux, qui s'avançait dans le grand désert. « Aie pitié de moi », lui cria-t-il, « qui que tu sois, ombre ou homme ! »

Il lui répondit : « Je ne suis pas un homme. Je fus un homme, et mes parents étaient Lombards ; Mantoue fut leur patrie à tous les deux. Je suis né sous Jules César, et j'ai vécu sous le bon Auguste, au temps des dieux faux et menteurs. J'étais poète, et j'ai chanté le fils d'Anchise, ce juste qui vint de Troie après que la superbe Ilion eut été livrée aux flammes. Mais toi, pourquoi retournes-tu vers ce lieu d'angoisse ? Pourquoi ne pas gravir la montagne heureuse ? »

« Es-tu donc Virgile, la source d'où coule à flots le beau langage ? » s'écria Dante la rougeur au front. « O honneur et lumière des autres poètes, puissent me servir aujourd'hui les longues études et l'ardente passion qui m'ont fait rechercher tes œuvres ! Tu es mon maître et mon auteur. C'est à toi, et à toi seul, que je dois le beau style qui m'a fait honneur. Mais sauve-moi de cette bête qui me faisait m'en retourner et qui me fait trembler de tout mon corps. »

Virgile lui dit alors qu'il lui faudra prendre un autre chemin, car cette bête ne laisse passer personne sur sa route sans la faire mourir. Elle est d'une nature si avide et si méchante qu'elle ne se trouve jamais rassasiée ; et, quand elle s'est repue, elle a faim plus qu'avant (1).

_____

(1) Tout ceci s'adresse à la cour de Rome, telle que le poète veut nous la représenter dès le début de son œuvre.

Mais viendra le Veltro, qui la pourchassera de ville en ville jusqu'à ce qu'il l'ait repoussée dans l'Enfer dont l'Envie l'avait tirée. Celui-ci ne se nourrira ni d'or ni de terre, mais de sagesse, d'amour et de vertu, et il sera le salut de l'Italie (1).

Il faut donc qu'il le suive. Il le mènera dans les séjours éternels où il entendra les cris du désespoir, où il verra souffrir d'antiques esprits, implorant une seconde mort; où il verra ceux qui sont contents de souffrir dans le feu parce qu'ils gardent l'espoir de venir, n'importe quand, parmi les bienheureux. Et s'il veut monter plus haut, c'est une âme plus digne qui l'y conduira (2). Car le Souverain qui règne là-haut ne veut pas que lui, Virgile, qui a été rebelle à sa loi, pénètre dans son royaume. Il gouverne partout, mais c'est là qu'il règne, c'est là qu'est son séjour, c'est là qu'est son trône.

Dante conjure de nouveau Virgile de le tirer du danger qui le menace; il le suivra, et il ira voir sous sa conduite la porte de saint Pierre et ceux dont il lui a dit les souffrances.

(1) *Veltro* veut dire lévrier. Ce Veltro mystérieux, que personne ne connaît, est-il une création purement idéale du poète, ou peut-il être attribué à tels ou tels personnages, Cane della Scala entre autres, dans lesquels on a supposé qu'il aurait pu personnifier l'œuvre de rénovation de l'Italie, objet constant de ses rêves? Dans le cours du poème, on verra reparaître plusieurs fois ce sauveur anonyme sous forme de prédiction ou de simple espérance.

(2) Ce sera Béatrice.

II

« Le jour s'en allait », dit le poète, « et l'atmosphère brunie annonçait le repos aux animaux qui sont sur la terre. Et moi, je m'apprêtais à soutenir contre les fatigues du chemin et les émotions de la pitié une lutte que ma mémoire fidèle va reproduire. O muses, ô génie divin, venez à mon aide ! O esprit qui as dicté ce que j'ai vu, c'est ici que va se montrer ton élévation ! »

Cependant il hésitait à suivre Virgile dans les espaces où celui-ci voulait le conduire. Il lui témoigne son incertitude et ses craintes. Il sait bien qu'Énée est descendu dans le monde immortel sous sa forme mortelle, et que c'est là qu'il a été élu père de Rome et de son empire, et que c'est alors que Rome a été instituée le lieu saint où siégerait le successeur de saint Pierre. Il sait encore que saint Paul, le vase d'élection, y est venu plus tard affirmer le triomphe de la foi qui est le principe du salut. Mais lui n'est pas Énée ; il n'est pas saint Paul. Il n'est pas digne de marcher sur leurs traces. Ne serait-ce pas une folie que de tenter de le faire ?

Virgile le gourmande. C'est la lâcheté, dont le cœur de l'homme est si souvent encombré, qui l'éloigne d'une telle entreprise, comme une bête ombrageuse recule devant une ombre mensongère. Il va lui dire pourquoi il est venu.

Tandis qu'il était avec ceux qui sont suspendus dans les Limbes(1), il vit venir à lui une sainte femme, si

(1) Chant IV de l'*Enfer*.

belle qu'il s'inclina aussitôt devant elle. « O âme courtoise de Mantoue », lui dit-elle, « dont la renommée dure toujours et durera autant que le monde, celui qui est mon ami se trouve empêché sur son chemin, dans une région déserte, de telle sorte qu'il s'en retourne de peur. Je crains qu'il ne se soit si bien égaré que je n'arrive trop tard à son secours (1). Va tout de suite, et de ta parole persuasive, et de tout ce qui sera nécessaire à son salut, aide-le pour que je sois rassurée. Je suis Béatrice, moi qui t'envoie là-bas. Je viens d'un lieu où j'ai hâte de retourner. C'est l'amour qui m'anime et qui me fait parler. »

Et elle ajouta : « Il y a dans le ciel une femme pleine de grâce qui, touchée de ce qui arrive là-bas où je t'envoie, a obtenu qu'un arrêt sévère fût suspendu (2). Elle a appelé Lucie et lui a dit : « Ton ami fidèle a besoin de toi, et je te le recommande. » Lucie est venue me trouver là où j'étais assise à côté de l'antique Rachel. « Béatrice », m'a-t-elle dit, « pourquoi ne secours-tu pas celui qui t'a tant aimée, et qui s'est élevé pour l'amour de toi au-dessus de la foule vulgaire ? N'entends-tu pas l'écho de sa plainte ? Ne vois-tu pas la mort contre laquelle il se débat sur un torrent (3) auquel la mer même ne saurait se comparer (4) ? »

(1) Ceci veut dire qu'il s'est abandonné aux égarements du siècle, et qu'il sera peut-être trop tard pour l'en retirer.

(2) Arrêt prononcé contre Dante en raison de ses égarements.

(3) Ce mot de torrent, pris au figuré, veut dire le torrent du monde.

(4) Si l'intérêt que chacune des trois femmes bienheureuses portait au sort du poète offre un tableau touchant, le caractère symbolique en paraît assez difficile à déterminer. La discrétion dont ont fait preuve à son égard les principaux commentateurs de la *Divine*

« Après m'avoir tenu ce discours » , dit Virgile, « elle détourna ses yeux brillants et pleins de larmes, et je suis venu vers toi comme elle l'avait désiré. Mais qu'y a-t-il donc? Pourquoi t'arrêter? Pourquoi ne pas marcher hardiment et franchement, alors que trois femmes bénies s'inquiètent de toi dans le ciel, et que mes paroles t'apportent de semblables promesses? »

« De même » , dit le poète, « que les petites fleurs, qui se sont inclinées et refermées sous la gelée nocturne, se redressent tout ouvertes sur leur tige dès que le soleil reparaît, ainsi fit mon courage abattu, et il me courut au cœur une telle hardiesse que je m'écriai sans plus d'hésitation : « O bénie soit celle qui est venue à mon secours, et béni sois-tu, toi qui as mis tant d'empressement à obéir à son appel. Maintenant allons, qu'il n'y ait plus qu'une seule volonté pour nous deux. Tu es mon guide, mon seigneur et mon maître. »

Et ils se mirent en marche par un chemin montueux et sauvage.

III

C'est par moi qu'on arrive dans la cité douloureuse.
C'est par moi qu'on arrive dans la douleur éternelle.
C'est par moi qu'on arrive parmi la foule perdue.

Comédie sera imitée ici. On a imaginé cependant que, Béatrice étant le symbole de la science divine ou de la théologie, la femme pleine de douceur (*la donna gentile*) serait celui de la grâce prévenante, et Lucie celui de la grâce illuminante, ou encore de la miséricorde divine (Boccace). Il faut accepter l'idéalité du poète traduite dans le langage du temps, ou l'interpréter à son gré.

La justice a déterminé mon divin Créateur.

Je suis l'œuvre de la puissance divine,

De la suprême sagesse et du premier amour.

Il n'y a pas eu avant moi de choses créées,

Seulement des choses éternelles, et moi, je suis éternel.

Laissez toute espérance, vous qui entrez ici.

Ces mots étaient gravés en caractères sombres sur une porte.

Dante avait peur. Virgile posa sa main sur la sienne et prit un visage serein. Des soupirs, des pleurs, des cris, résonnaient dans l'air sans étoiles, ce qui le fit d'abord pleurer. Des langues diverses, des paroles horribles, des expressions de douleur, des accents de colère, des mains frappées les unes contre les autres, faisaient un grand tumulte qui tourbillonnait sans fin dans l'air sombre, comme du sable soulevé par la tempête.

C'étaient les âmes de ceux qui ont vécu sans infamie comme sans vertu. Ils se trouvent mêlés à cette méchante cohorte des anges qui n'ont été ni rebelles ni fidèles à Dieu, et qui n'ont pensé qu'à eux-mêmes. Ils ont été chassés du ciel dont ils auraient terni la beauté, et l'enfer lui-même les repousse (1). Tous ceux qui sont là n'ont plus l'espoir de mourir, et leur vie obscure (2) est si abjecte qu'ils sont envieux de tout autre sort. Le monde n'a même gardé aucun souvenir d'eux. La miséricorde et la justice les dédaignent également. « Ne

---

(1) Les poètes ne sont encore que dans le vestibule de l'Enfer.

(2) Le mot *vie* semble ici mal approprié, mais il est dans le texte : « *la lor cieca vità...* » Leur vie aveugle.

nous occupons plus d'eux », dit le Maître, « mais regarde et passe. »

Dante vit une bannière qui courait en flottant avec une telle rapidité qu'il semblait qu'il ne lui fût permis de s'arrêter nulle part (1). Derrière elle venait une foule extraordinaire de gens, dont il reconnut quelques-uns. Il comprit que c'était là la troupe des méchants qui sont aussi déplaisants à Dieu qu'à ses ennemis eux-mêmes. Ces malheureux, qui n'ont vraiment jamais vécu, étaient nus, et ils étaient tourmentés par des mouches et des guêpes qui les environnaient de toutes parts. Du sang coulait de leur visage, et, mêlé avec des larmes, était recueilli à leurs pieds par des vers immondes.

Cependant, en regardant plus loin, on voyait une grande rivière, et sur ses bords une foule rassemblée. Cette rivière était l'Achéron. Et l'on voyait s'approcher, dans un bateau, un vieillard, le poil blanchi par les années. Il se mit à crier :

« Malheur sur vous, âmes méchantes. N'espérez pas revoir jamais le ciel. Je vais vous mener sur l'autre bord, dans les ténèbres éternelles, dans le feu ou dans la glace. Et toi qui es là, âme vivante, va-t'en d'auprès de ceux qui sont morts. »

« Ne te fâche pas, Caron », lui dit Virgile. « On le veut là où l'on peut tout ce que l'on veut : n'en demande pas davantage. »

Alors s'adoucirent les joues laineuses du batelier du marais livide, dont les yeux étaient entourés de cercles de flammes. Et les âmes qui étaient là, lasses et nues, et grelottantes de peur, blasphémaient Dieu et leurs

(1) Ceci veut dire que ces âmes, dans leur lâcheté et leur indifférence, n'avaient su s'attacher à rien

parents, et leur race et l'espèce humaine, et le lieu et l'heure où elles étaient nées. Puis, toutes ensemble elles se pressèrent en pleurant vers la rive maudite. Et Caron, le démon aux yeux de braise, leur faisait signe et les rassemblait, frappant de sa rame celles qui s'attardaient. Et, comme ils s'en allaient sur l'onde brunie, et avant qu'ils eussent abordé de l'autre côté, voici une autre troupe qui s'avançait déjà.

Alors la campagne sombre trembla, la terre sanglota, et elle fut parcourue par un vent qu'un éclair teignit d'une lueur rougeâtre. Dante perdit tout sentiment, et tomba comme un homme frappé par le sommeil.

IV

Dante fut réveillé par un violent coup de tonnerre. Il se trouvait au bord de l'abîme qui recueille les cris de souffrances infinies. Cet abîme était obscur, profond et nébuleux; et quand il voulut en fixer le fond, il n'y distinguait rien.

« Voici que nous descendons dans le monde des ténèbres », dit son Guide, « je passerai le premier et toi le second. » Et ils entrèrent dans le premier cercle qui entoure l'abîme.

Ici ce n'étaient pas des plaintes qu'on entendait, mais des soupirs qui faisaient frémir l'atmosphère éternelle. Ils provenaient de la tristesse sans souffrances que ressentait cette foule immense d'hommes, de femmes et d'enfants.

« Tous ceux-ci », dit Virgile, « n'ont point péché.

Mais, s'ils ont eu des mérites, cela n'a pas suffi, parce qu'ils n'ont pas eu le baptême, qui est un des articles de la foi à laquelle tu crois. Et, comme ils ont existé avant le christianisme, ils n'ont pas adoré Dieu comme il faut le faire. Je suis moi-même un de ceux-là. C'est pour cela que nous n'avons pas été sauvés, et non pour aucune autre faute. Et, si nous sommes affligés à ce point, c'est que nous vivons dans le désir et sans espérance. »

Et il ajouta : « J'étais encore depuis peu de temps ici quand je vis arriver un puissant, couronné du signe de la victoire (1). Il en tira l'ombre de notre premier père et de son fils Abel, et celles de Noé, de Moïse le législateur docile, d'Abraham le patriarche et du roi David, et celle de Jacob, fils d'Isaac, avec son père et ses enfants, et celle de Rachel, et d'autres en grand nombre, et il fit d'eux tous des bienheureux. »

Dante éprouvait une vive douleur en pensant au triste sort de tous ces Esprits, qui ne l'avaient pas mérité. Tandis qu'ils avançaient au milieu d'eux, ils aperçurent un feu qui perçait l'hémisphère de ténèbres. Puis ils rencontrèrent des personnages d'un aspect imposant. « Leur renommée », dit Virgile, « qui retentit dans le monde leur a valu une grâce qui les place au-dessus de tous les autres. »

En même temps ils entendirent une voix qui disait : « Honneur au grand poète. Son Ombre qui nous avait quittés nous revient. » Puis apparurent quatre grandes Ombres. Elles n'avaient l'air ni triste ni joyeux.

« Regarde », dit Virgile, « regarde celui qui, une épée

(1) Descente de Jésus-Christ aux enfers. Virgile était mort l'an 19 avant Jésus-Christ.

dans la main, marche devant les autres comme un roi. C'est Homère, le poète souverain. L'autre qui vient après est Horace le satirique; le troisième est Ovide, et Lucain le dernier. Comme à chacun d'eux convient, ainsi qu'à moi-même, le nom que vient de prononcer la voix solitaire, ils me font honneur : et en cela ils ont raison. » Et ils firent aussi à Dante le grand honneur de l'admettre à leur côté, de sorte qu'il se trouva le sixième parmi tous ces illustres personnages.

Ils s'acheminèrent ensemble vers la lumière, et ne tardèrent pas à se trouver au pied d'un noble château entouré sept fois de hautes murailles et défendu tout autour par une belle rivière (1). On entrait par sept portes dans une prairie tapissée d'une fraîche verdure où des personnages, aux regards lents et graves, s'entretenaient : ils parlaient peu et d'une voix douce.

« Nous étions », dit le poète, « dans un lieu ouvert et écarté d'où l'on pouvait les voir tous, et cette vue m'exalte encore moi-même. »

Il vit Électre, et auprès d'elle Hector et Énée, et César armé, avec ses yeux d'oiseau de proie, et d'un autre côté Camille et Pentésilée, et aussi le roi Latinus avec sa fille Lavinie. Il vit ce Brutus qui chassa Tarquin, Lucrèce, Julie, Marzia et Cornélie, et tout seul dans un coin il vit Saladin. Puis il vit encore le maître de ceux qui savent, assis parmi sa famille philosophique (2).

(1) On a vu dans ce château le symbole de la science, ceint des sept vertus morales, entouré par le fleuve de l'éloquence. Les sept portes représenteraient les sept arts libéraux. De telles allégories étaient une des formes du langage au moyen âge.

(2) Aristote qui fut, on peut dire, le véritable maître et précepteur de Dante, comme Virgile avait été son inspirateur.

Socrate et Platon se tenaient près de lui, en avant de tous les autres, puis Démocrite qui attribue le monde au hasard, Diogène, Anaxagore et Thalès, Empédocle, Héraclite et Zénon. Il vit encore Orphée, et Tullius et Livie, et Sénèque le moraliste, Euclide le géomètre et Ptolémée, Hippocrate, Avicenne et Galien, Averroës qui fit le grand commentaire (1).

Mais bientôt les deux poètes se trouvèrent seuls. Ils quittèrent ce séjour paisible pour gagner par un autre chemin un milieu frémissant, où il n'y avait plus de lumière.

V

Ils arrivaient au deuxième cercle.

Là présidait l'horrible Minos (2). C'est devant son tribunal que les âmes coupables, condamnées à l'Enfer, se présentent d'abord. Elles font leur confession entière ; puis ce grand connaisseur en péchés, toujours grinçant les dents, s'environne de sa queue autant de fois que compte de degrés le cercle où elles doivent subir leur peine, et, la sentence prononcée, elles roulent en bas.

Dès qu'il aperçut Dante, il laissa là son office et lui cria : « O toi qui viens au séjour de la douleur, prends garde comment tu es entré ici ; bien que la porte soit tout ouverte, ne t'y fie pas. »

Virgile lui dit : « Pourquoi cries-tu comme tu fais ?

(1) Le *Commentaire d'Aristote*, par Averroës, médecin arabe.
(2) Chacun des cercles de l'Enfer est présidé par quelque personnage mythologique.

Tu n'empêcheras pas son passage qui est fatal. On le veut là où l'on peut tout ce que l'on veut. N'en demande pas davantage. »

Ils entrèrent alors dans un lieu privé de lumière où, parmi les sanglots et les accents de douleur, retentissait un tumulte effroyable. Des vents déchaînés couraient et s'entre-choquaient, comme font les flots dans la tempête, emportant les Esprits dans leur course effrénée, d'un côté, de l'autre, en haut, en bas, les frappant et les retournant. Et de même que les grues s'en vont chantant leurs lamentations et se dessinant dans l'air en files allongées, on voyait venir, poussant des cris de douleur, des Esprits emportés par une même tourmente.

C'est à ce tourment que sont condamnés les pécheurs de la chair, ceux qui ont subordonné leur raison à leurs désirs.

Virgile montra à Dante Sémiramis, la débauchée, qui, pour donner libre cours à sa luxure, inscrivit dans ses lois la liberté du caprice, Didon qui, infidèle aux cendres de Sichée, se tua par amour, Cléopâtre la dissolue, Hélène pour qui tant de crimes furent commis, et tant de héros et de femmes à qui l'amour coûta la vie.

Saisi d'abord d'un grand trouble et d'une profonde pitié, Dante remarqua un couple jeune et beau qui, les bras enlacés, semblait porté légèrement par l'air rapide.

Il voudrait bien leur parler. Virgile lui dit : « Attends qu'ils soient plus près de nous. Alors tu les prieras, par l'amour qui les conduit, et ils viendront. »

Dante éleva la voix : « O âmes désolées, venez donc nous parler, si rien ne vous en empêche. »

Comme des colombes appelées par le désir, les ailes ouvertes et assurées, volent, soutenues par l'air, vers

leur doux nid, se dirigeant vers eux à travers l'air mal-
faisant, ces deux âmes s'approchèrent, tel avait été le
pouvoir de cet affectueux appel. Et l'un de ces Esprits
parla :

« O être gracieux et bon qui viens nous visiter dans
cette atmosphère sombre, nous qui avons teint la terre
de notre sang, si le roi de l'univers était notre ami,
nous le prierions pour ton repos, puisque tu as pitié de
notre sort lamentable. Tout ce que tu voudras entendre,
tout ce que tu voudras nous dire, nous le dirons et nous
l'entendrons, tant que le vent s'apaisera, comme il fait
en ce moment. »

Elle dit alors comment elle est née sur les bords du
Pô, là où il vient se jeter dans la mer. Et elle continue :
« L'amour qui s'attache bien vite à un cœur sensible
éprit celui-ci des charmes qui m'ont été ravis, et d'une
manière qui me navre encore. L'amour qui ne permet
pas à qui est aimé de ne pas aimer s'est emparé de moi
avec tant de force que, comme tu le vois, il ne m'a pas
abandonnée. L'amour nous a conduits à une mort com-
mune : le fond de l'Enfer attend celui qui nous a arraché
la vie. »

Ainsi parla l'âme affligée. Et Dante : « Francesca, ton
martyre me pénètre jusqu'aux larmes de tristesse et de
pitié. Mais dis-moi, au temps des doux soupirs, par quoi
et comment l'amour vous a-t-il permis de connaître vos
désirs encore incertains ? »

« Il n'est pas », répondit-elle, « de pire douleur que
de se rappeler les jours heureux, dans la misère. Et ton
docteur le sait bien (1). Mais si tu tiens à connaître le

(1) *Infandum, regina, jubes renovare dolorem.* (Énéide, ch. II.)

commencement de notre amour, je ferai comme celui qui pleure et qui parle en même temps.

« Nous lisions un jour, par passe-temps, comment l'amour vint à Lancelot. Nous étions seuls et sans la moindre méfiance. Cette lecture avait fait à plusieurs reprises briller nos yeux et pâlir notre visage. Mais il y eut un passage qui nous fit succomber. Quand nous lûmes que les lèvres désirées avaient reçu le baiser de cet amant, celui-ci, qui ne sera jamais séparé de moi, me baisa tout tremblant sur la bouche. L'entremetteur fut le livre et celui qui l'avait écrit. Ce jour-là nous ne lûmes pas davantage (1)... »

Pendant que l'un de ces Esprits parlait ainsi, l'autre pleurait. Et le poète, pénétré de pitié, se sentit défaillir, comme s'il allait mourir, puis tomba comme tombe un corps mort.

VI

Lorsque Dante recouvra ses esprits, il se trouva dans le troisième cercle. C'était le cercle de la pluie éternelle, maudite, froide et pesante. Elle est incessante et toujours la même. Grêle serrée, eau noirâtre et neige, se versent à travers l'air ténébreux, et la terre qui les reçoit exhale des odeurs fétides.

(1) Francesca da Polenta avait été mariée à un seigneur de Rimini, vaillant homme, mais de corps difforme, nommé Gianciotto Malatesta. Elle fut surprise avec son beau-frère, Paolo Malatesta, aussi beau que l'autre était disgracié de la nature, par son mari qui les tua tous les deux. Cette tragédie eut lieu à Ravenne en 1284 ou 1285

Cerbère, bête étrange et cruelle, aboie comme un chien de ses trois gueules après ceux qui sont plongés là dedans. Ses yeux sont rouges, ses poils noirs et visqueux, son ventre est énorme et ses pattes sont armées de griffes. Il égratigne les Esprits, les écorche, les écartèle, tandis que la pluie les fait eux-mêmes hurler comme des chiens. Les malheureux se retournent incessamment pour essayer d'abriter un de leurs flancs sous l'autre.

Quand Cerbère, ce grand reptile, aperçut les poètes, il entr'ouvrit ses trois gueules et leur montra ses crocs. Alors Virgile ouvrit ses deux mains, ramassa de la terre et la jeta à poignées dans ces gosiers faméliques. Comme un chien fixe d'abord sur sa nourriture, en aboyant, un œil de convoitise, puis s'apaise en la mordant, et ne songe plus qu'à la dévorer, ainsi firent les faces dégoûtantes de ce démon, dont les aboiements étourdissaient les âmes, au point qu'elles voudraient être sourdes.

Les poètes passaient par-dessus ces Ombres écrasées sous la pluie pesante, et ils marchaient sur leur apparence qui ressemblait à des personnes.

Une d'elles se leva à leur approche. C'était un des compatriotes de Dante. On l'appelait Ciacco (1). Il expiait la faute damnable de sa gourmandise. Dante, qui aurait pu le connaître, fut vivement touché de son sort misérable. Ils s'entretinrent ensemble de l'état de Florence. Ici le poète suppose, d'après une croyance générale sur laquelle il reviendra souvent, que les âmes damnées avaient le don de prévoir l'avenir. Il feint que Ciacco lui dévoile des événements qui s'étaient passés plu-

(1) *Ciacco* veut dire *porc*

sieurs années auparavant et dont il avait lui-même été victime.

Ciacco lui parle des révolutions successives qui amenaient au pouvoir l'un ou l'autre parti. Les Blancs d'abord, puis les Noirs. Ceux-ci tiendront le parti vaincu sous un joug dont Dante lui-même devra subir les atteintes aussi douloureuses qu'outrageantes (1). « Il y a bien deux justes », dit-il, « mais ils ne sont pas écoutés (2). Orgueil, envie et avarice sont les étincelles qui ont mis le feu aux cœurs. »

Dante désire savoir quel a été le sort de quelques personnages, Farinata et d'autres, « ces vaillants hommes, qui se sont appliqués à bien faire ». Jouissent-ils de la douceur du ciel, ou subissent-ils les tourments de l'Enfer?

« Ils sont parmi les Ombres les plus noires », répond Ciacco. « Ils ont commis des crimes qui les ont amenés encore plus bas qu'ici. Si tu descends davantage, tu pourras les y voir. Maintenant, je n'ai plus rien à te dire. Mais quand tu seras de retour dans le doux monde, je te prie de me rappeler au souvenir des autres. »

---

(1) Les Blancs représentaient la partie la plus riche et la moins laborieuse de l'État. Le luxe qu'ils étalaient, leur insolence, leur licence religieuse, la sujétion où ils retenaient le reste de la population avaient amassé une profonde animosité parmi celle-ci. Leur faction avait à sa tête la famille des Cerchi. Le parti des Noirs, à la tête duquel se trouvait la famille des Donati, se réclamait du Pape dont il acceptait plus volontiers l'autorité plus lointaine, mais plutôt en haine des Blancs que par soumission religieuse. Telle a été l'origine des Gibelins et des Guelfes. Lorsque Dante, qui l'avait cependant fidèlement servi, se vit traité si ignominieusement par le parti guelfe, il se tourna, bien qu'à contre-cœur, du côté des Gibelins.

(2) Il est probable que ces deux justes étaient Dante lui-même et son grand ami Guido Cavalcanti.

Les deux poètes poursuivant leur chemin arrivèrent au quatrième cercle.

VII

A l'entrée de ce quatrième cercle, ils trouvèrent Pluton, ce grand ennemi des hommes, qui leur adressa, d'une voix rauque et irritée, quelques paroles inintelligibles (1); mais il suffit pour le calmer d'invoquer la volonté d'en haut.

« O justice de Dieu! qui donc a rassemblé là toutes ces peines nouvelles et ces supplices que nous voyons? Et pourquoi faut-il que ce soit notre propre faute qui nous martyrise ainsi? » Dante voyait sous ses yeux une foule immense qui se roulait et tournoyait sur elle-même sans repos. Ils étaient tous parqués en deux groupes opposés qui roulaient en sens inverse des poids énormes à la force de leur poitrine, en poussant des hurlements. Et quand les deux bandes s'étaient rencontrées au milieu et heurtées brutalement, elles se retournaient sur elles-mêmes en criant, les uns : Pourquoi retiens-tu? et les autres : Pourquoi lâches-tu? Puis ils recommençaient le même manège, toujours poussant devant eux et répétant la même chanson.

C'était les avares et les prodigues, laïques ou clercs, papes ou cardinaux, que leur péché contraire mettait en face les uns des autres, dans un même supplice.

(1) *Papè Satan, papè Satan Aleppe.* Mots dépourvus de sens : peut-être une évocation à Satan, à l'aspect d'étrangers dans ces régions secrètes.

Dante voulait savoir s'il ne reconnaîtrait pas quelqu'un d'entre eux. « Laisse-les », lui dit son Maître, « l'existence honteuse de ces misérables les a tellement défigurés qu'on ne saurait même plus distinguer qui ils ont été. Ils se heurteront ainsi durant toute l'éternité. C'est de n'avoir su ni garder ni donner dans une juste mesure qui leur a interdit le séjour des bienheureux, et les a plongés dans ce bouge où tu peux contempler leur horrible mêlée. Tu peux, mon fils, voir à présent combien sont vains et passagers les biens commis à la fortune, et pour lesquels s'agite tant l'espèce humaine ; car tout l'or qui est sous la lune ou qui y a été ne pourrait procurer un instant de repos à une seule de ces âmes harassées. »

Et comme Dante lui demandait quelques explications sur cette fortune dont il parlait, Virgile poursuivit : « Celui dont la sagesse l'emporte sur tout a fait les cieux divers et a donné à chacun d'eux un moteur particulier, de manière que l'éclat de chaque région brille sur chaque région en y distribuant sa lumière d'une manière égale. De même aux splendeurs du monde il a proposé une règle et une ordonnance générales qui fissent passer successivement les biens de famille en famille, de nation en nation, en dépit des jugements humains.

« Voilà pourquoi il y en a qui commandent et d'autres qui obéissent, suivant le jugement de la Fortune, lequel demeure caché comme le serpent sous l'herbe. Toute votre science n'y peut rien. La Fortune prévoit, juge et poursuit sa volonté, comme font les autres divinités. Ses transformations n'ont pas de trêve ; la nécessité la contraint à un mouvement incessant, et voilà la raison de

tous ces changements auxquels vous assistez dans le
monde.

« Telle est celle qui est si souvent maudite par ceux-
là mêmes qui devraient la bénir, et qui l'accusent et l'in-
jurient. Mais elle plane dans sa sérénité et elle ne les
entend pas. Elle se réjouit avec les autres créatures
supérieures, elle accomplit sa révolution et elle reste
dans sa béatitude (1). »

Les poètes traversèrent le cercle pour gagner son
autre bord où une fontaine versait ses eaux en bouillon-
nant dans un fossé qui en dérivait. L'eau en était sombre
et sans aucun reflet, et son cours ténébreux les mena
jusqu'à un marais, nommé Styx, dont les eaux lugubres
descendaient le long de plages obscures et malfaisantes.

Dans ce bourbier se trouvait une foule de gens fan-
geux, tout nus et furieux d'aspect, qui se frappaient les
uns les autres, non seulement avec les mains, mais de
la tête, de la poitrine et des pieds, et s'arrachaient la
chair avec les dents, lambeaux par lambeaux.

C'étaient les âmes de ceux qui s'étaient abandonnés à
la colère.

Et, enfoncés dans le limon, d'autres, dont les soupirs
faisaient bouillonner l'eau à sa surface, disaient : « Dans
l'air doux et que le soleil égaye, nous avons vécu dans
une morne fainéantise (2), et maintenant nous sommes

---

(1) Cette conception mythologique de la Fortune pouvait reposer
sur cette croyance que les sphères célestes étaient gouvernées par
autant d'intelligences supérieures. Mais peut-être ne s'agit-il ici que
d'un mouvement poétique.

(2) Il y a dans le texte *accidia*, mot qui veut dire paresse, fai-
néantise. On retrouvera les paresseux dans le Purgatoire. Il est
probable que l'auteur a voulu caractériser ici cette sorte d'hypo-
condrie, ou mélancolie pessimiste, qui n'engendre que des pensées

vautrés dans une boue noire. » Ces mots s'échappaient confusément de leur gosier encombré.

Les poètes, en suivant le bord du marais où ils regardaient ceux qui avalaient de la boue, arrivèrent au pied d'une tour.

VIII

Ils aperçurent alors au sommet de cette tour deux petites flammes, et une autre au loin presque imperceptible, qui semblait lui répondre (1). Et tout à coup, plus rapide qu'une flèche qui vole dans l'air, apparut une petite barque conduite par un batelier qui cria : « Te voici donc arrivée, Ame scélérate! »

« Flégias, Flégias » , lui dit Virgile, « ne crie donc pas si fort. Tu ne nous auras que le temps de traverser ce bourbier (2). »

Flégias vit bien qu'il s'était trompé, et les fit entrer dans sa barque qui, sous le poids inusité de Dante, partit en coupant l'eau plus profondément qu'elle n'en avait l'habitude.

Alors se montra un être couvert de boue, disant : « Qui es-tu, toi qui viens ici avant ton heure? »

haineuses. La tristesse n'a-t-elle pas été stigmatisée par les Pères de l'Église?

(1) Ces signaux auraient eu pour objet de signaler l'approche des poètes à laquelle les habitants de Dité pouvaient attribuer un caractère suspect, en raison de souvenirs mythologiques et d'événements plus récents.

(2) Ce Flégias avait été condamné par les dieux aux Enfers pour avoir brûlé le temple de Delphes. Il croyait sans doute n'avoir à transporter dans sa barque que l'âme, plus légère, d'un damné.

« Si je viens ici », répond Dante, « ce n'est pas pour y rester. Mais qui es-tu toi-même qui es devenu si laid ?

« Tu vois bien que je suis un de ceux qui pleurent.

« Reste donc », lui dit le Poète, « avec tes pleurs et tes lamentations, esprit maudit, car je te reconnais, tout dégoûtant que tu sois. »

L'autre alors se cramponna au rebord de la barque. Mais Virgile le repoussa, et il disait à Dante : « Tu as eu bien raison. C'est un orgueilleux dont l'Ombre est toujours furieuse. Combien là-haut se croient de grands personnages, qui seront plongés ici comme des porcs dans la fange, ne laissant derrière eux que le mépris ! »

Dante cependant avait le désir de le voir s'enfoncer encore dans le fond boueux, avant de s'éloigner. Il fut satisfait, car il le vit assaillir par une troupe fangeuse qui criait : « Sus, sus à Filippo Argenti (1) ! » Et l'Esprit Florentin, ce fou enragé, se retournait pour se déchirer lui-même avec ses dents. Pour lui, le poète remerciait Dieu de le faire assister à ce spectacle.

Des lamentations douloureuses se faisaient entendre au loin, et l'on apercevait des espèces de mosquées toutes rouges comme si elles sortaient d'une fournaise.

« Maintenant, mon fils », dit le Maître, « nous approchons de la cité qui a nom Dité (2). Sa population est immense et terriblement chargée de péchés. C'est le feu éternel dont tu aperçois les reflets. »

Des fossés profonds entouraient cette terre désolée

(1) Ce Filippo Argenti avait été connu par sa violence bestiale et son orgueil demesuré.

(2) Dité, surnom de Pluton, et aussi de Satan, est appliqué ici à la cité infernale.

où les murailles semblaient être de fer. Soudain le nocher cria : « Sortez, voici l'entrée. »

Des milliers d'Esprits qui semblaient avoir plu du ciel se tenaient là rassemblés, l'air hautain. « Qui est celui », disaient-ils, « qui sans être mort s'en vient dans le royaume des morts? » Et, sur un signe de Virgile, ils ajoutèrent : « Viens, mais tout seul; et, quant à celui qui a eu l'audace de pénétrer dans ce royaume, qu'il s'en aille par où il est venu, s'il peut. Car tu vas rester ici, toi qui l'as amené sur ces sombres bords. »

Dante fut saisi de frayeur en entendant ces paroles maudites. Il lui sembla qu'il ne s'en retournerait jamais. Il supplia son guide de ne pas le quitter, et, puisqu'il leur était refusé d'aller plus loin, de revenir sur leurs pas.

Virgile s'efforça de le rassurer. Il n'avait pas à avoir peur. Personne ne pouvait s'opposer à leur passage, qui avait été décidé là-haut.

Dante, resté seul, demeurait tout en suspens, l'esprit travaillé par cette pensée : reviendra-t-il, ne reviendra-t-il pas? Il ne pouvait entendre ce qu'il leur disait ; mais bientôt il vit les damnés se retourner précipitamment et refermer leurs portes.

Virgile s'en revenait lentement, les yeux fixés vers la terre. « Mais qui donc », disait-il en soupirant, « m'a refusé l'entrée dans la cité douloureuse? » Puis, s'adressant à Dante : « Toi, ne va pas t'effrayer parce que tu me vois en colère. Je viendrai à bout de leur résistance. Ils avaient déjà montré pareille arrogance près d'une porte moins secrète que celle-ci, et qui depuis est restée ouverte (1). Tu y as vu toi-même l'inscription fatidique.

(1) Lorsque le Christ était descendu aux Enfers pour délivrer des

C'est par là que va descendre celui par qui cette terre nous sera ouverte. »

IX

Les poëtes restaient là, Virgile attendant, non sans temoigner quelque anxiété, Dante, toujours inquiet et attentif aux paroles sans suite que son guide laissait échapper. Peut-être pour distraire un peu son esprit de la préoccupation qui le tenait, il demanda à son maître s'il était arrivé quelquefois que descendit dans cet horrible gouffre quelqu'un du premier cercle où l'on ne ressent d'autre peine que la privation de toute espérance. « Il n'arrive guère », répondit-il, « que quelqu'un de nous fasse le chemin que nous venons de suivre. Il est vrai que je suis déjà venu ici une fois, grâce aux conjurations de la redoutable Éritone (1). Je connais bien la route. Sois donc tranquille... »

En ce moment, leurs yeux furent attirés tout à coup vers la grande tour à la cime embrasée. Là se dressèrent soudain trois furies infernales, teintes de sang, dont les formes avaient une apparence féminine. Elles étaient ceintes d'hydres verdâtres, et avaient pour chevelure

Limbes les Ames qui devaient être admises dans le Paradis (ch. IV de l'*Enfer*), les démons avaient tenté de s'opposer à son entrée dans les régions infernales ; mais il en avait brisé les portes, et celles-ci n'avaient pas été rétablies. C'est par là même que les poëtes avaient pénétré dans l'Enfer.

(1) Ici se place un incident de la descente de Virgile aux Enfers, par l'entremise d'Éritone, qu'il est inutile de reproduire, personne n'ayant pu encore en découvrir le sens.

des serpents et des vipères qui entouraient leur front sauvage. On reconnaissait les suivantes de la reine des pleurs éternels.

« Regarde », dit Virgile, « les féroces Érynnies. Celle-ci à gauche est Mégère ; celle qui se lamente à droite est Aletto ; Tisiphone est au milieu. »

Chacune d'elles se déchirait la poitrine avec ses ongles. Elles se frappaient avec les mains et elles criaient si fort que de frayeur Dante se serrait contre son maître.

« Que Méduse vienne, et nous le changerons en pierre », criaient-elles en regardant en bas, « nous ne nous sommes pas encore vengées de l'assaut de Thésée. »

Aussitôt Virgile à Dante : « Retourne-toi, cache ton visage, car si la Gorgone vient, et que seulement tu la voies, il ne faudra plus espérer de retourner là-haut. »

Et il recouvrit lui-même de ses mains les yeux de son compagnon.

Et voici que tout à coup se fit entendre le fracas d'un bruit effroyable dont tremblèrent les deux rives du ruisseau trouble. Il ressemblait à ces vents impétueux qui, nés dans les régions torrides, frappent les forêts, et sans aucun repos fracassent les branches, les jettent à terre et les portent au loin. Ils vont devant eux poussiéreux et superbes, et mettent en fuite les bêtes sauvages et les bergers.

Virgile dégagea alors les yeux de son ami et dit : « Maintenant, relève tes regards par-dessus cette écume, de ce côté, là où le brouillard est le plus épais. »

De même que les grenouilles, devant la couleuvre leur ennemie, se sauvent dans l'eau pour aller chercher chacune un abri sous la rive, on vit ces âmes damnées s'enfuir par milliers devant un être qui traversait le Styx à pieds secs.

Il écartait de son visage l'air épais avec sa main gauche, sans paraître avoir d'autre souci. Dante reconnut bien que c'était un messager du ciel, et il se tourna vers son maître; mais celui-ci lui fit signe de se taire et de s'incliner.

Oh! comme il lui apparaissait plein de dédain! Il s'avança près de la porte, et l'ouvrit simplement en la touchant d'une verge. Toute résistance avait cessé.

« O bannis du ciel, troupe infâme », commença-t-il sur cet horrible seuil, « d'où vous vient tant d'audace? Pourquoi regimber contre cette volonté dont les décrets n'ont jamais pu être transgressés? Vous savez ce qu'il vous en a déjà coûté d'aggravation de vos peines. A quoi vous sert de vous heurter contre le destin? »

Puis il s'en alla par le même chemin fangeux, sans en dire davantage. Et il ressemblait à un homme qui pense à toute autre chose qu'à ce qui se passe devant lui.

Rassurés par ces paroles saintes, les poètes poursuivirent leur chemin et entrèrent sans nulle contestation. Autour d'eux s'étendait une grande plaine, remplie de souffrances et de tourments effroyables.

Tout le sol était bosselé de tombeaux dont l'aspect était terrible. Car au travers de chacun d'eux se répandaient des flammes qui y brûlaient de tous les côtés, avec plus de violence que le fer n'en exige pour être travaillé. Tous avaient leur couvercle soulevé, et il en sortait des plaintes si déchirantes qu'elles annonçaient des misères et des souffrances extrêmes.

Et Dante : « Maître, qui sont ceux qui sont enfermés

dans ces sépulcres, et qui font entendre des plaintes si lamentables? »

Virgile : « Ce sont les hérésiarques et leurs adeptes de toutes les sectes. Ces tombes sont encore beaucoup plus pleines que tu ne le crois. Les pareils sont ensevelis avec les pareils, et le séjour en est plus ou moins brûlant. »

Et, après avoir pris à droite, ils passèrent entre ces martyrs et de hautes murailles.

X

Dante témoigne le désir de voir ceux qui sont couchés dans ces tombes. Tous les couvercles en sont relevés, et personne ne les garde.

« Elles seront refermées », lui répond Virgile, « quand ils reviendront de Josaphat avec leurs corps qu'ils ont laissés là-haut. De ce côté ont leur cimetière avec Épicure tous les adeptes de celui-ci, qui croient que l'âme meurt avec le corps. »

A ce moment, une voix se fit entendre : « O Toscan, toi qui viens vivant dans la cité du feu, ton langage me montre que tu es né dans cette noble patrie que j'ai peut-être trop offensée moi-même. »

Cette voix était sortie tout à coup d'un des tombeaux; Dante, effrayé, s'était rapproché un peu de son guide. « Retourne-toi », lui dit celui-ci, « qu'est-ce que tu fais? Regarde Farinata : tu vas le voir depuis la ceinture jusqu'en haut. »

En effet, il se tenait là, se redressant de la poitrine

et du front, et promenant un regard hautain sur l'Enfer qui l'environnait.

Lorsque Dante fut auprès de sa tombe, il le regarda un moment pour lui demander d'un air assez dédaigneux : « Qui furent tes ancêtres? » Puis il leva un peu les yeux et ajouta : « Ils ont été de cruels adversaires pour moi, pour ma famille et pour mon parti : c'est pour cela que je les ai chassés deux fois. »

« S'ils ont été chassés à deux reprises », répondit le poète, « ils sont rentrés de toutes parts l'une et l'autre fois. Mais les vôtres n'ont pas été aussi habiles (1). »

Au même instant, tout à côté, surgit une Ombre qui s'élevait, celle-ci, seulement jusqu'au menton. Elle regarda tout autour, comme pour voir si quelque autre se trouvait là, et, s'adressant à Dante :

« Si c'est à la grandeur de ton génie que tu dois d'être venu dans cette sombre prison, où est mon fils? Pourquoi n'est-il pas ici avec toi? »

Et Dante : « Ce n'est pas de moi-même que je suis venu ici. J'y ai été conduit par celui qui m'attend là. Peut-être votre fils Guido ne l'avait-il pas traité avec assez de considération (2). » Il avait reconnu celui qui

(1) Ce qui suit se rapporte aux discordes civiles et sanglantes de Florence. Les Guelfes et les Gibelins prenaient alternativement le dessus, massacrant ou exilant leurs adversaires et subissant à leur tour des traitements semblables. Farinata avait été le chef du parti gibelin et avait persécuté les parents de Dante, qui appartenaient alors au parti guelfe. Après la bataille de Montaperti (1260), si funeste au parti guelfe, il avait été question de détruire Florence où celui-ci dominait encore. Farinata seul s'y était opposé, et avait ainsi sauvé la ville où Dante devait naître quelques années plus tard. Dante s'était déjà enquis du sort de Farinata auprès de Ciacco (ch. IV). Voir pour la trahison qui décida du sort de la bataille de Montaperti le ch. XXXII.

(2) Cette ombre était celle de Cavalcanti, père du célèbre poète

l'interrogeait à ses paroles et à la peine qu'il subissait.

Alors, se levant tout à coup, celui-ci se mit à crier : « Comment as-tu dit? Peut-être l'avait-il... Est-ce qu'il ne vit plus? La douce lumière ne frappe-t-elle plus ses yeux? »

Voyant que Dante tardait à lui répondre, il retomba tout à coup et ne reparut plus.

Quant à l'autre superbe, il n'avait pas changé d'aspect. Il était toujours là, sans avoir bougé son col ni plié sa taille.

« Eh bien », dit-il, reprenant le colloque précédent, « s'ils n'ont pas été aussi habiles, voici qui m'est encore plus douloureux que le lit où je suis couché. Mais la face de la lune ne se sera pas renouvelée cinquante fois, que tu sauras par toi-même ce que vaut une pareille habileté. Et puisque tu dois retourner dans le doux monde, dis-moi donc pourquoi ce peuple de Florence a infligé des peines si cruelles à tous les miens. »

« C'est », lui répond Dante, « à cause du carnage et des massacres qui ont rougi les eaux de l'Arbia (1). »

Il secoua la tête et reprit : « Je n'étais pas tout seul alors, et ce n'est pas sans raison que je m'étais joint aux autres ; mais quand tout le monde proposa d'aller détruire Florence, je me suis levé seul pour m'y opposer. »

Le poëte interroge alors Farinata sur la faculté qu'auraient les âmes de voir au delà de ce que le temps apporte avec lui, bien qu'il n'en soit pas de même du présent.

lyrique, qui fut lui-même un des meilleurs amis de l'Alighieri. On ignore à quoi peut faire allusion le *disdegno* que Guido aurait témoigné au sujet de Virgile.

(1) L'Arbia, rivière qui coule à Montaperti.

« Nous voyons », répond l'Esprit, « comme ceux qui ont la vue trop longue, les choses lointaines. C'est une grâce que le Seigneur nous a accordée. Mais lorsqu'elles approchent, ou sont actuelles, notre intelligence n'en perçoit plus rien. »

Dante se reprochait de n'avoir rien répondu aux interrogations anxieuses de Cavalcanti ; il prie Farinata de lui assurer que son fils est toujours uni aux vivants. Et il lui demande encore qui sont ceux qui sont là près de lui.

« Ils sont plus de mille », répond Farinata, « qui sont là gisant autour de moi. Là dedans sont le second Frédéric et le cardinal. Je ne te dirai rien des autres (1). »

Là-dessus, il se cacha, et Dante s'en retourna près de son guide. Ils prirent sur la gauche et, quittant le mur d'enceinte, suivirent un sentier aboutissant à une vallée d'où sortait une puanteur extrême.

XI

Ils arrivèrent au sommet d'un amas de rochers disposés en cercle d'où s'apercevait un tas de supplices plus cruels les uns que les autres. L'horrible puanteur qui sortait d'un gouffre profond les obligeait à marcher lentement pour habituer leurs sens à ce souffle empoisonné. Virgile en profita pour instruire Dante au sujet des

(1) L'empereur Frédéric II et le cardinal Ottaviano degli Ubbaldini ; c'est celui-ci qui disait : « S'il y a une âme, je l'ai perdue pour les Gibelins. »

pécheurs renfermés dans ce septième cercle où les violents se trouvent punis dans des circuits différents.

Toute méchanceté a pour objet de nuire à autrui, et elle y arrive par la violence ou par la fraude. Or la fraude est le propre de l'homme, et c'est pour cela qu'elle déplaît tant à Dieu. Aussi les frauduleux sont-ils là-dessous, et soumis aux traitements les plus durs (1).

Le premier cercle est occupé par les violents. Mais, comme la violence peut s'exercer sur trois sortes de personnes, il est divisé en trois circuits distincts (2). On peut faire violence à Dieu, à soi ou au prochain, et ici il faut entendre quant à eux-mêmes ou quant à leurs biens.

Vis-à-vis du prochain, mort violente ou blessures graves ; vis-à-vis de ses biens, ruine, incendie ou vol. En sorte que les auteurs d'homicides, de violences, de dévastations, de rapines, sont tourmentés dans ce premier circuit, et dans des groupes divers.

On peut porter une main violente sur sa propre personne ou sur ses propres biens. C'est ainsi que dans le deuxième circuit se repentent inutilement ceux qui se sont arraché à eux-mêmes la vie, et ceux qui, par le jeu ou autrement, ont dissipé leur fortune.

On peut offenser Dieu en le reniant et le blasphémant dans son cœur, et en méprisant la nature et la bonté divine. C'est pourquoi le circuit le plus étroit porte la marque de Sodome et de Cahors (3), et renferme ceux qui dans leur conscience ou en paroles se sont rendus coupables envers Dieu.

(1) Plus les cercles sont profonds, et plus cruels sont les supplices.

(2) *Girone,* circuit, compartiment d'un cercle, *cerchio.*

(3) La ville française de Cahors était connue pour l'usure qui s'y pratiquait, et le nom de Cahorsin était revenu synonyme d'usurier.

L'homme dont la conscience a été mordue par la fraude peut recourir à celle-ci envers celui qui s'était fié à lui, comme envers celui qui ne lui avait témoigné aucune confiance. Il semble, dans ce dernier cas, que soit rompue simplement la chaîne d'amour qui est une loi naturelle : et c'est ainsi que se trouvent entassés dans le deuxième circuit flatteries, hypocrisies, sorcelleries, faussetés, voleries et simonies, en même temps que les entremetteurs, les baratiers et semblables ordures. Mais dans le premier cas, ce n'est pas seulement l'amour naturel qui est violé, mais encore celui qu'avaient consacré des liens plus rapprochés. Aussi quiconque a été traître est consumé pour l'éternité dans le cercle le plus profond.

Dante voudrait savoir pourquoi il y a de si grandes différences entre les traitements qui sont subis dans la région du feu, et ceux qu'il avait rencontrés dans les premiers cercles.

Virgile le renvoie aux livres sur l'Éthique où il est traité des trois dispositions que le ciel réprouve, l'incontinence, la méchanceté et la bestialité stupide. Il y verra comment c'est l'incontinence qui offense Dieu le moins grièvement, et appelle ainsi de moindres châtiments.

Dante demande encore pourquoi l'usure offense si fort la bonté divine.

« La philosophie », lui répond son maître, « pour qui sait la comprendre, enseigne que la nature procède de l'intelligence et de l'art divin. Et, dès les premières pages de ta Physique, tu trouveras que votre art humain suit autant qu'il le peut la nature, comme le disciple suit son maître, de telle sorte que, procédant de la nature comme

celle-ci procède de Dieu, il est comme le petit-fils de
Dieu. Et si de ces deux, la nature et l'art, tu remontes à
la Genèse et la prends dans son commencement, tu ver-
ras comment il faut que le genre humain assure d'abord
sa vie, et ensuite cherche à se perfectionner. Or l'usu-
rier, alors qu'il suit un chemin différent, montre son
mépris pour la nature, et pour l'art qui marche à sa
suite, puisque c'est ailleurs qu'il place toutes ses espé-
rances. »

XII

Les poètes eurent alors à descendre dans un lieu si
sauvage et si rempli de ruines et d'éboulements que les
yeux avaient de la peine à en supporter l'aspect. Là se
tenait étendu le Minotaure, ce produit infâme qui fut en
Crète conçu dans la fausse génisse (1). Quand il les eut
aperçus, le monstre se mit en rage et il se mordait lui-
même. Il leur fallut faire un détour pour se soustraire
à sa furie. Ils descendirent alors par un amoncellement
de pierres que faisait crouler sous ses pieds le poids inu-
sité du corps de Dante.

Tandis qu'ils descendaient ainsi, Virgile disait à Dante :
« L'autre fois que je suis venu ici-bas, et tout au fond
de l'Enfer, cette montagne ne s'était pas encore écrou-
lée. Mais un peu avant que fût venu celui qui a arraché

(1) Le Minotaure (*infamia di Creta*) avait été conçu par suite
du commerce infâme de Pasiphaé, femme du roi de Crète, avec un
taureau, grâce à l'industrie de Dédale qui l'avait introduite elle-
même dans une vache artificielle construite en bois.

à l'Enfer les âmes destinées au séjour des bienheureux, les parois de cette vallée fétide se mirent à trembler de toutes parts, de sorte que je pensai que l'univers allait revenir au rêve de paix et d'amour qui, suivant quelques-uns, avait plusieurs fois ramené le chaos (1). C'est alors que ces antiques rochers, et ailleurs encore, ont été bouleversés. »

Dante vit alors au fond de la vallée une rivière de sang bouillant où étaient plongés ceux qui ont nui aux autres par violence. Entre son bord et le pied de la roche éboulée couraient des Centaures armés de flèches, comme ils avaient coutume de chasser dans le monde. Ils tenaient leurs arcs et leurs flèches toutes prêtes. L'un d'eux cria de loin :

« Vers quel supplice courez-vous, vous qui descendez de cette côte ? Répondez de là, ou je tire. » C'était Nessus.

Virgile déclara qu'il ne répondrait qu'à Chiron, leur chef. Et ils s'approchèrent de ces bêtes agiles. Chiron prit une flèche, et avec son bois repoussa sa barbe derrière ses oreilles. Quand il eut débarrassé sa large bouche, il dit à ses compagnons : « Vous êtes-vous aperçus que celui qui marche derrière remue ce qu'il touche ? Il n'en est pas ainsi des pieds des morts. »

Virgile lui expliqua que celui-ci n'était pas une âme

(1) Allusion à la théorie d'Empédocle : que c'est la discorde des éléments qui a engendré le monde, et que, lorsque l'ordre serait rétabli parmi eux, c'est-à-dire les éléments semblables réunis à leurs semblables, le monde ferait de nouveau place au chaos. Le P. Didon, dans un discours prononcé à l'école dominicaine d'Arcueil, a dit : « L'anarchie est la dissolution d'un état social. Le *chaos*, au contraire, en est le commencement. Nous sommes dans un chaos profond… »

évadée de son lieu de supplice, et comment ils étaient
là en vertu d'une volonté divine. Et il le pria de leur
donner un des siens pour les guider dans cette région
sauvage, et prendre en croupe son compagnon, puis-
qu'il n'était pas une âme qui pût cheminer dans l'air.

Chiron appela Nessus, et le chargea de les conduire
et les escorter.

Ils s'acheminèrent donc le long du bouillonnement
rouge; et ceux qui étaient là à bouillir poussaient des
cris affreux.

Le grand Centaure leur disait : « Ce sont des tyrans
qui ont vécu de sang et de pillage. Ici se pleurent des
cruautés impitoyables. Voici Alexandre, et ce féroce
Denys à qui la Sicile a dû tant d'années douloureuses.
Ce front garni de poils si noirs, c'est Azzolino (1). » Et
il lui en nomma d'autres encore.

Un peu plus loin, on en voyait qui pouvaient tenir la
tête, et même la poitrine, au-dessus du sang bouillant.
« Si vous voyez », dit le Centaure, « le niveau du liquide
s'abaisser ici peu à peu, il est au contraire plus élevé de
l'autre côté, là où il faut que les tyrans aient le plus à
gémir. C'est là que la justice divine tourmente cet Attila
qui fut le fléau de la terre, et Pyrrhus, et Sextus, et des
brigands de grand chemin, tels que Rinieri da Corveto
et Rinieri Pazzo. »

Puis il se retourna et repassa le gué.

(1) Cet Azzolino fut un tyran de Padoue, massacré en 1259. Il
avait un renom de cruauté qui subsiste encore aujourd'hui.

XIII

Nessus n'était pas encore arrivé de l'autre côté quand ils entrèrent dans un bois où aucun sentier n'était visible, où les feuillages n'étaient pas verts, mais d'une teinte sombre; où les rameaux n'étaient pas unis, mais noueux et entortillés, et ne portaient pas de fruits, mais des épines empoisonnées. Là font leur nid les hideuses Harpies qui chassèrent jadis les Troyens des Strophades, en leur prédisant leurs malheurs futurs. Elles ont de larges ailes, le col et le visage humains, des pieds armés de griffes, et un grand ventre recouvert de plumes. Elles poussent des lamentations sur ces arbres étranges.

« Regarde bien », dit Virgile à son élève, « tu verras des choses qui te donneront confiance en mes écrits (1). » Dante entendait sortir des plaintes de tous les côtés, et il ne voyait personne. Il lui semblait que toutes ces voix sortaient de derrière les buissons où des gens se cachaient.

Virgile lui dit alors : « Si tu romps quelque brindille d'un de ces arbustes, tu verras comme tu te trompais. »

Il avança la main et cueillit une petite branche d'une grande ronce, et aussitôt le tronc cria : « Pourquoi m'arraches-tu? » Et il s'en écoula un sang brun. Puis il dit encore : « Pourquoi me déchires-tu? N'as-tu donc au-

_____

(1) Virgile fait allusion à un des épisodes de l'Enfer de l'*Énéide* (chant III), qui se trouve reproduit presque textuellement dans ce treizième chant de la *Comédie*.

cune pitié dans le cœur ? Nous avons été des hommes et
nous sommes devenus des arbres. Ta main devrait être
plus compatissante, fussions-nous des âmes de ser-
pents. » De même que d'un tison vert qui, brûlé par
un bout, suinte de l'autre et siffle par le vent qui en
sort, ainsi de cette branche sortaient en même temps
des paroles et du sang. Dante la lâcha et demeura comme
quelqu'un qui a peur.

« Ame blessée », dit alors le Sage, « s'il avait pu croire
d'abord ce qu'il avait cependant lu dans mes vers, il n'au-
rait pas porté la main sur toi. Mais c'est ce qu'il y avait
là d'incroyable qui m'a fait le pousser à un mouvement
que je regrette moi-même. Mais dis qui tu fus, afin qu'il
puisse, et ce sera une réparation envers toi, rafraîchir ta
mémoire là-haut, dans le monde où il lui sera permis de
retourner. »

Le tronc le remercia et lui raconta son histoire. Il avait
été Pierre de la Vigne, habile jurisconsulte et homme
très lettré. Chancelier et homme de confiance de l'empe-
reur Frédéric II, « il tenait les deux clefs de son cœur,
qu'il savait ouvrir et refermer » ; son porte-parole dans
les démêlés de ce souverain avec le Saint-Siège, il fut
victime de la jalousie et de la haine de ceux qui appro-
chaient le prince. Mais il ne put supporter sa disgrâce,
et son âme indignée crut en mourant se soustraire à un
sort immérité. Par les racines nouvelles de cet arbre,
il jure qu'il n'a jamais manqué à la foi due à son sei-
gneur.

Virgile l'assure que sa mémoire sera généreusement
réhabilitée. Il voudrait savoir comment l'âme vient se
loger dans ce bois noueux, et si jamais âme s'en est
délivrée.

Le tronc souffla fortement, et puis ce souffle se convertit en une voix : « Quand l'âme criminelle se trouve séparée du corps dont elle s'est elle-même dépouillée, Minos l'envoie au septième cercle. Elle tombe dans la forêt où il n'y a pas pour elle de place choisie, mais suivant que la jette le hasard. Là, elle germe comme un grain de blé et monte en rejeton, puis comme une plante sylvestre. Les Harpies, en se repaissant de ses feuilles, la font souffrir et ouvrent ainsi une issue à ses plaintes. Comme les autres âmes, nous reviendrons un jour chercher nos dépouilles ; mais nulle ne pourra s'en revêtir, car il n'est pas juste que l'homme recouvre ce qu'il a rejeté. Nous les traînerons ici, et nos corps resteront suspendus dans la forêt douloureuse, chacun au tronc assigné à son âme affligée. »

XIV

Virgile et Dante gagnèrent le troisième circuit du septième cercle où ils trouvèrent d'horribles raffinements de la justice divine.

Ils étaient arrivés à une lande qui ne permet à aucune plante de pousser. La forêt douloureuse lui sert de ceinture comme la rivière de sang lui en servait à elle-même. Ils s'arrêtèrent au bord d'un sable épais et aride, qui rappelait les déserts de Libye, où une foule d'Ames nues et pleurant de la façon la plus lamentable paraissaient soumises à des traitements différents.

Les uns étaient couchés sur le dos, les autres étaient assis et ramassés sur eux-mêmes, et d'autres marchaient sans s'arrêter. Ceux qui marchaient tout autour étaient les plus nombreux, et si ceux qui gisaient à terre l'étaient moins, leurs plaintes étaient plus bruyantes en raison des douleurs plus vives qu'ils ressentaient.

Sur toute l'étendue de ce sable pleuvaient lentement de larges flocons de feu, comme fait la neige dans les Alpes quand le vent a cessé. Le sable s'allumait comme l'amadou sous le briquet, et l'on voyait des mains anxieuses s'agiter sans repos pour écarter ces flammes et l'embrasement sans cesse renouvelé.

Dante demanda à Virgile qui était un grand qui paraissait ne pas se soucier de l'incendie, et qui demeurait silencieux et farouche comme s'il ne sentait pas la pluie de feu. Quand elle se fut aperçue qu'il était question d'elle, cette Ombre s'écria : « Ce que je fus vivant, mort je le suis. Quand Jupiter fatiguerait son forgeron dont la foudre aiguë vint me frapper à mon dernier jour, quand il lasserait tous ses Cyclopes l'un après l'autre dans sa forge noire de l'Etna, en criant : A l'aide, mon bon Vulcain, comme il fit au combat de Phlégra (1), et quand il me transpercerait de toutes ses flèches, il ne trouverait pas à jouir de sa vengeance. »

Alors Virgile se mit à parler avec un emportement qui ne lui était pas habituel.

« O Capaneo, moins ton orgueil s'amollit, et plus tu es puni. Aucun martyre ne conviendrait mieux à ta fureur que ta propre rage. » Puis, se tournant vers son élève d'un air plus calme : « C'était un des sept rois qui assiégèrent Thèbes. Il montra toujours un profond dédain pour les dieux, et il ne paraît pas en faire plus grand

(1) Phlégra, vallée de Thessalie où se livra le combat des Géants contre Jupiter.

cas aujourd'hui. Viens, maintenant. Marche derrière moi et prends garde de mettre les pieds sur le sable brûlant. Tiens-toi toujours du côté de la forêt. »

Ils étaient arrivés à un endroit où l'on voyait sourdre un petit ruisseau dont la couleur rouge faisait frissonner. Il courait sur le sable ; son fond était pétrifié ainsi que ses bords sur les côtés. Virgile appela l'attention de Dante sur ce ruisseau où toutes les flammes venaient s'éteindre, et il lui conta ce qui suit :

« Il se trouve au milieu de la mer un pays désolé qui s'appelle Crète ; et sous son roi (Saturne) le monde y vivait dans l'innocence. Là, s'élève une montagne qui jadis était égayée par les eaux et la verdure, et qui s'appelait Ida. Réa la choisit comme un berceau sûr pour son fils, et, pour cacher son existence, quand il pleurait elle faisait pousser des cris autour de lui (1).

« Sur cette montagne se tient debout un grand vieillard qui tourne le dos à Damiette et regarde du côté de Rome, comme on regarde dans son miroir. Sa tête est d'or fin, ses bras et sa poitrine de pur argent ; puis il est en cuivre jusqu'au bas du tronc, et ensuite en fer choisi, sauf que le pied droit est d'argile. Chacune de ces parties, sauf celle en or, est percée d'une fente d'où s'écoulent des larmes, et ces larmes rassemblées ont percé la montagne, puis, se précipitant de rocher en rocher, elles sont arrivées dans cette vallée où elles forment l'Achéron, le Styx et le Phlégéton, puis elles vont plus bas par ce canal étroit jusque-là où rien ne descend plus (2). »

(1) Réa, épouse de Saturne qui dévorait ses enfants (symbole du Temps qui dévore tout), fit nourrir secrètement, pour le sauver, son fils Jupiter sur le mont Ida.

(2) Dans le symbole du grand vieillard, imité du songe de Nabu-

Après quelques autres explications échangées au sujet des fleuves infernaux : « Il est temps », dit Virgile, « de nous éloigner. Marche bien derrière moi. Nous trouverons bientôt un chemin qui ne brûle pas et d'où toute vapeur a disparu. »

XV

Les poètes suivaient l'un des bords pétrifiés, assez loin de la forêt pour qu'en se retournant ils ne pussent voir où elle était, quand ils rencontrèrent une troupe d'Ames qui venait le long de la berge, et chacune d'elles les regardait comme on se regarde l'un l'autre le soir, quand la lune est encore nouvelle. Et pour mieux voir, elles clignaient les yeux, comme fait un vieux tailleur sur le trou de son aiguille. Dante fut reconnu par l'une d'elles qui le saisit par un pan de son vêtement et s'écria : « Quelle surprise! »

Et lui, tandis qu'il lui tendait les bras, plongeait son regard sur sa face brûlée, et son visage roussi ne l'empêcha pas de le reconnaître à son tour. Il abaissa sa figure jusque près de la sienne et lui répondit : « Est-ce bien vous, Sêr Brunetto? »

Et celui-ci : « O mon fils, ne te déplaise que Brunetto

chodonosor, on a pu voir une figuration du Temps, les épaules tournées vers le passé (Damiette, l'Orient) et le visage regardant le futur (Rome et l'Occident). Les âges successifs du monde sont figurés par les métaux divers laissant, sauf l'or (âge d'or), égoutter des larmes, parce que tous ont été contaminés par le vice. (*Fraticelli.*)

Latini reste un peu en arrière avec toi et laisse aller les autres (1).

« Je vous en prie de tout mon cœur », se hâta de répondre Dante, « et si vous voulez que je m'asseye un moment près de vous, je le ferai, pourvu que cela plaise à celui-ci, car c'est avec lui que je vais.

« O mon fils, celui de cette compagnie qui s'arrête un seul instant reste ensuite pendant cent ans sans pouvoir écarter les flammes qui l'assaillent. C'est pourquoi va toujours, je marcherai à ton côté, et ensuite j'irai rejoindre mes compagnons qui s'en vont pleurant leurs souffrances éternelles. »

Dante qui se tenait en haut sur la berge n'osait pas descendre près de lui de peur de se brûler, de sorte qu'il l'accompagnait, la tête baissée tout en marchant. Il lui disait comment il s'était égaré et comment il avait été remis dans le droit chemin par celui qui le ramenait chez lui au travers de ces régions étranges.

Et l'autre lui répondait : « Suis ton étoile, et un beau destin ne pourra te manquer. Je l'avais bien deviné et j'aurais été heureux de t'aider dans ton œuvre. Mais ce peuple ingrat et méchant qui descendit jadis des hauteurs de Fiesole, et qui a encore gardé quelque chose de la montagne et de la pierre, se fera ton ennemi à cause même de ton mérite. Et cela s'explique, car il ne faut pas que la douce figue porte son fruit parmi les sorbes

---

(1) Ce Brunetto Latini était notaire public et un très savant homme. Dante avait été son disciple, dans ce sens probablement qu'il avait beaucoup appris dans son commerce, car on ne voit pas que ce personnage, très connu du reste, se soit jamais livré à l'enseignement. Ce sont ses passions contre nature qui l'avaient conduit dans le septième cercle de l'Enfer

âpres. C'est une gent envieuse, avare et orgueilleuse. Garde-toi des mœurs qui sont les leurs. Ta fortune te réserve tant de gloire que l'un et l'autre parti voudra t'avoir avec lui. Mais l'herbe restera loin de leur bec. Que les bêtes ficsolanes fassent elles-mêmes leur propre litière et ne touchent pas à la plante, s'il en pousse encore sur leur fumier, dans laquelle revive la semence sainte de ce qu'il restait encore des Romains quand se construisit ce nid de perversité. »

Dante lui dit le souvenir qu'il garde de sa chère et bonne image paternelle, quand dans le monde, et petit à petit, il lui enseignait comment et par quoi l'homme s'immortalise. Quant à ce qu'il lui a dit de sa propre carrière, et ce ne sont pas choses nouvelles pour ses oreilles, qu'il sache bien que, pourvu que sa conscience ne lui reproche rien, il est tout préparé pour ce que la fortune voudra faire de lui. Il ne pouvait se lasser de s'entretenir ainsi. Il lui demanda quels étaient ses compagnons les plus notables et les plus connus.

Brunetto lui en nomme quelques-uns dont les noms n'offriraient pas grand intérêt ici, évêques ou philosophes. « Tous furent des clercs et tous de grande science et de grande renommée, mais tous salis du même vice (1). Je t'en dirais bien davantage », ajouta-t-il, « mais nous ne pouvons prolonger notre marche ni nos discours. Je vois surgir du sable une nouvelle fumée, et il vient vers nous des gens avec qui je ne dois pas me rencontrer. Je te recommande mon *Tesoro* dans lequel

(1) Tout ceci donne une singulière idée des mœurs qui régnaient dans l'élite du monde florentin. Il est vrai que ces outrages à la nature avaient été fort répandus en Grèce et à Rome, aux temps de leurs plus hautes civilisations.

je vis encore ; et je ne te demande rien de plus (1). »
Puis il se retourna vivement et disparut.

XVI

Ils étaient arrivés dans un endroit où l'on entendait le
bruissement d'une eau qui retombait dans l'autre cir-
cuit, pareil au bourdonnement qui se fait dans les ruches
d'abeilles, lorsque Dante vit trois ombres se détacher en
courant d'un groupe qui passait sous la pluie martyri-
sante et venir vers lui. Leurs membres étaient couverts
de plaies, anciennes ou récentes, creusées par les
flammes. Le souvenir lui en est encore douloureux.
« Arrête-toi un peu », criaient-ils tous ensemble, « toi,
qui à ton costume parais être de notre perverse patrie. »
Virgile dit aussitôt à Dante : « Attends un peu, il faut
être courtois avec ces gens-là. Et si ce n'était le feu qui
tombe de leur côté, je te dirais que ce serait plutôt à toi
qu'à eux de faire les avances. »
Ils se tenaient là tournant tous les trois sur eux-
mêmes comme s'ils faisaient la roue, parce qu'il était
interdit à ces âmes de rester en place immobiles. Et ils

(1) Brunetto Latini avait écrit un *Tesoro*, sorte d'encyclopédie
où il avait rassemblé toutes les connaissances acquises de son temps.
Ayant passé plusieurs années en France, ce que faisaient volontiers
les Italiens distingués à cette époque, il l'avait écrit en français.
Voici les raisons qu'il en donne : « Se aucuns demandoit pourquoi
chis livres est écrit en roumain, pour chou que nous sommes Yta-
lien, je diroie que ch'est pour chou que nous sommes en France, et
pour chou que la parleure en est plus délitable et plus commune à
tous gens. » (*Cours de littérature française* de Villemain.)

demandèrent des nouvelles de Florence. C'étaient des
gens très distingués par leurs lumières et leur position
sociale, mais entachés du même vice que Brunetto Latini
et les autres. Ils se nommèrent : Guido Guerra, Teg-
ghiaio Aldobrandi et Jacopo Rusticucci.

En entendant leurs noms : « Si j'avais pu me garantir
du feu », s'écrie le Poète, « je me serais jeté en bas
parmi eux, et je crois bien que mon Docteur m'aurait
laissé faire. Mais comme je me serais brûlé et rôti, la
peur l'emporta sur l'envie que j'avais d'aller les em-
brasser. »

Il leur dit que les temps sont bien changés depuis
celui où la bravoure et la courtoisie régnaient dans leur
ville. Celle-ci s'est encombrée d'une population nou-
velle, et les gains qu'elle a réalisés ont engendré aus-
sitôt orgueil et excès de toutes sortes ; et elle est la pre-
mière à s'en plaindre. Il parlera d'eux au monde comme
ils lui en ont exprimé le désir.

Alors ils cessèrent de tourner sur eux-mêmes et s'en-
fuirent tout à coup. Leurs jambes ressemblaient à des
ailes, et on n'aurait pu dire un *amen* avant qu'ils eus-
sent disparu.

Les Poètes se rapprochèrent alors de l'eau dont ils
avaient entendu le bruissement, et qui se précipitait
sanglante dans un gouffre profond avec un vacarme qui
leur blessait les oreilles.

Virgile demanda à Dante une corde qu'il portait au-
tour de la ceinture, et il la jeta dans le gouffre profond.
Il demeura d'abord silencieux et attentif, puis il dit à
son compagnon : « Il va monter ici quelque chose que
j'attends. Tu vas voir apparaître ce qui te préoccupe en
ce moment. »

Ici Dante se croit obligé d'affirmer au lecteur la sincérité de son récit. Quand on raconte des choses aussi extraordinaires que celles qu'il va dire, on s'expose à en rougir, bien qu'on n'ait rien à se reprocher.

Il vit donc, au milieu de l'air sombre et épais, monter en nageant une figure extraordinaire, une figure faite pour troubler le cœur le plus ferme. Elle nageait dans l'air comme fait celui qui, après avoir plongé pour dégager une ancre accrochée à un rocher ou à autre chose, au fond de la mer, fend l'eau lorsqu'il remonte, en étendant les bras et en ramenant les jambes.

XVII

« La voilà cette bête sauvage qu'aucune montagne n'a jamais arrêtée et qui se joue des murailles comme des armures, la voilà celle qui empeste le monde. »

Ainsi parla Virgile, et en même temps il lui faisait signe de s'approcher du bord, vers l'extrémité du chemin pierreux qu'ils avaient suivi. C'était Gérion, image de la Fraude (1). Elle obéit et approcha sa tête et son corps, mais elle ne posa pas sa queue sur le rivage.

Sa figure était celle d'un brave homme, à la physionomie pacifique ; le reste du corps était celui d'un serpent. Elle avait deux pattes velues jusqu'aux aisselles. Son dos, sa poitrine et ses flancs étaient marqués de nœuds et de taches. Les étoffes des Tartares et des Turcs, les toiles

(1) Ce Gérion, image imposante de la Fraude, est une figure mythologique impossible à déterminer.

tissées par Arachné, n'ont jamais montré un semblable
emmêlement de replis et de couleurs. La méchante bête
se tenait sur le rebord de pierre qui longeait le sable,
sa queue nageant dans le vide et tordant sa fourche em-
poisonnée, dont la pointe était armée comme celle du
scorpion.

« Il faut nous détourner un peu », dit Virgile, « pour
aller rejoindre cette bête malfaisante qui est couchée là. »
Et comme ils faisaient quelques pas sur le bord pour
éviter le sable et les flammes, Dante aperçut un peu plus
loin des gens assis au bord du précipice. Il s'approcha
d'eux tandis que Virgile allait parler à cette bête pour
qu'elle leur prêtât ses fortes épaules.

Les souffrances de ces malheureux se peignaient dans
leurs yeux. De-ci de-là ils écartaient de leurs mains ou
les flammes ou les sables brûlants. Les chiens ne font
pas autrement de leur museau ou de leurs pattes, quand
ils sont mordus par des puces, des mouches ou des
taons. Dante n'en reconnut aucun; mais il vit que du
col de chacun d'eux pendait une bourse qui portait cer-
taines couleurs et certains signes, et sur lesquelles ils
tenaient leurs yeux arrêtés. C'étaient des usuriers. Il n'en
nomme aucun, peut-être pour indiquer le mépris qu'ils
lui inspiraient. Mais on les a reconnus aux légendes de
leurs bourses qui sont soigneusement décrites.

Il s'en revint vers son guide qu'il trouva déjà monté
sur la croupe du sauvage animal. « C'est maintenant »,
lui dit-il, « qu'il faut se montrer vigoureux et hardi,
car il s'agit de descendre par l'escalier que voici. Monte
devant; je vais me tenir au milieu pour que sa queue
ne puisse pas te faire de mal. »

Dante fut saisi de frayeur à ces paroles et sentit un

frisson comparable à celui de la fièvre quarte. Mais un instant après, honteux de lui-même, il alla s'asseoir sur les épaules du monstre. Il voulait dire à son maître : « Serre-moi bien contre toi. » Mais la voix lui manquait.

Virgile le saisit dans ses bras et dit : « Maintenant, Gérion, en route. Élargis bien tes tours et descends lentement. Pense que tu portes un fardeau auquel tu n'es pas accoutumé. »

Le monstre se recula un peu, comme un bateau qui se détache doucement du rivage; puis, dès qu'il se sentit à l'aise, sa queue se recourba jusque-là où était d'abord sa poitrine, puis s'allongea comme une anguille, et il se mit en mouvement. Il semblait qu'il ramassait l'air avec ses ongles.

Dante éprouva une frayeur extrême quand il se sentit dans l'air de toutes parts, ne voyant plus rien que la bête. Il décrit ainsi ses impressions : « Elle s'en allait nageant dans l'air, en tournoyant et en descendant, lentement, sans que j'en eusse aucune conscience, si ce n'est par le vent qui me venait d'en bas au visage. Et voici que j'entendis à ma droite et au-dessous de moi le fracas terrible d'un torrent, ce qui me fit baisser la tête et regarder en bas : mais alors l'aspect du précipice redoubla ma peur. J'y distinguais des feux et des plaintes qui montaient jusqu'à moi, et je serrais les jambes en tremblant. C'est alors que je vis, car je ne m'en étais pas aperçu jusqu'alors, et la descente et les tours que nous décrivions, et qui nous amenèrent au milieu de supplices dont nous nous trouvions environnés de tous côtés. »

Gérion les déposa tout au fond, au pied d'une roche écroulée, et, une fois déchargés, il disparut comme la flèche qu'un arc vient de lancer.

XVIII

Il y a dans l'Enfer un lieu dit *Malebolge* (1), tout en pierre et de couleur ferrugineuse, comme le cercle qui l'entoure de tous les côtés. Au milieu du champ maudit s'ouvre un puits très large et profond. Le fond de ce puits est divisé en dix vastes excavations dont les séparations rocheuses se détachent d'un rocher circulaire pour venir se rejoindre à son centre. C'est ainsi que, dans les châteaux forts, des ponts étroits mettent chacune des portes en communication avec l'extérieur.

Ce que virent les poètes dans le premier de ces bouges où ils pénétrèrent, c'est des pécheurs nus qui venaient en deux bandes, les uns marchant à leur rencontre, les autres leur tournant le dos. Des démons cornus armés de grands fouets les faisaient avancer plus vite qu'ils n'auraient voulu. Ah ! comme ils levaient les jambes dès les premiers coups ! Ils n'attendaient pas les seconds, ni les troisièmes.

Il y en eut un que Dante reconnut, malgré le soin qu'il prenait de baisser son visage. Il n'eut pas besoin de se nommer. Mais il dut avouer que (de quelque manière qu'on eût rapporté la chose) c'était lui qui, pour de l'argent, avait conduit sa sœur, la belle Ghisola, dans les bras du marquis Obizzo Da Este, seigneur de Ferrare. Et, comme il s'attardait à parler avec Dante, un démon vint le fustiger de sa lanière de cuir en lui disant : « Va donc, rufian, il n'y a pas de femme à vendre ici. »

(1) Mauvais bouge, ou bouge maudit.

Dante rejoignit son guide, puis quelques pas les menèrent sur une de ces roches qui se détachaient du pourtour. Ils regardaient de là une autre bande qui venait en face d'eux et que le fouet chassait également. « Vois », lui dit Virgile, « cette grande Ombre qui vient vers nous et à qui la douleur n'arrache aucune plainte. Quel aspect royal elle garde encore ! C'est Jason, qui par son courage et son astuce a enlevé le mouton de Colchique (1). Il passait par l'île de Lemnos où les femmes venaient de mettre tous les hommes à mort. Là il séduisit la jeune Isiphile, puis l'abandonna enceinte et isolée. C'est cette faute qui l'a condamné au martyre, et c'est ainsi que Médée s'est trouvée également vengée de son côté. Voilà ce qui attend les parjures de cette espèce. »

Ils étaient arrivés à un endroit où la voie étroite qu'ils suivaient se croisait avec une levée qui l'aidait à former une arcade. Ils entendirent des gens nichés dans un autre bouge, qui soufflaient de leur bouche empâtée et se frappaient eux-mêmes avec leurs mains. Les bords en étaient encroûtés d'une moisissure formée par les exhalaisons du fond, et aussi repoussante pour la vue que pour l'odorat. On y voyait des gens plongés dans des immondices qui paraissaient formés de déjections humaines.

Comme Dante cherchait du regard, il en vit un dont la tête en était tellement enveloppée qu'on ne pouvait distinguer (à la tonsure) si c'était un laïque ou un clerc.

Celui-ci se mit alors à crier : « Qu'est-ce que tu as à me regarder ? Je ne suis pas plus dégoûtant que les autres. »

(1) La Toison d'or.

. Et Dante : « C'est parce que, si je m'en souviens bien, je t'ai déjà vu avec des cheveux secs, et que tu es Alessio Interminei de Lucques. C'est pour cela que je te regarde plus que les autres. »

Et lui, en se frappant la tête : « Voilà où m'ont conduit les flatteries infâmes dont ma langue n'était jamais rassasiée. »

Virgile dit ensuite à Dante : « Avance un peu la tête, et tu verras là-bas cette sale femme échevelée, qui est à se griffer la tête avec ses ongles souillés, et qui tantôt s'accroupit et tantôt se met sur ses pieds. C'est Thaïs, la fille de joie. »

XIX

« O Simon le magicien (1), toi et tes misérables sectateurs dont la rapacité a prostitué pour or ou pour argent les choses de Dieu, il faut que la trompette résonne maintenant pour vous, simoniaques, dans le troisième bouge. »

Ils étaient montés sur le rocher qui surplombe le milieu de cette large excavation. On voyait le fond tout garni de trous arrondis et de même dimension, et de chacune de ces ouvertures on voyait saillir les jambes de chacun de ces pécheurs jusqu'aux mollets. Ils avaient la plante des pieds en feu, et ils agitaient leurs jambes avec une telle frénésie qu'elles auraient brisé tous les liens qui auraient pu les retenir.

(1) Voir sur ce personnage *Saint Paul* de Renan.

« Maître », dit Dante, « qui est celui-là qui s'agite plus vivement que ses compagnons, et que la flamme paraît brûler plus cruellement que les autres? »

Virgile lui proposa de le rapprocher de lui afin qu'il pût l'interroger lui-même, ce qu'il fit; et il le détacha de sa hanche sur laquelle il l'avait porté, auprès du trou où les jambes s'agitaient si fort.

« Qui que tu sois », commença-t-il à dire, « âme affligée, toi qui te tiens là sens dessus dessous comme un pieu, parle-moi si tu peux. »

L'autre se mit alors à crier : « Est-ce toi qui es déjà là tout debout? Est-ce toi qui es déjà là tout debout, Boniface? Ce qui est écrit m'a donc menti de plusieurs années (1). Es-tu sitôt rassasié des richesses pour lesquelles tu n'as pas craint de t'emparer par un mensonge de la belle dame (l'Église), pour les jeter ensuite par la fenêtre? »

Dante, qui n'y comprenait rien d'abord, finit par lui dire qu'il n'était pas celui qu'il croyait.

L'Esprit contourna plus fort ses pieds, puis en soupirant il dit d'une voix plaintive : « Alors qu'est-ce que tu demandes? Si c'est parce que tu avais tant envie de savoir qui je suis que tu es descendu jusqu'ici, sache donc que j'ai porté le manteau pontifical, et que j'étais bien le fils de l'Ourse. » Il ajouta que c'est par cupidité et pour enrichir ses oursons qu'il a rempli sa bourse, ce qui l'a conduit dans celle-ci. Il a là sous sa tête ses pré-

(1) Ce damné était le pape Nicolas III, de la famille des Orsini (ours). Il lui avait été prédit que Boniface VIII ne devait mourir que quelques années plus tard; de là sa stupéfaction quand il prit l'approche de Dante pour la sienne. Il fait allusion aux marchandages auxquels Boniface s'était livré pour obtenir la tiare.

décesseurs en simonie, entassés et aplatis dans ce trou de pierre. Il sera comme eux quand viendra celui pour qui il l'avait pris. Et il en viendra bien d'autres s'entasser encore par-dessus.

« Je ne sais », dit alors le Poète, » si je ne fus pas trop hardi, mais voici ce que je lui ai répondu : Pourrais-tu me dire quel prix Notre-Seigneur a exigé de Pierre quand il a remis ses clefs en son pouvoir ? Il ne lui a certainement rien demandé. Il lui a dit seulement : « Suis-moi. » Est-ce que Pierre et les autres ont demandé de l'or ou de l'argent à Mathieu, quand celui-ci fut élu apôtre à la place du traître (Judas)? Si tu es puni comme nous le voyons, tu l'as donc bien gagné. Garde-le bien maintenant, cet argent. Et si ce n'était que je suis retenu par le respect que je garde encore au siège suprême que tu as occupé pendant ta joyeuse vie, tu en entendrais encore de plus dures. Votre cupidité est une cause de scandale et d'affliction pour le monde ; elle ne sert qu'à abaisser les bons et à élever les méchants. C'est vous, pasteurs simoniaques, qu'annonçait l'évangéliste quand il voyait se prostituer aux rois celle qui règne sur la mer, qui, née avec sept têtes, était couronnée de dix cornes (1) alors que la vertu demeurait encore chère à son époux. Vous avez fait un Dieu de l'or et de l'argent.

« Ah! empereur Constantin, le mal n'a pas été dans ta conversion, mais dans tes libéralités, grâce auxquelles le premier père des fidèles s'est trouvé riche (2). Et pendant que je lui chantais cette chanson, était-il mordu par

(1) *Apocalypse.*
(2) Allusion à la donation que Constantin aurait faite à l'Église de Rome dans la personne du pape Sylvestre.

la colère ou par sa conscience ? Ses jambes s'agitaient de plus belle. »

Virgile, qui paraissait l'avoir entendu avec satisfaction, le reprit dans ses bras, et le transporta au sommet d'une arcade jetée entre le quatrième et le cinquième bouge.

XX

Sous leurs yeux s'ouvrait une excavation arrondie d'où sortaient des accents d'angoisse. On y voyait, se taisant et pleurant, des gens marcher du pas dont marchent les processions dans le monde. Et en baissant encore son visage pour mieux voir, Dante s'aperçut avec stupéfaction que chacun d'eux avait, entre le menton et le haut de la poitrine, la tête retournée, de sorte que leur visage regardait du côté de leur dos, et qu'il leur fallait marcher en arrière puisqu'il leur était impossible de se diriger en avant. Il ne put garder ses yeux secs, quand il vit notre propre image contournée de telle façon que les larmes leur coulaient jusqu'au bas du dos. Et comme il pleurait, appuyé contre une des saillies du rocher, son guide lui dit :

« Est-ce que tu vas être aussi sot que les autres ? C'est être coupable que de s'affliger des jugements mêmes de Dieu (1). »

Et il lui montra Amphiarao qui, sous les murs de

(1) *Qui vive la pietà quand'è ben morta.* Ce vers qui joue sur la double signification de *pietà*, piété ou pitié, il n'est pas possible de le traduire littéralement.

Thèbes, fut englouti dans un abime, bien que, ayant
prédit sa propre mort à un siège dont le nom ne lui avait
pas été révélé, il eût essayé de s'y soustraire en se cachant
d'abord. Il lui montra Tirésias, ce célèbre devin qui
s'était changé en femme et n'avait recouvré par un nou-
veau sortilège sa forme d'homme que sept ans après;
et Aronta qui vivait sur les monts Luni, d'où il observait
à son aise et la lune et la mer.

Et il continua : « Et celle-là dont la chevelure recouvre
les mamelles, ce qui t'empêche de les voir, et lui fait
comme une peau velue de ce côté, c'est Manto (1). Après
avoir parcouru beaucoup de contrées, elle s'est arrêtée
à l'endroit où je suis né. Et c'est pour cela que je te prie
de m'écouter un instant.

« Après que son père eut vécu, et que la cité de
Bacchus fut tombée en esclavage, elle erra longtemps
dans le monde. Là-haut, dans la belle Italie, se trouve
un lac au pied des Alpes qui la séparent de l'Allemagne
au-dessus du Tyrol. Ce lac s'appelle Benaco (2). L'Apen-
nin, entre Garde et Val Camonica, se baigne dans ses
eaux dormantes qu'alimentent mille sources. Toute
l'eau qui ne peut rester dans son lit s'échappe en suivant
la pente naturelle, et forme un fleuve qui traverse de
vertes prairies. Ce n'est plus alors le lac Benaco, mais
la rivière Mincio, qui garde ce nom jusqu'à Governolo
où elle se jette dans le Pô. Après un cours de peu
d'étendue, elle avait rencontré une plaine basse où elle
s'était répandue, et en avait fait un marais dont les bords
étaient empestés.

(1) Manto, fille de Tirésias. Quand Thèbes, patrie de Bacchus,
eut été réduite en servitude par le tyran Créon, elle s'expatria.
(2) Ce lac *Benaco* s'appelle aujourd'hui lac de *Garde*.

« Quaud la vierge farouche vint à passer par là, elle vit une terre couverte de marécages, sans culture et sans habitants. Alors, fuyant tout commerce avec les humains, elle s'établit là avec sa suite et se livra à ses maléfices. Elle y vécut, puis elle y mourut. Alors ceux qui s'étaient tenus jusque-là dispersés dans les alentours se réunirent dans ce séjour que rendaient très fort les marais dont il était entouré, et ils se construisirent une ville là où ses os reposaient. C'est en souvenir de celle qui la première y avait vécu qu'ils la nommèrent Mantoue. »

Ensuite Virgile montra à Dante plusieurs devins célèbres, et aussi quelques-unes de ces tristes créatures qui ont quitté l'aiguille, la navette et le fuseau pour se faire devineresses, et prononcer des incantations avec des herbes ou des images.

XXI

En passant du quatrième au cinquième bouge, les poètes s'arrêtèrent pour regarder dans une excavation du Malebolge d'où sortaient beaucoup de plaintes. Elle était étonnamment obscure.

Dans l'arsenal de Venise, l'hiver, on voit bouillir la poix destinée à calfater les navires avariés qui ne peuvent plus tenir la mer. On leur fait des membrures nouvelles à la place des vieilles, et on radoube les flancs de ceux qui ont le plus voyagé. On enfonce des clous neufs dans la poupe et dans la proue. On fabrique des rames, on enroule des cordes, on rapièce les voiles d'étai et d'artimon.

Ici ce n'est pas le feu, c'est une action divine qui fait bouillir profondément une poix épaisse, s'étalant de tous côtés sur les bords gluants. On voyait bien la poix soulevée et gonflée par l'ébullition, et qui retombait, mais on ne voyait pas autre chose.

Tandis que Dante regardait, son guide le tira vivement à lui, en lui disant : « Prends garde. » Un diable noir courait vers eux sur le rocher. Il avait un air farouche et menaçant, avec ses ailes étendues, et il portait sur son dos un pécheur qu'il tenait étroitement serré par les jambes. Il le jeta dans la poix en criant qu'il s'en allait en chercher d'autres et disparut, et jamais chien courant après un voleur n'avait couru aussi vite. Le pécheur fit le plongeon et bientôt après reparut, et aussitôt plus de cent crocs l'enfonçaient davantage. Ce n'est pas autrement que les cuisiniers font enfoncer dans un chaudron par leurs aides, avec leurs fourchettes, la viande pour qu'elle ne remonte pas à la surface.

Virgile dit alors à Dante : « Il ne faut pas qu'on voie que tu es là. Va te cacher derrière un de ces rochers. Quant à toutes leurs violences vis-à-vis de moi, n'aie pas peur, je me suis déjà trouvé à de pareilles bagarres. »

Aussitôt, avec la même fureur et la même impétuosité que les chiens s'élancent sur le mendiant qui vient de s'arrêter devant la porte pour demander, les démons sortirent de dessous le petit pont. Mais Virgile, impassible, leur dit : « Qu'aucun d'entre vous n'ait l'audace de me toucher avant qu'un des vôtres soit venu m'entendre ! Vous verrez ensuite ce que vous aurez à faire. »

Ils crièrent ensemble : « Vas-y, Malacoda. » Alors

l'un d'eux se détacha et dit à Virgile : « Qu'est-ce que tu viens faire ici? » Lorsque celui-ci eut donné ses explications ordinaires, le démon se retourna vers ses compagnons et leur ordonna de se tenir tranquilles.

Dante reparut près de son maître. Mais il avait grand'-peur. Ses yeux ne pouvaient se détacher de leurs faces qui n'annonçaient rien de bon. Tandis que Virgile s'entretenait avec Malacoda, ils abaissaient leurs crocs. « Veux-tu », disait l'un d'eux à un autre, « que je le harponne par le croupion? » Et ils répondaient : « Allons, vas-y, accroche-le. » Mais un regard de leur chef les contint : « Tiens-toi donc en paix, Scarmiglione », di-sait-il. Puis s'adressant aux poètes :

« Vous ne pouvez pas aller plus loin sur cette roche parce que la sixième arche s'en est éboulée jusqu'au fond. Si vous voulez avancer, il faut prendre par cette grotte que vous voyez. Il y a tout près un rocher où le passage est libre. Il y a eu hier mille et deux cent cin-quante-six ans et cinq heures que la voie a été toute bouleversée (1). Je vais envoyer par là de mes gens voir si quelqu'un de ces damnés ne s'en est pas allé prendre l'air. Suivez-les, ils ne vous feront aucun mal. »

Et il continua : « Avancez, Alichino, Calcabrina et Cagnazzo, Barbariccia conduira l'escouade. Libicocco ira avec vous, et aussi Draghinazzo et Ciriatto aux grandes dents, et Grafficano et Tartarello, et Rubicante le fou. Vous aurez soin qu'ils arrivent sains et saufs jusqu'au rocher qui est encore intact et qui limite le repaire de ces bêtes. »

« O Maître », disait Dante, « qu'est-ce que je vois là?

(1) C'était exactement l'heure où la terre avait été agitée d'un tremblement universel, au moment où Jésus expirait.

Allons-nous-en tout seuls, si tu sais le chemin, et sans leur escorte. Ce n'est pas moi qui la demande. Si tu regardes bien, comme tu le fais d'habitude, vois donc comme ils grincent les dents, et les yeux menaçants qu'ils nous font. » Et lui : « Je ne veux pas que tu aies peur. Laisse-les grincer les dents à leur aise ; c'est à ceux qui sont là dedans qu'ils en ont. »

Ils prirent à gauche. Cependant chacun d'eux faisait un signe à leur chef en se serrant la langue entre les dents. Et lui nous tourna le dos en nous envoyant le plus bruyant et le plus irrespectueux des saluts (1).

XXII

« J'avais déjà vu bien des fois », dit le poète, « des cavaliers se rassembler, engager le combat, faire leurs évolutions, puis se mettre en retraite; j'avais vu des coureurs parcourir vos terres, ô Arétins, et des escadrons tournoyer et charger suivant les signaux donnés du haut des forteresses, au bruit des tambours ou des cloches, ou de toutes sortes d'instruments étrangers ou de chez nous; mais je n'avais jamais vu, au son de l'étrange chalumeau qui venait de nous saluer, se mouvoir cavaliers ou fantassins, non plus que navires obéissant à des signaux envoyés de la terre ou du ciel. »

Ils suivaient donc les dix démons, une terrible compagnie. Ils les suivaient comme se suivent les dévots à

(1) Ce dernier vers ne pouvait se traduire littéralement en français : *Ed egli avea del cul fatto trombetta.* Ici le poète florentin devance Rabelais de deux cents ans.

l'église, ou les ivrognes au cabaret. Dante cependant ne perdait pas de vue ce qui se passait sur le lac de poix. De même que les dauphins, en sautant à fleur d'eau, avertissent les marins de se méfier de la tempête, de même quelques pêcheurs, pour se soulager un instant, leur laissaient voir leur dos, puis se cachaient avec la rapidité de l'éclair dès qu'ils voyaient s'approcher Barbariccia ou quelqu'un des siens.

Dante vit alors, et son cœur en frémit encore, l'un d'eux, qui s'était attardé, saisi par Grafficano qui se trouvait précisément vis-à-vis, et qui l'accrocha par sa chevelure empoissée et le tira en l'air, comme on fait d'une loutre. Et tous les autres de crier : « Eh! Rubicante, enfonce-lui donc tes grands ongles pour l'écorcher. »

Il savait le nom de chacun de ces diables, ayant prêté une grande attention alors qu'on en avait fait l'appel, ou quand ils se nommaient entre eux. Il pria son maître de tâcher de savoir qui était ce malheureux, tandis qu'on le tenait là suspendu.

Celui-ci, interrogé, répondit qu'alors qu'il était devenu le familier du bon Tebaldo, roi de Navarre, il s'était mis à faire de la baraterie (1), ce dont il était puni dans cette fournaise. Il lui nomma quelques-uns de ceux, restés au fond, qui partageaient son martyre. Au même instant, Ciriatto, de la bouche de qui sortait une dent semblable aux défenses d'un sanglier, lui fit une

(1) Ce mot de baraterie n'est plus guère employé aujourd'hui, si ce n'est dans le langage marin. On ne le trouve pas dans le Dictionnaire de Littré, mais dans le *Dictionnaire encyclopédique universel*. Il faut entendre ici par baraterie le trafic des emplois civils, comme simonie signifie le trafic des choses religieuses.

large entaille sur la cuisse, et Libicocco, lui saisissant le bras de son croc, en emporta un morceau. Ils se disposaient à redoubler, quand le chef les écarta : « Otez-vous de là, méchants oiseaux », leur disait-il, en roulant des yeux farouches.

Rassuré pour le moment, et tout en regardant ses blessures, le damné continua de s'adresser à Virgile : « Si vous voulez voir ou entendre des Toscans ou des Lombards, je vous en ferai venir quelques-uns. Mais il faudra que ces Malebranches se tiennent un peu tranquilles, pour ne pas les effrayer. Moi qui habite ici avec eux, pour un que je suis, je vous en amènerai plus de sept quand je sifflerai, ce qui est en usage chez nous quand un de nous sort de la poix. »

A ces mots, Cagnazzo leva le nez et dit : « Voyez la malice qu'il imagine pour rentrer au fond. — Une belle malice », dit le damné, « que d'aller exposer mes compagnons à de nouvelles misères! »

« Viens », lui dit alors Alichino; « si tu veux te jeter là dedans, pour sûr, je ne m'en irai pas galoper après toi ; mais je saurai bien t'attraper au vol. Lâche seulement le rebord qui est entre nous deux, pour voir si à toi seul tu en feras autant que nous autres. »

Le Navarrais prit bien son temps. Il appuya fortement ses pieds sur le bord, et en un instant se trouva hors de leurs atteintes. Alichino s'élança de son côté en criant : « Je te tiens. » Mais il ne tenait rien, et en dépit de ses ailes il ne put rejoindre le fuyard. Celui-ci avait plongé au moment où l'autre se redressait pour s'envoler. C'est ainsi que le canard plonge tout à coup quand approche le faucon, qui s'en retourne éreinté et penaud.

Cependant Calcabrina, que cette mauvaise plaisanterie avait mis de méchante humeur, volait de son côté derrière Alichino, enchanté de voir le pêcheur lui faire pièce en s'échappant, et de trouver une occasion de s'en prendre à lui. Aussitôt que l'autre eut disparu, il se retourna contre son camarade et l'empoigna juste au-dessus du goufre; mais celui-ci le saisit également, comme fait un épervier de ses serres, et tous deux tombèrent dans le marais bouillant. La brûlure qu'ils ressentirent aussitôt les fit se détacher l'un de l'autre. Ce n'eût été rien s'ils ne se fussent trouvés retenus par leurs ailes empoissées.

Les poètes les laissèrent ainsi empêtrés.

XXIII

Seuls, muets, et enfin délivrés de cette compagnie, ils marchaient, l'un devant et l'autre derrière, comme marchent les frères mineurs sur une route. Dante était loin de se trouver rassuré. Il pensait ainsi : C'est à cause de nous que ces diables ont été bafoués, et ils ont été trop joués et maltraités pour en prendre facilement leur parti. Or si la colère vient s'ajouter à leur méchant naturel, ils ne manqueront pas de nous poursuivre, encore plus enragés que le chien qui tient un lièvre entre ses dents. Il disait à Virgile : « Maître, si tu ne trouves pas moyen de nous cacher, j'ai peur des Malebranches. Nous les avons certainement derrière nous. Je me le figure au moins; et je les sens déjà. »

Il n'avait pas fini de parler qu'ils les virent arriver, les ailes ouvertes. Ils n'étaient plus qu'à une faible distance. Virgile alors saisit son élève dans ses bras, et du haut du rocher il se laissa aller sur le dos, le long de l'escarpement qui descend dans le sixième bouge. L'eau ne descend pas plus vite pour venir frapper la roue d'un moulin, lorsqu'elle s'approche de ses palettes, qu'il ne fît tout au long de cette pente, avec Dante pressé contre sa poitrine, comme un fils et non comme un compagnon.

A peine ses pieds avaient-ils touché le fond que les autres arrivaient sur le sommet qui les surplombait. Mais il n'y avait plus de crainte à concevoir, car la Providence divine qui a voulu les faire maîtres du cinquième bouge leur a refusé tout pouvoir hors de là.

Ils trouvèrent ici des gens couverts de peinture, qui marchaient à pas lents et en pleurant; et ils paraissaient accablés par la fatigue et la souffrance. Ils portaient des manteaux avec des capuchons rabattus sur les yeux, comme ceux que les moines portent à Cologne. Ces manteaux étaient dorés en dehors à fatiguer les yeux par leur éclat, mais tout de plomb en dedans. Oh! quelle fatigue de porter ces manteaux pour l'éternité! C'étaient les hypocrites. Le poids qu'ils avaient sur le dos leur faisait pousser des gémissements lamentables et les faisait vaciller comme les plateaux d'une balance.

D'eux d'entre eux reconnurent Dante pour un Toscan et l'interrogèrent, en lui disant ce qui les avait amenés eux-mêmes à une pénitence aussi dure.

« O frères », leur répondait-il, « vos misères... » Tout à coup il s'arrêta. Car soudain apparut à ses yeux un crucifié, étendu par terre et attaché à trois pals.

Quand ce damné le vit, il se tortilla en soufflant dans sa barbe et en soupirant. « Ce crucifié que tu regardes », dit au Poète un des lourds manteaux avec qui il s'entretenait, « est celui qui conseilla aux Pharisiens de condamner un homme au martyre pour le bien du peuple. Il est là nu et, comme tu le vois, il barre le chemin, et il faut qu'il sente le poids de chacun qui vient à passer. Son beau-père est là aussi tout près (1), avec les autres membres de ce conseil qui fut si funeste aux Juifs. »

Virgile regardait avec étonnement celui qui était là étendu en croix, dans un éternel et infâme exil. Puis il pria l'Esprit qui venait de lui parler de lui indiquer le chemin qu'ils devraient suivre pour sortir le plus directement possible de ces lieux; et, aux renseignements qui lui furent donnés, il reconnut qu'il avait été trompé par celui qui accroche les pécheurs, et il en parut sensiblement mortifié.

XXIV

A cette époque de l'année nouvelle où le soleil tempère ses rayons sous le signe du Verseau, et où les nuits vont redevenir égales aux jours, quand la rosée reproduit sur la terre l'image de sa sœur blanche (la neige), mais seulement pour peu d'instants, le villageois, au bout de ses ressources, se lève et regarde; et il voit la

(1) Caïphe et le grand prêtre Anne, qui avaient envoyé Jésus à la mort, *pro popolo*.

campagne toute blanchissante encore. Alors il se frappe les flancs de désespoir, retourne à son logis, et se lamente comme un malheureux qui ne sait que faire. Puis il revient regarder, et voyant que la nature a changé de face en peu d'heures, il se reprend à l'espérance ; il saisit sa houlette et mène paître son troupeau.

C'est ainsi que Dante avait frémi en voyant le front soucieux de son maître. Mais bientôt sa physionomie s'était éclaircie. Au mal était venu le remède. Alors Virgile ouvrit ses bras et saisit vivement son ami ; puis il le hissa au haut d'un tas de pierres amoncelées et lui fit ensuite gravir un sommet plus élevé où Dante se laissa tomber tout essoufflé. « Allons », lui dit-il, « secoue ta paresse. Ce n'est pas sur la plume et sous les couvertures que la renommée vient nous chercher, la renommée sans laquelle, si on laisse se consumer sa vie, il ne reste de nous sur la terre qu'un vestige semblable à de la fumée dans l'air ou à de l'écume sur l'eau. Fais appel à l'esprit qui gagne toujours la bataille s'il ne se laisse écraser par le corps. Si tu m'as compris, tâche que mes paroles te profitent. »

Dante se releva la respiration plus libre et déclara que la force lui était revenue. Ils continuaient leur marche sur un sentier étroit et rocailleux, lorsqu'ils entendirent des voies confuses sortir d'une excavation voisine. Ils se dirigèrent de ce côté, et un nouveau bouge s'ouvrit sous leurs yeux. Ils virent alors d'horribles amas de serpents de toute espèce. Il ne faut plus penser à la Libye et à ses sables brûlants où naissent les scorpions, les aspics, les boas et les monstres à deux têtes, ni à l'Éthiopie et aux rivages de la mer Rouge avec leurs pestilences mortelles.

Au milieu de ces affreux ramassis couraient des gens nus et épouvantés qui cherchaient en vain un trou pour se cacher, ou la pierre qui rend invisible. Ils avaient les mains liées derrière le dos avec des serpents dont les têtes et les queues se jouaient sur leurs reins, tandis que leurs corps se ramassaient par devant.

Et voici qu'un de ces serpents s'élança sur un damné qui se trouvait de leur côté et le transperça là où le col se rejoint aux épaules. Le temps d'écrire un O ou un J, il s'enflamma et brûla, et il tomba tout en cendres. Et aussitôt qu'il eut touché la terre sous forme de poussière, sa cendre se rassembla d'elle-même et il se retrouva comme avant.

Quand il se releva tout étonné, comme un homme qu'une attaque soudaine a frappé, et qui a quelque peine à reprendre ses esprits, Virgile lui demanda qui il était. « Je suis tombé de Toscane », répondit-il, « où j'avais vécu comme une brute. Pistoia fut ma digne tanière. Je suis ici parce que j'ai volé dans une sacristie des ornements d'église et que j'ai laissé longtemps des soupçons planer sur un autre. Mais (et il s'adressait à Dante), pour que tu ne te réjouisses pas trop de ce que tu auras vu ici, si jamais tu sors de ce sombre séjour, ouvre tes oreilles et écoute. Pistoia commencera par chasser les Noirs. Puis ceux-ci remplaceront les Blancs à Florence. Des vapeurs épaisses couvriront les champs picénéens, et au milieu d'une tempête effroyable surviendra un horrible carnage. Ensuite les vapeurs se dissiperont, et tous les Blancs auront péri. Je te le dis parce que je sais la peine que tu en ressentiras (1). »

(1) Le poëte, par une fiction qu'il renouvelle souvent, se fait prédire ici des événements qui avaient eu lieu à l'époque où il écrivait.

XXV

Après avoir prononcé ces paroles, le voleur leva ses
deux mains en faisant la nique et en criant : « Tiens,
bon dieu, voilà pour toi. » « De ce moment », dit Dante,
« je trouvai que les serpents avaient du bon. » Car l'un
d'eux vint s'enrouler autour de son col, comme pour
dire : « Je ne veux pas que tu parles davantage. » Un
autre était venu se tordre entre ses bras, et il les tenait
si serrés en l'entourant tout entier qu'il ne pouvait
plus faire un mouvement, et ce fut ainsi qu'il s'enfuit.

Cependant trois damnés qu'ils ne connaissaient pas
s'avançaient au-devant des Poètes. Et il se passa des
choses si extraordinaires que le lecteur les croira diffici-
lement, car celui qui les a vues a encore de la peine à y
croire.

Comme Dante tenait les yeux fixés sur eux, il vit un
serpent à six pieds s'élancer et s'attacher sur l'un d'eux.
De ses deux pieds du milieu il lui embrassait le ventre;
il lui serrait les bras avec ceux de devant tout en lui
enfonçant les dents dans ses deux joues, et il appliqua
ses pieds de derrière sur ses cuisses en passant entre
elles pour aller s'étendre sur ses reins. Le lierre ne
s'attache pas plus étroitement à un arbre que l'horrible
bête entortillait ses membres avec les siens. Puis ils se
collèrent comme s'ils avaient été de la cire chaude, et
leur couleur se confondit, de sorte qu'on ne pouvait plus
les distinguer l'un de l'autre.

Les deux autres regardaient, et ils criaient : « Hélas !

Agnel, comme tu changes! Voici que tu n'es déjà plus ni un ni deux. »

Les deux têtes n'en faisaient plus qu'une, et les deux figures s'étaient fondues en une seule, où l'on ne pouvait plus retrouver ni l'une ni l'autre. Les quatre bras n'en laissaient plus voir que deux; et des cuisses avec les jambes, du ventre avec la poitrine, s'étaient formés des membres comme on n'en avait jamais vu. Toute la forme première se trouvait effacée. L'image transformée paraissait une, et elle s'en allait à pas lents.

Ils assistèrent encore à d'autres transformations confuses et monstrueuses. Ils virent un serpent et un homme se changer l'un dans l'autre, et purent suivre de leurs yeux l'échange de leurs formes et de leurs substances.

« Laissez là », dit le Poète, « Lucain et l'histoire de Sabellus et de Nassidio (1). Laissez là Ovide avec Cadmus et Aréthuse, qu'il a convertis poétiquement l'un en serpent, l'autre en fontaine. Je ne crains pas la comparaison, car ils n'ont jamais changé deux natures l'une dans l'autre, de manière que leurs formes échangeassent leurs propres éléments. »

Les sujets de ces étranges phénomènes étaient des Florentins, et paraissent n'avoir guère été que d'assez vulgaires voleurs.

---

(1) Lucain rapporte dans la *Pharsale* que deux soldats de l'armée de Caton ayant été mordus par des serpents dans le désert, l'un d'eux tomba aussitôt en cendres, et le corps de l'autre gonfla à ce point que sa cuirasse en éclata.

XXVI

« Réjouis-toi, Florence, tu es si grande que tes ailes battent sur la mer comme sur la terre, et ton nom est répandu jusque dans les enfers. J'ai rencontré cinq de tes citoyens les plus notables parmi les voleurs. J'en suis bien un peu honteux, mais à toi cela fait un grand honneur. Si les rêves du matin disent la vérité, tu ne tarderas pas à entendre ce qu'on te souhaite à Prato et ailleurs. Et si ces souhaits viennent à se réaliser, ce ne sera pas trop tôt. Puisqu'il doit en être ainsi, que ce soit donc le plus tôt possible! Car plus je vieillirai, et plus ce me sera douloureux. »

Ainsi parle le Poète. Et ils remontèrent, en s'aidant des pieds et des mains, les pentes qu'ils avaient descendues pour pénétrer dans le dernier bouge. Et de nouveaux spectacles terrifiants les attendaient.

A l'époque où l'astre qui éclaire partout le monde est pour nous le plus prodigue de ses rayons, à l'heure où la mouche cède la place au cousin, le villageois qui se repose au sommet d'un coteau voit au-dessous de lui, tout en bas dans la vallée, là même peut-être où se trouvent sa vigne et son champ, scintiller autant de lucioles qu'ils virent de flammes resplendir dans le huitième bouge, du point où leurs yeux pouvaient y pénétrer jusqu'au fond. Dante se tenait à regarder sur la pointe des pieds, et le moindre choc l'eût fait tomber dans le vide.

Son guide, le voyant si attentif, lui dit alors : « Les

Esprits sont dans l'intérieur de ces feux. Chacun d'eux
a une enveloppe qui le brûle. »

« Je m'en doutais », répondit-il; « mais j'allais te
demander qui est dans ce feu dont la flamme se partage
en deux par en haut. »

Et Virgile : « C'est là dedans que subissent ensemble
leur martyre Ulysse et Diomède, et qu'ils pleurent l'in-
vention du cheval de Troie, et la supercherie dont fut
victime Déidamie qui, morte, en accuse encore Achille,
et le sacrilège qui arracha le palladium de Troie. »

Dante prie son maître d'attendre un peu que cette
flamme cornue se soit approchée d'eux, parce qu'il vou-
drait l'interroger. Virgile l'approuve, mais lui fait
remarquer que ce sont des Grecs, qui ne daigneront
peut-être pas s'entretenir avec lui, descendant des
Troyens. C'est lui-même qui parlera. En effet, quand il
jugea le moment favorable, il pria ceux qui habitaient
cette flamme de s'arrêter un instant pour que l'un d'eux
pût leur dire dans quel lieu il s'était perdu et avait
trouvé la mort. Il espérait que les vers qu'il leur avait
consacrés lui vaudraient près d'eux un accueil favo-
rable.

La plus haute de ces deux flammes, qui brûlent
depuis si longtemps, commença à se remuer en mur-
murant, comme celles que le vent agite. Elle allait de
côté et d'autre, ainsi que fait la langue quand elle parle,
et on entendit une voix en sortir.

« Quand je me séparai de Circé, qui m'avait retenu
plus d'une année près de Gaëte, ni la douce pensée de
mon fils, ni ma piété envers mon vieux père, ni l'amour
bien dû qui aurait rendu à Pénélope le bonheur, ne
purent surmonter en moi la passion que j'avais de par-

courir le monde et d'aller observer les vertus et les
vices des hommes. Je me lançai dans la pleine mer avec
un seul vaisseau et quelques compagnons qui ne
m'avaient jamais abandonné. Je visitai maint rivage
jusqu'à l'Espagne et au Maroc, et l'île de Sardaigne et
les autres îles que baigne la mer Intérieure. Moi et mes
compagnons, nous étions déjà vieux et fatigués quand
nous atteignîmes cette gorge resserrée où Hercule a posé
ses bornes, pour que l'homme n'allât pas plus loin.

« J'avais laissé Séville à droite, comme Ceuta
m'avait laissé à gauche. « Frères, dis-je à mes compa-
gnons, vous êtes, à travers cent mille périls, parvenus à
l'occident du monde. Alors qu'il ne vous reste plus que
si peu de temps à vivre, venez donc avec moi suivre la
marche du soleil et visiter les régions inhabitées. Pensez
à votre noble nature. Vous n'êtes pas nés pour vivre
comme les brutes, mais pour suivre le chemin de la
vertu et de la connaissance. »

« Je les persuadai si bien par ce simple langage
que j'aurais eu de la peine à les retenir. Nous tournâmes
donc notre poupe du côté du levant, et nous fîmes de
nos rames des ailes rapides en nous dirigeant toujours
à gauche. La nuit, je voyais sur notre tête les étoiles de
cet autre pôle, tandis que sur le nôtre elles s'étaient
abaissées au niveau de la mer.

« Cinq fois la lune s'était rallumée, puis elle s'était
éteinte, depuis que nous avions franchi le haut défilé,
quand nous aperçûmes une montagne que l'éloignement
nous empêchait de bien distinguer : mais elle me parut
si élevée qu'il me sembla que je n'en avais jamais vu
d'aussi haute. Nous nous réjouissions. Mais bientôt il
nous fallut trembler, car de cette terre nouvelle partit

un tourbillon qui vint assaillir l'avant de notre navire. Il le fit tournoyer trois fois sur lui-même. Une quatrième, il souleva la poupe et enfonça la proue, suivant la volonté d'un autre, jusqu'à ce que la mer se refermât sur nous. »

XXVII

La flamme montait toute droite, sans rien dire de plus, quand une autre flamme qui venait derrière elle attira le regard de Dante vers sa pointe d'où sortait un son confus. D'abord, comme elles ne trouvaient aucune autre issue, les plaintes qui se formaient au dedans d'elle paraissaient être son propre langage. Mais quand elles se furent frayé une voie jusqu'à sa pointe, et y eurent transmis les vibrations que la langue leur avait imprimées, on entendit des paroles distinctes. Elles demandaient des nouvelles de ce qui se passait dans la Romagne. Et Virgile dit à Dante, en le touchant du coude : « Tu peux parler, celui-ci est un Latin. »

Dante lui parla, suivant son désir, des différentes parties de la Romagne, région où la guerre existait toujours, ou en réalité, ou au moins dans le cœur des tyrans ; puis il lui demanda qui il était, afin qu'il pût savoir avec qui il s'entretenait.

C'était Guido, comte de Montefeltro, qui avait été un homme de guerre et de conseil éminent, et était entré en religion dans sa vieillesse. Il répondit ainsi :

« Si je croyais que ma réponse s'adressât à un être qui dût retourner dans le monde, cette flamme resterait

sans bouger. Mais comme jamais être vivant n'est re-
monté de ces abîmes, je puis te parler sans crainte pour
ma réputation.

« Après avoir été un homme de guerre, je fus un
Cordelier, et je pensais qu'une fois ceint de la corde,
j'aurais fait amende de mes péchés. Et certainement il
en aurait été ainsi sans le grand Pontife dont l'influence
néfaste vint me replonger dans mes premières fautes.

« Tant que j'ai gardé la forme mortelle que m'avait
donnée ma mère, mes œuvres furent non celles d'un
lion, mais celles d'un renard : aucune de celles de la
ruse et du mensonge ne m'était étrangère. Quand je me
vis parvenu à cette époque de la vie où chacun doit car-
guer les voiles et ramasser les cordages, je me sentis
pris de dégoût pour tout ce que j'avais aimé jusqu'alors.
Je revins à Dieu, repentant et confessant mes fautes.
Ah ! malheureux que je suis, j'étais sauvé.

« Mais le prince des nouveaux Pharisiens s'était mis
en guerre contre Latran. Et ce n'était pas à des Sarra-
sins ou à des Juifs qu'il avait affaire, c'était à des chré-
tiens qui, eux, n'étaient pas allés s'emparer d'Acri de
concert avec les Sarrasins, ni faire du commerce avec le
Sultan. Et il ne considéra ni pour son compte ses ordres
sacrés et son siège suprême, ni pour ce qui me concerne
la corde qui me ceignait les reins et sous laquelle autre-
fois on faisait pénitence.

« Il m'envoya chercher et me consulta. Les conseils
qu'il me demandait, je ne les donnai pas d'abord, parce
que ses paroles me paraissaient inspirées par l'ivresse
de la passion. Alors il me dit : « Ne t'inquiète pas dans
« ton cœur. Je t'absous d'avance. Mais enseigne-moi le
« moyen d'en finir avec ces gens de Préneste. Je puis

« ouvrir ou fermer à volonté les portes du ciel, tu sais,
« et je tiens les deux clefs dont mon prédécesseur se
« souciait si peu. » Je me trouvai si saisi de la puis-
sance de son raisonnement qu'il me parut que je ne
pouvais me dispenser de lui répondre, et que le pire
serait encore de me taire. Et je dis simplement : « Saint
« Père, du moment que tu me laves du péché que je
« vais commettre : Promettre beaucoup et tenir peu
« assurera ton triomphe (1). »

« Quand je fus mort, saint François arriva pour re-
cueillir mon âme. Mais il vint aussi un ange noir qui lui
dit : « Tu ne vas pas me l'emporter. Tu ne voudrais pas
m'en faire tort. Il est de ceux qui m'appartiennent,
attendu qu'il a donné un conseil frauduleux, et depuis
ce temps-là je le tiens par les cheveux. Qui ne se re-
pent pas ne peut être absous, et on ne peut pas en
même temps pécher volontairement et se repentir.
C'est une contradiction que nul ne peut admettre. »
Comme je suis malheureux! Je tremblais de peur quand
il me prit en me disant : « Tu ne croyais peut-être pas
« que je fusse aussi bon logicien. » Puis il m'emporta
devant Minos, et celui-ci se tourna huit fois la queue
autour du corps, et il entra dans une telle rage qu'il se
la mordait en disant : « Voici un pécheur qui est con-
« damné au feu qui enveloppe. » Et voici, tu le vois,
comment je me vois perdu ici, et comment j'erre et je
me promène sous ce vêtement. »

(1) Guerres contre les villes et les seigneurs, jusque dans l'en-
ceinte même de Rome (Latran), accords politiques et commerciaux
avec les infidèles, odieuse duplicité vis-à-vis de la ville de Préneste
et de la famille des Colonna, n'étaient qu'une faible partie des griefs
de Dante contre le pape Boniface VIII.

Quand il eut achevé son récit, la flamme partit en se lamentant et en agitant et tordant sa pointe aiguë. Les poètes passèrent outre et arrivèrent au-dessus du gouffre où sont punis ceux qui ont semé la discorde.

XXVIII

L'aspect qu'offrait le neuvième bouge, tout le sang et les plaies qui s'y trouvaient rassemblés, aucune langue ne saurait l'exprimer, et l'imagination ne parviendrait certainement pas à le concevoir.

Si venaient à se réunir encore tous ceux des Romains dont le sang trempa la Pouille, cette terre fatale, et qui laissèrent sur le champ de bataille tous ces anneaux comptés par Tite-Live, historien véridique, et avec eux tous ceux qui succombèrent sous les coups de Robert Guiscard, et ceux dont les ossements se retrouvent à Ceperano ou à Tagliozzo, quand bien même reparaîtraient tous ces membres brisés ou mutilés, rien ne saurait égaler le spectacle qui se présentait ici.

Comme on voit se vider un tonneau crevé par le fond ou par devant, Dante vit un pécheur fendu depuis le menton, et en arrière jusqu'au bas du dos. Ses boyaux pendaient entre ses jambes, et ses intestins vidaient leur contenu. Et tandis qu'il le contemplait, le malheureux s'ouvrait la poitrine avec ses mains. « Vois », disait-il, « comme je me déchire moi-même; vois dans quel état est Mahomet. Et devant moi vois Ali qui s'en va en pleurant, la tête fendue depuis le menton jusqu'à la touffe des cheveux. Et tous ces autres qui sont là sous tes yeux, et qui furent, vivants, des semeurs de scandales et de schismes, ils sont pour les mêmes fautes punis de la même manière. Derrière eux est un diable qui les schismatise à sa façon, et découpe avec le tranchant de son sabre chacun de ceux qui, après avoir fait le tour de ce chemin d'angoisse, repassent devant lui, parce que leurs blessures se referment à mesure et avant qu'ils se retrouvent à sa portée. Mais qui es-tu, toi qui te tiens là sur ce rocher, peut-être pour retarder le moment d'aller au supplice? »

Ce fut Virgile qui lui répondit. Et pendant ce temps-là, plus de cent parmi ces damnés s'arrêtaient au fond du gouffre à les regarder, tout étonnés, à en oublier leur martyre. Et Mahomet s'éloigna et disparut.

Et un autre, qui avait le gosier transpercé et le nez coupé jusqu'au-dessous des yeux, et qui n'avait plus qu'une oreille, était resté à regarder comme les autres. Il ouvrit sa gorge toute saignante et dit à Dante : « Si je ne me trompe sur la ressemblance, je t'ai déjà vu sur la terre. Si tu retournes dans la belle plaine qui descend de Verceil à Marcabo, souviens-toi de Pier da Medicina... »

Et sur une demande que Dante lui adressait, il mit la main sur la mâchoire d'un de ses compagnons, et lui ouvrit la bouche où il avait la langue coupée jusqu'au fond de la gorge. « Il ne peut pas parler. C'est lui, ce Curio qui vint trouver César, encore indécis, à Rimini, et le décida à marcher en avant, en lui représentant que, quand une fois on est prêt, tout retard compromet une entreprise. »

Un autre qui avait les deux mains coupées, levant ses moignons dans l'air sombre, la face souillée du sang qui en égouttait, se mit à crier : « Tu te souviendras aussi de Mosca, qui fut le mauvais génie de la Toscane. »

Mais Dante vit quelque chose de plus horrible encore. Il vit un buste sans tête marchant comme le reste de ce triste troupeau. Il tenait sa tête par les cheveux comme on porte une lanterne, et regardait le poète de ses yeux qui servaient à l'éclairer.

Quand il fut au-dessous du pont sur lequel se trouvaient les poètes, il leva son bras de toute sa longueur, avec la tête qu'il portait, pour approcher d'eux ses paroles. C'était Bertrand de Borne, un Français, poète célèbre alors. Il s'accusait d'avoir allumé la guerre entre un père et un fils : « C'est parce que j'ai séparé ceux qui devaient être unis », disait-il, « que ma tête, hélas ! a été séparée de son principe qui est enfermé dans ce tronc. » On ne paraît pas savoir au juste à quoi ceci fait allusion.

XXIX

Ils rencontrèrent encore d'autres faussaires en tout genre. Entre autres, un Gianni Schicchi, personnage florentin : celui-ci s'était substitué à un certain Buoso Donati qui venait de mourir (peut-être, à ce qu'il paraît, assassiné par lui et ses complices), pour faire sous son apparence un faux testament. Là aussi était l'âme antique de cette Mirra, que son incestueux amour fit la maîtresse de son père, mais qui ne consomma son crime qu'après avoir pris l'apparence d'une autre.

Leurs yeux s'arrêtèrent sur une autre forme humaine que l'on aurait prise pour un luth si on l'eût coupée en deux au niveau des aines. L'hydropisie dans laquelle les membres infiltrés par des humeurs mal élaborées ont perdu toute proportion, alors que la face décharnée ne répond plus à la grosseur du ventre, lui faisait tenir les lèvres ouvertes, comme fait l'étique qui, dévoré par la soif, en laisse une abaissée sur le menton tandis que l'autre se relève.

« O vous », dit-il, « qui vous trouvez sans subir aucune peine, et je ne sais pas pourquoi, dans ce monde désolé, regardez et contemplez la misère de maître Adam (1). Vivant, je possédais tout ce que je pouvais désirer, et maintenant, hélas! je pleure pour une goutte d'eau. J'ai sans cesse devant les yeux les petits ruisseaux qui, des vertes collines du Casentin, descendent dans l'Arno entre des rives fraîches et humides. Je les ai sans cesse devant les yeux, et leur image me dessèche encore plus que le mal qui décharne mon visage. Je revois Romena où je falsifiais les monnaies sur lesquelles figure saint Jean-Baptiste, ce qui m'a fait laisser là-haut mon corps brûlé. C'est Guido, Alessandro et leur frère qui m'ont induit à frapper ces monnaies qui avaient bien trois carats de saletés. Si je voyais ici leurs méchantes âmes, je n'en donnerais pas la vue pour celle de la fontaine de Branda. On dit qu'une d'elles est arrivée. Mais qu'est-ce que cela me fait tant que mes membres restent liés ainsi? Si j'étais assez léger pour pouvoir en cent ans me déplacer seulement d'un pouce, je serais déjà en chemin pour les aller chercher au milieu de cette foule dégoûtante, bien

(1) Ce maître Adam était un faux monnayeur qui fut brûlé à Florence vers 1280.

que ce séjour ait onze milles de tour et pas moins d'un demi-mille de large. »

Dante lui demanda qui étaient deux malheureux dont le corps fumait comme fait l'hiver une main humide, et qui étaient couchés l'un contre l'autre.

« Je les ai trouvés ici quand j'y suis tombé », répondit-il, « et depuis ils n'ont pas bougé. L'une est cette créature menteuse qui porta une fausse accusation contre Joseph, et l'autre est ce Sinon dont le mensonge entraîna la perte de Troie (1). C'est la fièvre qui leur fait exhaler cette vapeur puante. »

Alors, l'un de ceux-ci, furieux probablement de s'entendre nommer d'une telle façon, lui frappa de son poing le ventre qu'il avait fort dur, et qui résonna comme un tambour. Sur quoi maître Adam lui riposta par un coup de poing sur la figure, non moins bien appliqué, en lui disant : « Si mon corps est trop lourd pour changer de place, je n'en ai pas pour cela le bras moins libre pour t'attraper. »

L'autre alors : « Tu n'avais pas le bras si leste quand tu montas sur le bûcher. Il est vrai que tu l'avais autant et même davantage quand tu faisais le métier de faussaire. »

Et l'hydropique : « Tu dis vrai, cette fois. Mais tu n'étais pas aussi véridique quand on te demandait à Troie ce que venait faire ce cheval. »

, « Si j'ai faussé la vérité », dit Sinon, « toi, tu as fabriqué de la fausse monnaie. Moi, je suis ici pour un men-

---

(1) Quand le cheval eut été introduit dans la ville, les Troyens s'en méfièrent d'abord. C'est le Grec Sinon, qui avait pénétré furtivement parmi eux, qui les rassura par ses paroles insidieuses et les serments les plus solennels.

songe, mais toi, tu en as fait plus qu'aucun de ces dé-
mons. »

« Souviens-toi du cheval, parjure », repartit l'Ame
au gros ventre, « et enrage de ce que tout le monde te
connaît. »

« Et toi », reprit le Grec, « enrage pour la soif dont tu
crèves, et pour ta langue desséchée, et pour l'eau pour-
rie qui gonfle ton ventre à te boucher la vue comme
une haie. »

Et ils continuèrent encore.

Dante restait là à les écouter, amusé sans doute de
leurs ripostes. Mais Virgile lui reprocha vivement de
s'arrêter à de semblables choses, ce qui est le propre
des esprits bas. Et quand il le vit tout confus et repen-
tant, il lui dit de ne pas se chagriner davantage, et
qu'une moindre honte suffirait à laver un tort plus grave
que le sien.

XXX

Les poètes tournèrent le dos à cette triste région en
montant sur la berge qui la contourne. Ils marchaient
sans parler. Il ne faisait ni nuit ni jour. Tout à coup
ils entendirent le son d'un cor tellement éclatant qu'il
eût couvert le tonnerre lui-même. Après la douloureuse
défaite où Charlemagne vit s'effondrer sa sainte entre-
prise, le cor de Roland ne résonna pas d'une manière
aussi formidable. Puis en tournant la tête de ce côté,
Dante crut apercevoir de grandes tours qui annonçaient
l'approche d'une ville.

Mais l'obscurité l'avait trompé. Ce n'étaient pas des tours, mais des géants. Ceux-ci étaient tous dans un puits que la berge environnait, plongés du nombril jusqu'en bas. Dante fut saisi de frayeur quand il aperçut d'abord le visage de l'un d'entre eux, ses épaules, sa poitrine et une grande partie de son ventre; ses bras pendaient sur ses côtés. Son visage paraissait aussi haut que la grande pomme de pin de Saint-Pierre à Rome, et le reste était dans les mêmes proportions. Un cor était passé autour de son col. Le rebord de l'enceinte qui le cachait du milieu du corps jusqu'en bas le laissait passer jusqu'à une telle hauteur que trois hommes des plus grands n'auraient pu atteindre sa chevelure, et il paraissait y avoir bien trois grandes palmes depuis le bas jusqu'à l'endroit où s'attache le manteau. Et il se mit à crier de sa formidable bouche des mots inintelligibles : « *Raphel mai amech Zabì almi.* »

« C'est Nemrod », dit Virgile, « celui à qui le monde doit de parler tant de langues diverses. Il est inutile de nous arrêter davantage et de nous adresser à lui, car il ne nous entendrait pas, pas plus que nous ne le comprendrions et que personne ne le comprendrait. »

Ils allèrent plus loin, et à une portée d'arbalète ils en virent un autre d'aspect plus farouche encore et plus grand. Qui donc est venu à bout de le maîtriser? Il avait son bras gauche en avant et son bras droit en arrière, retenus tous les deux par une chaîne qui l'entourait de haut en bas, et faisait cinq fois le tour de son corps.

« Ce superbe a voulu essayer ses forces contre le grand Jupiter », dit Virgile, « voilà ce qu'il y a gagné. Il se nomme Fialte, et fit de grandes prouesses quand

les Géants forcèrent les dieux à trembler. Il ne remuera
plus ses bras, dont il savait si bien se servir. »

Soudain Fialte se secoua, et jamais tremblement de
terre ne secoua une tour aussi violemment. Dante
n'avait jamais eu aussi peur de mourir, « et je crois »,
dit-il, « que la peur m'en eût suffi si je n'eusse vu les
chaînes qui le retenaient ».

Ils avançaient toujours, et ils vinrent près d'Antée,
qui avait bien trente palmes, sans compter la tête, hors
du trou. Celui-ci n'était pas attaché.

Virgile le complimenta d'abord sur ses chasses formi-
dables dont il avait rapporté plus de mille lions en
trophée. Puis il le pria de les déposer tous deux là où le
froid fait geler le Cocyte, et de ne pas le forcer à
s'adresser à quelqu'un des autres géants qui étaient là.
« Celui qui est avec moi », ajouta-t-il, « peut faire ce
qu'ils désirent tous ici. Baisse-toi donc un peu et ne
prends pas un air dédaigneux. Il peut encore te rendre
fameux dans le monde. Il est vivant, et il espère une
longue vie, si la grâce de Dieu ne le rappelle pas avant
le temps. »

Ainsi lui parla Virgile. Lui alors tendit vivement ses
mains et le saisit, ces mains dont Hercule avait senti la
redoutable étreinte. Quand Virgile se vit entre elles, il
dit à Dante : « Viens, que je te prenne aussi. »

Dante pensa à la tour penchée de la Garisenda, quand
il vit Antée, qu'il était resté à contempler, se baisser
sur eux, et à ce moment-là il aurait bien voulu s'en
aller par un autre chemin. Puis le géant les déposa
doucement au fond de l'abîme qui récèle Lucifer avec
Judas. Il ne demeura pas longtemps penché, et il se
redressa aussitôt comme le mât d'un navire.

XXXI

Où ils vont entrer, c'est le fond de l'Enfer. Ce der-
nier cercle, cercle de la glace, est partagé en quatre
compartiments, la Caïna, l'Antenora, la Tolomea et la
Giudecca. Traîtres envers les leurs, traîtres envers la
patrie, dans les deux premiers, quelle langue pourra
décrire comme il convient ce fond de l'Univers? O vous
qui avez aidé Amphion à relever les murs de Thèbes,
venez en aide au poète, afin que son discours ne soit
pas trop inférieur à son sujet ! O créatures, maudites
entre toutes, qui habitez ce séjour dont il ne peut parler
sans angoisse, que n'avez-vous été plutôt des brebis ou
des chèvres !

Dante était arrivé avec son guide dans un goufre
obscur bien plus bas que les pieds des géants, quand il
entendit une voix : «Regarde donc où tu passes. Prends
garde de fouler sous tes pieds les têtes de tes frères
infortunés. » Il vit alors devant lui un lac dont la sur-
face glacée ressemblait plutôt à du verre qu'à de l'eau.

Et, comme on voit la grenouille se tenir la tête hors
de l'eau à coasser, à l'heure où la villageoise rêve
qu'elle s'en va glaner aux champs, on voyait des
Ombres, la face livide, plongées dans la glace et se
lamentant, et faisant avec leurs dents le même bruit
que fait la cigogne avec son bec. Elles tenaient toutes
leur visage en bas, et leur souffrance se trahissait par
le claquement des dents et l'angoisse des yeux.

Dante en remarqua deux qui étaient si serrées l'une

contre l'autre que les poils de leur tête s'entremêlaient.
Il demanda qui ils étaient. Ils plièrent leur col, et
lorsqu'ils furent parvenus à tourner leur visage vers lui,
il vit que leurs yeux, qui étaient d'abord humides en
dedans, laissaient couler leurs larmes sur leurs pau-
pières : mais la gelée les y arrêtait aussitôt et tenait
celles-ci étroitement rapprochées. Deux morceaux de
bois rejoints par des chevilles n'adhèrent pas davantage ;
et, comme deux boucs, ils se cognaient l'un l'autre,
tant ils étaient en colère.

Ce fut un autre qui lui répondit ; il avait perdu ses
oreilles par le froid, et il continuait de regarder en bas.
Il lui apprit que c'étaient deux frères, et qu'il ne trouve-
rait pas dans la Caïna d'Ombre qui méritât mieux d'être
prise dans la glace. Il les nomma et se nomma aussi,
mais sans en dire davantage, car, puisqu'il était Tos-
can, il devait en savoir assez sur leur compte.

Le poète vit encore mille visages défigurés par le
froid. Il en a encore le frisson, et l'aura toujours en
pensant au lac gelé. Et voilà que, soit par hasard, ou
par la volonté de Dieu, en passant au milieu de toutes
ces têtes, son pied vint à en heurter une brusquement.
Elle cria en pleurant : « Pourquoi me foules-tu sous tes
pieds? Si tu n'es pas venu pour me faire expier encore
plus la défaite de Montaperti, pourquoi me fais-tu du
mal ? »

Dante dit aussitôt à son guide : « Attends-moi un
peu. Il faut que j'éclaircisse un doute qui me tient. »
Et au damné : « Qui es-tu, toi qui gourmandes ainsi
les gens? — Et toi, qui es-tu », reprit la tête, « qui
t'en vas par l'Antenora frappant la figure des autres,
et d'une façon par trop dure si tu étais vivant ? »

« Je suis vivant, et je peux t'obliger si tu souhaites qu'on parle de toi, en inscrivant ton nom parmi ceux que j'ai recueillis ici. »

« C'est le contraire que je demande. Va-t'en d'ici et laisse-moi tranquille. »

« Il faut que tu te nommes, ou je ne te laisse pas un cheveu sur la tête. » Et Dante tenait sa chevelure entre ses mains.

En ce moment, et tandis qu'il tenait toujours sa tête baissée, un autre se mit à crier : « Qu'est-ce que tu as, Bocca ? N'en as-tu pas assez de faire la crécelle avec ta mâchoire, que tu aboies encore ? Quel diable te tient ? »

« Maintenant », lui dit le poète, « je n'ai plus besoin que tu parles, traître maudit. C'est pour ta honte que je porterai des nouvelles de toi. »

« Va-t'en », répondit Bocca, « et raconte ce que tu voudras. Mais, si jamais tu sors d'ici, ne va pas oublier ceux qui sont là avec moi (1). » Et il lui donna le nom de plusieurs autres traîtres qui partageaient son supplice.

Un peu plus loin, ils virent dans un trou deux êtres gelés. La tête de l'un recouvrait la tête de l'autre comme un chapeau. Et, comme on mange du pain, les dents du premier s'enfonçaient dans le crâne de l'autre.

« O toi », dit le poète, « qui montres par ta bestialité la haine que tu portes à celui que tu dévores, dis-moi pourquoi tu le fais. Si c'est que tu as à te plaindre de lui, sachant qui vous êtes et ce qu'il t'a fait, j'irai le redire dans le monde là-haut. »

---

(1) Ce Bocca avait été la cause de la défaite sanglante des Guelfes à Montaperti, en abattant traîtreusement le bras de Jacopo del Pazzi qui portait l'étendard de Florence, ce qui avait entraîné une panique et une déroute soudaines.

XXXII

Ce pêcheur détacha sa bouche de son horrible mets, en l'essuyant aux cheveux de la tête qu'il dévorait, puis il commença ainsi :

« Tu veux que je renouvelle la douleur qui m'étreint le cœur rien que d'y penser. Mais si mes paroles peuvent marquer d'infamie le traître que je ronge, tu me verras pleurer et parler en même temps. Je ne sais pas qui tu es, ni comment tu es venu ici-bas ; mais en t'entendant parler je reconnais bien que tu es Florentin.

« Sache que je fus le comte Ugolin, et celui-ci l'archevêque Ruggieri. Je vais te dire pourquoi je me tiens si près de lui. Que par l'effet de sa méchanceté, après que je m'étais fié à lui, il m'ait mis en prison et ensuite à mort, je n'ai pas à te l'apprendre. Mais ce que tu ne peux pas avoir appris, c'est-à-dire combien ma mort fut atroce, tu vas l'entendre, et tu connaîtras ainsi le mal qu'il m'a fait.

« Un étroit pertuis dans la tour où j'étais enfermé m'avait laissé entrevoir que plusieurs lunes avaient déjà passé, quand je fis un songe funeste qui déchira le voile de mon avenir. Je voyais cet homme, maître et seigneur, chasser, sur la montagne qui dérobe Lucques aux Pisans, un loup et ses louveteaux. Ses gens marchaient en tête avec des chiennes ardentes et affamées. Après avoir couru quelque temps, le père et ses petits paraissaient fatigués, et il me semblait voir des crocs aigus leur déchirer les flancs.

« Lorsque je fus éveillé, avant le jour, j'entendis mes enfants, qui étaient avec moi, pleurer dans leur sommeil en demandant du pain. Il faudrait que tu fusses sans pitié si déjà ton cœur ne frémissait en pensant à ce qui s'annonçait au mien. Et si tu ne pleures pas, qu'est-ce donc qui te ferait pleurer ?

« Ils s'étaient réveillés, et l'heure approchait où l'on avait l'habitude de nous apporter notre nourriture. Et voici que j'entends clouer la porte d'en bas de notre horrible tour. Je regardais le visage de mes enfants sans dire un mot. Je ne pleurais pas. J'étais pétrifié en dedans. Eux pleuraient, et mon petit Anselme me dit : «Comme tu regardes, père ! Qu'as-tu ? » Je ne versai cependant pas une larme, et je ne répondis rien, ni ce jour-là, ni la nuit d'après, jusqu'à ce que l'autre soleil vînt se montrer au monde. Comme il entrait un peu de lumière dans la prison douloureuse, je reconnus sur quatre visages l'aspect du mien, et je me mordis les deux mains de désespoir.

« Eux alors, croyant que c'était par envie de manger, se levèrent tout d'un coup et dirent : «Père, notre peine « serait moindre si tu nous mangeais. C'est à toi que nous « devons ces chairs misérables. Prends-les. » Je me contins alors pour ne pas les affliger davantage.

« Ce jour-là et le suivant nous restâmes muets. Ah ! terre impitoyable, pourquoi ne t'es-tu pas ouverte ? Quand nous fûmes arrivés au quatrième jour, Gaddo se laissa tomber étendu à mes pieds en disant : « Père, pourquoi ne fais-tu rien pour moi ? » Et il mourut.

« Et, comme tu me vois, je vis les trois autres tomber un à un le cinquième et le sixième jour. Puis, n'y voyant plus moi-même, j'allais de l'un à l'autre à tâtons, et je les appelais encore trois jours après qu'ils étaient morts. Ensuite l'inanition fit plus que la douleur (1). »

Quand il eut dit, il se remit avec des yeux farouches après le crâne du misérable, enfonçant ses dents jusqu'à l'os, comme eût fait un chien.

Les Poètes passèrent outre, là où la glace enveloppait cruellement d'autres gens et les tenait, non plus le visage en bas, mais renversés sur le dos. Leurs larmes elles-mêmes empêchaient leurs larmes de couler ; car, ne pouvant dépasser les paupières, elles retournaient en arrière pour redoubler leurs souffrances. Leur amas

(1) Le comte Ugolin della Gherardesca appartenait à une grande famille de Pise qui s'était alternativement attachée au parti des Gibelins et à celui des Guelfes. Lui-même mena la vie d'intrigues et de trahisons qui était alors celle de tant de seigneurs riches et puissants, et aboutissait si souvent à des catastrophes sanglantes. Il convoitait la tyrannie de Pise ; mais l'archevêque Ruggieri souleva le peuple contre lui. Après une défense acharnée, le comte Ugolin fut pris et enfermé dans une tour sur les bords de l'Arno, avec ses neveux, tous d'un âge très tendre. Après quelques mois de captivité, l'archevêque fit jeter les clefs de la tour dans la rivière, et ils moururent ainsi.

Je ne crois pas qu'il soit nécessaire de reproduire les plaidoyers étendus dans lesquels les commentateurs de la *Divine Comédie* se sont appliqués à exonérer la mémoire du comte Ugolin et l'imagination du poète de l'horrible légende qui s'est attachée à ce récit.

C'est le dernier vers qui a fourni ce thème à la légende populaire, toujours avide de l'horrible comme du merveilleux. Le sens de ce vers me paraît cependant bien clair : *Più che il dolor potè il digiuno*. Le *digiuno* fut plus puissant que la douleur.

Les traducteurs français ont tous commis une grosse faute en écrivant : La *faim* fut plus forte que la douleur. *Digiuno* veut dire *jeûne*, et par suite inanition, et non *faim*, qui signifie besoin ou envie de manger. Il est difficile de comprendre comment les Italiens ont pu s'y tromper eux-mêmes. En effet, ce n'est pas en France que la légende est éclose, puisque c'est à leurs compatriotes que s'adressent les commentateurs de la *Comédie*.

emprisonnait l'œil comme dans une visière de cristal, et remplissait le vide des orbites.

Un d'eux supplia Dante de lui enlever du visage cette couche encroûtée, afin que la souffrance qui l'étreignait jusqu'au cœur pût s'évaporer un peu avant que de nouvelles larmes se reproduisissent : « Avance donc un peu ta main », lui disait-il, « et ouvre-moi les yeux. » C'était encore un traître. Le poète ne les lui ouvrit pas. « C'est toute la grâce qu'il méritait. »

XXXIII

Dante était arrivé dans un lieu où soufflait un vent si violent et si glacial qu'il se réfugia derrière son guide, ne trouvant pas d'autre abri. Des ombres se trouvaient ensevelies tout entières dans la glace où elles transparaissaient comme de la paille dans du verre. Les unes étaient étendues tout de leur long, et les autres debout, les pieds ou la tête en bas, d'autres en arc le visage rapproché des pieds.

Puis avançant encore, son maître lui montra la créature qui fut autrefois revêtue de la beauté suprême. « Voici Dité », disait-il, « et c'est ici qu'il faudra t'armer de tout ton courage. » Dante, en effet, fut comme glacé et paralysé ; il ne se sentait ni mort ni vivant.

Le souverain du royaume de la douleur sortait de la glace à la hauteur de la poitrine. Il paraissait être aux géants ce que les géants sont aux hommes.

Quelle fut la stupéfaction du poète quand il vit qu'il avait trois visages ! L'un en devant était de couleur rouge. Des deux autres, le droit avait une teinte entre le blanc et le jaune ; le gauche paraissait semblable au teint des hommes qui habitent les pays d'où le Nil descend.

Au-dessous de chacun de ces trois visages sortaient deux grandes ailes, plus larges que les voiles des plus grands navires. Elles n'avaient pas de plumes et ressemblaient à celles des chauves-souris, et, quand elles s'agitaient, elles produisaient un triple vent, suffisant pour geler tout le Cocyte.

Des larmes coulaient de ses six yeux, et de ses trois mentons égouttait une bave sanguinolente. Dans chacune de ses bouches il broyait un pécheur avec ses dents en guise de meules, de sorte qu'il en martyrisait trois en même temps. Et, pour celui qui était devant, ce n'était rien de ses morsures auprès des déchirures de ses griffes, qui lui arrachaient la peau du dos.

« Celui qui souffre le plus », dit Virgile, « c'est Judas Iscariote. Il a la tête au fond de la bouche maudite, et il agite ses jambes au dehors. Des deux autres qui se tiennent la tête en bas, celui qui pend au visage noir, c'est Brutus. Vois comme il se tortille sans rien dire. L'autre est Cassius, celui qui a les membres si épais. Mais la nuit vient ; et maintenant il faut partir, car nous avons tout vu. »

Alors sur un signe de lui Dante le prit par le col ; et lui, saisissant l'instant et le point favorables, au moment où les grandes ailes se trouvèrent assez ouvertes, il s'attacha aux côtes velues de Dité, puis, s'accrochant à ses poils, de poignée en poignée, il descendit entre sa toison touffue et la croûte de glace. Arrivé au point où la cuisse rejoint la saillie de la hanche, il se renversa la tête par un effort violent vers l'endroit où il avait d'abord les jambes, et continua de grimper, de sorte que Dante croyait qu'ils retournaient dans l'Enfer.

Mais ils ne tardèrent pas à atteindre la fente d'un rocher où, haletant et comme épuisé de fatigue, il s'assit un instant, et d'où Dante, en levant les yeux, apercevait encore Lucifer les jambes en l'air. Puis ils se remirent en route par une caverne dont le sol était bouleversé et où la lumière ne pénétrait pas. Le maître expliquait à son compagnon le chemin qu'ils venaient de suivre :

« Tu t'imaginais le trouver encore de l'autre côté du centre de la terre lorsque je m'accrochais aux poils de ce reptile infâme qui traverse le monde de part en part. Tu y étais bien tant que je descendais. Quand je me suis retourné, tu traversais alors précisément le point central où aboutissent de toutes parts les effets de la pesanteur. Maintenant tu es arrivé à l'hémisphère qui se trouve opposé à celui que recouvre la terre où a été sacrifié l'homme qui est né et qui a vécu sans péché. Tu as les pieds juste sur le point qui de l'autre côté regarde la Giudecca. Ici c'est le matin, et là c'est le soir ; et celui dont les poils nous ont servi d'échelle est toujours là, enfoncé comme au jour de sa chute. C'est de ce côté qu'il est tombé du ciel ; et la terre qui recouvrait d'abord cette région, épouvantée, s'entr'ouvrit et se laissa recouvrir par la mer. Elle se recula vers notre hémisphère, et peut-être est-ce pour fuir son contact qu'elle a laissé ce grand vide et s'est amassée dessus. »

Les deux poètes prirent par un sentier secret pour retourner dans le monde clair. Ils aperçurent par une ouverture arrondie les belles choses qui sont dans le ciel ; puis ils sortirent de là pour revoir les étoiles.

LE PURGATOIRE

LE PURGATOIRE

Le Purgatoire présente une disposition exactement inverse de celle de l'Enfer. Ce n'est plus une cavité creusée dans le globe terrestre; c'est une montagne conique dont la base repose sur une petite île (*isoletta*), et dont le sommet aboutit au Paradis terrestre.

On y accède par une suite de rampes en colimaçon, bornées par le vide d'un côté, et de l'autre par le corps de la montagne.

Ces rampes sont très accidentées, raboteuses, quelquefois très rétrécies, au commencement surtout, car, à mesure que l'on se rapproche du sommet, l'accès en devient plus facile. Elles sont interrompues par des escaliers tortueux, des pentes pénibles à escalader, et la route n'y est pas toujours facile à reconnaître.

Dans l'Enfer, les Poètes se rencontraient à l'accès de chaque cercle avec quelque être mythologique dont l'accueil était toujours irrité et menaçant. A mesure qu'ils gravissent les degrés du Purgatoire, se présentent à eux des créatures célestes et bienveillantes, qui les invitent et leur montrent leur chemin. On retrouve un semblable contraste entre l'obscurité de l'Enfer et la lumière du Purgatoire, laquelle deviendra bien autrement éblouissante dans le Paradis.

Il y a un anti-purgatoire, comme il y a un vestibule de l'Enfer. On assistera ici à quelques supplices nouveaux. Mais tandis que les plaintes des damnés exhalaient la haine et la révolte, et s'exprimaient par des blasphèmes, celles des âmes du Purgatoire, assurées du terme de leurs épreuves, quelque lointain qu'il doive être, ne respirent qu'humilité, résignation et amour.

Dante et Virgile se trouvent sur les bords d'une petite île (*isoletta*) : c'est l'île du Purgatoire.

« C'est pour s'engager sur des eaux plus clémentes », dit le Poète, «que le navire de mon génie enfle ses voiles, laissant derrière lui une mer néfaste. Je chanterai ce second royaume, où l'esprit des hommes vient se purifier pour mériter de monter au ciel. »

Puis, après l'invocation obligatoire aux Muses, dont il n'est que le serviteur, Dante exprime la joie dont l'inonde ce spectacle nouveau. Une teinte douce de saphir oriental, venant se fondre dans l'aspect serein de l'air pur, vint, dès le premier tournant du chemin, réjouir son regard, après qu'il fut sorti de l'atmosphère mortelle qui avait contristé ses yeux et son cœur. La belle planète qui invite à l'amour faisait sourire l'Orient, et pâlissait l'éclat de la constellation qui l'escorte (1).

Tout à coup apparaît devant eux un vieillard dont l'aspect commandait autant de respect qu'un fils en doit à son père. Il portait une longue barbe mêlée de blanc, pareille à ses cheveux et qui retombait en deux touffes sur sa poitrine.

(1) Vénus et les Poissons.

C'était Caton d'Utique, préposé à la garde du Purgatoire.

« Qui êtes-vous », dit-il en agitant sa barbe vénérable, « vous qui avez fui la prison éternelle? Qui vous a conduits ici ? Qui vous a éclairés pour sortir de la nuit profonde qui condamne à l'obscurité la vallée infernale ? Est-ce que les lois de l'abîme sont brisées ? Ou est-ce un décret nouveau du ciel qui vous permet, à vous damnés, de venir vous réfugier chez moi ? »

Virgile lui apprend qu'ils ne sont pas des damnés, et lui explique longuement comment, sur l'invitation d'une femme descendue du ciel, il s'est chargé de ramener son compagnon, qui n'a pas encore vu son dernier jour, d'un lieu où son imprudence lui faisait courir un danger suprême (1). Après lui avoir montré la gent criminelle, il veut lui faire voir ces esprits qui se purifient sous sa garde à lui, Caton.

Et il ajoute : « Qu'il te plaise d'agréer sa venue. Il va à la recherche de la liberté, cette chose si chère, comme tu le sais, toi qui pour elle as renoncé à la vie, dans cette Utique où tu as laissé ton enveloppe, qui paraîtra si lumineuse au grand jour, quand il sera arrivé (2). »

Il invoque ensuite le souvenir de Marzia, la chaste

(1) Rappelons que ce lieu, la forêt obscure, c'est le monde avec ses embûches et ses périls, où Dante avait eu l'imprudence de se laisser engager, et dont il avait fallu qu'une main céleste vînt l'arracher.

(2) C'est sans doute au nom de la liberté que le suicide, si durement traité dans l'*Enfer* (ch. XIII), est devenu ici un titre de gloire et de sainteté, devant lequel Dante lui-même s'était humblement incliné. On peut douter cependant que Dante, qui voulait voir le monde soumis à la double domination de l'empire et de la papauté, entendît la liberté de la même manière que Caton. Il est vrai que les souvenirs de la Rome républicaine étaient bien lointains.

épouse de Caton. Elle habite les Limbes avec lui-même, et « elle semble encore te prier, ô cœur sacré, de la regarder comme tienne ».

« Marzia », lui répond Caton, « plaisait tellement à mes yeux, tant que je fus là-bas, que tout ce qu'elle souhaitait de moi, je le faisais. Maintenant qu'elle habite de l'autre côté du fleuve maudit, elle ne peut plus être rien pour moi, en raison de la loi qui a été édictée alors que j'en suis sorti. »

Mais il se rend facilement aux raisons de Virgile : « Va donc », dit-il, « fais ceindre à celui qui t'accompagne un jonc dépouillé de son feuillage (1), et fais-lui laver son visage, pour qu'il n'y reste aucune trace d'impureté... » Puis il disparut.

L'aube chassait la brise du matin qui fuyait devant elle, et l'on voyait de loin frissonner la surface de la mer, cette mer qui ne vit jamais naviguer sur ses eaux un humain qui ait pu s'en retourner.

Ils suivaient incertains le rivage. Quand ils furent arrivés là où la rosée luttait avec le soleil, sous des ombrages épais qui retardaient son évaporation, Dante vit Virgile poser doucement ses mains ouvertes sur l'herbe mouillée, puis effacer de son visage toutes les traces que les poussières et les fumées de l'Enfer y avaient laissées. Puis ils rencontrèrent des joncs dont il lui ceignit les reins. O merveille ! Ce qu'il détachait de l'humble plante renaissait aussitôt là où il l'avait cueilli.

(1) Le jonc était un symbole d'humilité, par contraste avec les arbres, superbes.

II

Les deux poètes, étonnés et indécis sur la route qu'ils avaient à suivre, erraient sur le rivage, comme des gens qui ne pensent qu'à leur chemin, dont le cœur prend les devants, mais dont les pieds demeurent. C'était au matin.

Voici que tout à coup leur apparut à l'horizon une lumière qui se rapprochait si vite que rien de ce qui vole n'aurait pu l'égaler.

De chaque côté se montrait quelque chose de blanc qu'on ne pouvait distinguer d'abord ; mais ils reconnurent bientôt que c'étaient des ailes. Alors Virgile, qui n'avait pas encore bougé, cria à son compagnon : « Dépêche-toi, plie les genoux. Voici venir l'Ange de Dieu : joins les mains. »

Peu à peu l'apparition devint plus lumineuse, à ce point que les yeux ne pouvaient en soutenir l'éclat. Puis arrivait un esquif svelte et léger qui effleurait à peine la surface de l'eau, où une centaine d'Esprits chantaient d'une voix commune : « *In exitu Israel de Ægypto.* »

Le nocher céleste leur fit alors le signe de la croix, et ils se jetèrent tous sur la plage, et lui disparut, rapide comme il était venu.

Le soleil dardait ses rayons ardents. Les Esprits regardaient tout autour d'eux, comme lorsqu'on se trouve au milieu de choses nouvelles.

Bientôt ils entourèrent les Poètes en leur disant :

« Si vous le savez, montrez-nous le chemin qui conduit sur la Montagne. » Et, s'apercevant à sa respiration que Dante était vivant, stupéfaits, ils se pressaient autour de lui pour le contempler de plus près, oubliant d'aller se purifier.

Lorsque Virgile leur eut expliqué que cette région lui était aussi étrangère qu'à eux-mêmes, « je vis », c'est Dante qui parle, « une de ces Ames qui s'avançait pour m'embrasser, avec tant d'effusion que j'allais lui en faire autant. O Ombres vaines, que le regard seul atteint ! Trois fois j'avançai les mains vers elle, et trois fois je dus les ramener vides vers moi. »

L'Ombre lui dit : « Autant je t'aimais dans mon corps mortel, autant je t'aime maintenant que je suis détaché de lui. Mais toi, que fais-tu là ? »

« Mon Casella », lui dit le Poète, « c'est pour y revenir plus tard que je fais ce voyage... Si ton nouveau destin ne t'a pas enlevé la mémoire ou interdit ces chants amoureux qui avaient tant de fois apaisé mes sens, qu'il te plaise encore d'en consoler mon âme qui, ayant accompagné mon corps ici, est noyée de tristesse. »

L'Ombre commença alors la canzone : *Amor che nella mente mi ragiona...* (1) d'une voix si douce et si pénétrante que tous, les Poètes et les Ombres, restaient là charmés et suspendus à ses lèvres.

Mais voici que survient le vénérable vieillard criant : « Qu'est-ce que cela signifie, Esprits paresseux ? Qu'avez-vous à rester là ? Courez donc vite à la Montagne, et allez effacer la tache qui vous empêche de voir Dieu. »

_____

(1) Amour qui parles à mon esprit.....

De même que lorsque, ramassant les grains de blé et d'ivraie, les colombes, rassemblées dans un champ, tranquilles et sans montrer leur inquiétude habituelle, s'il survient quelque chose qui les effraye laissent là leur pâture, assaillies par un souci plus grave, — de même on vit cette nouvelle compagnie laisser là le chant mélodieux, et s'enfuir du côté de la Montagne, comme des gens qui s'en vont sans savoir où. Et le départ des deux poètes ne fut pas moins précipité.

III

Après que, dans leur fuite soudaine, ils se sont dispersés par la campagne, Dante resté seul avec son guide s'inquiète, et se rapproche de lui. Il craint d'en être abandonné. Que deviendrait-il sans lui ? Il remarque avec quelque effroi que, le soleil commençant à baisser, son ombre à lui se dessine seule sur la terre (1).

Virgile le rassure. S'il ne voit pas d'ombre devant lui, c'est que le corps qui la produisait est resté là-haut, près de Naples, où la nuit projette ses voiles en ce moment même. Pourquoi s'étonner de ce phénomène ? Pourquoi vouloir que les décrets de la puissance divine se révèlent à nous ? « Contentez-vous, ô humains, de penser ceci : que s'il était permis de tout connaître, il était inutile de faire enfanter Marie. »

Ils étaient arrivés au pied de la Montagne. Mais

(1) La lumière qu'arrêtent les corps opaques traversait les Ombres devenues transparentes, de même que l'on a vu leur apparence devenue insaisissable.

devant eux se dressait une pente si rapide qu'il était inutile de songer à la gravir. Et, tandis que le Maître, silencieux, étudiait dans son esprit le chemin qu'ils pourraient prendre, Dante regardait avec inquiétude les rochers inaccessibles qui surplombaient.

Il aperçut tout à coup à sa gauche une troupe d'Ames qui se dirigeait vers eux, mais si lentement qu'elles semblaient à peine se mouvoir. « Lève les yeux », dit-il à son guide, « voici qui nous apprendra ce que tu ne peux trouver par toi-même. »

Ils s'avancèrent au-devant d'elles, et quand ils se trouvèrent à leur portée : « O vous », leur dit Virgile, « qui êtes bien morts, et déjà des esprits élus, dites-nous quel est le chemin de la Montagne, et s'il nous sera possible d'en atteindre le sommet. »

Comme, au sortir de l'étable, on voit paraître une brebis, puis deux, puis trois, et les autres suivre sans savoir pourquoi, ainsi s'avançait la tête de ce troupeau, inquiète et timide ; et quand ceux qui venaient devant virent la lumière interceptée par l'ombre de Dante, qui se dessinait jusque sur la hauteur, ils s'arrêtèrent et firent quelques pas en arrière, et ceux qui venaient après s'arrêtèrent aussi.

« Celui que vous voyez », leur dit alors Virgile, « est un corps humain qui, sur la terre, intercepte les rayons du soleil. Ne vous en étonnez pas, et croyez bien que ce n'est pas sans un décret du ciel qu'il cherche à gravir cette muraille. »

Il fut répondu de la troupe bénie : « Retournez-vous un peu, puis marchez tout droit devant vous. » Et en même temps ils faisaient un signe de la main.

Alors l'un d'eux, qui était blond et beau et d'un

aspect gracieux, et dont un des sourcils était coupé en deux, et qui montrait une blessure au haut de la poitrine, dit à Dante en souriant :

« Je suis Manfred, petit-fils de l'impératrice Constance. Quand j'ai été frappé de deux coups mortels, je me suis rendu en pleurant à celui qui aime à pardonner. J'avais commis d'horribles péchés : mais la bonté infinie a de si grands bras qu'elle prend tous ceux qui se retournent vers elle. Mes os, recueillis pieusement d'abord, furent ensuite jetés honteusement, et lumières éteintes, par l'évêque de Constance, pour être baignés par la pluie et secoués par les vents. C'est le pape Clément qui l'avait ameuté contre moi. Quel qu'ait été mon repentir, je suis mort dans la désobéissance à la sainte Église, et je dois rester en dehors du Purgatoire trente fois le temps que je suis resté sous le coup de son excommunication. Mais leurs malédictions ne vous arrachent pas tellement à l'amour éternel que l'on ne puisse le retrouver, et que l'espérance n'en puisse reverdir. Va dire à Constance, ma fille chérie, comment tu m'as vu ici, et que les prières de là-bas pourront abréger la durée de mon exil (1). »

(1) Manfred, bâtard de l'empereur Frédéric II, roi de Pouille et de Sicile, avait eu de longs démêlés avec la cour de Rome. On lui a attribué la mort de son père et celle de son frère. Déjà excommunié par le pape Urbain IV, il fut poursuivi par le pape Clément IV et tué à la bataille de Bénévent (1266) par les Angevins. Enterré d'abord près du pont de Bénévent et recouvert de pierres, son excommunication ne permettant pas d'accompagner son corps avec des lumières, ni de le recevoir dans un lieu saint, ses restes, poursuivis encore par la haine du Pape, furent arrachés à cette humble sépulture et jetés au vent.

IV

A un certain moment, les Ames qui les accompagnaient s'écrièrent toutes ensemble : « Voici le sentier que vous cherchiez. »

Il suffit au villageois, quand le raisin commence à mûrir, d'un petit fagot d'épines pour boucher une ouverture plus large que le chemin qu'ils se mirent à suivre, quand la troupe des Ames les eut quittés, et qu'ils se trouvèrent seuls. Mais ce n'est pas seulement avec les jambes qu'on pouvait espérer d'arriver au sommet, mais avec des ailes. Et c'est avec les plumes d'un ardent désir que Dante suivait celui qui était pour lui l'espoir et la lumière.

Ils montaient, montaient à travers la roche écroulée, entre les bords étroitement resserrés du chemin, et le sol qu'ils foulaient exigeait l'aide des mains comme des pieds. Ils étaient arrivés au haut d'un rocher, sur une surface découverte.

« Maître, quel chemin allons-nous suivre maintenant ? »

Et Virgile : « Raffermis tes pas. Suis-moi là-haut, jusqu'à ce que nous trouvions un guide sûr. »

Le sommet était si haut que la vue ne pouvait l'atteindre, et la pente terriblement raide. Dante était bien las quand il dit :

« O mon doux père, retourne-toi, et regarde comme je me trouverai seul si tu ne t'arrêtes pas. »

« Allons, mon fils », lui répondit Virgile, « grimpe

encore jusqu'ici. » Et il montrait au-dessus de leur tête une saillie que faisait de ce côté le tour du rocher.

Après un dernier effort ils y parvinrent et purent s'asseoir.

Tandis qu'ils prenaient un peu de repos, Virgile en profita pour faire à son élève ce que nous appellerions une leçon de cosmographie. De même que dans toutes les digressions astronomiques ou cosmographiques du Poète, les termes en pourraient intéresser l'histoire rétrospective de la science; mais ils n'offriraient aucun intérêt aux lecteurs de ce récit. Elle se termina par un tableau symbolique dont la signification sera facilement saisie.

« Cette montagne est ainsi faite que le commencement en est difficile, et plus on monte, plus elle devient aisée. Quand la pente t'en paraîtra assez douce pour que tu y marches légèrement, comme un navire qui marche sur l'eau, alors tu te trouveras à la fin des sentiers ardus, et, tout essoufflé, tu te reposeras enfin. »

Au même instant ils furent interrompus par une voix ironique qui disait :

« Tu pourras bien avoir besoin de t'asseoir avant d'y arriver. »

Cette voix sortait de derrière une grosse pierre qu'ils n'avaient pas remarquée d'abord; et, s'y étant rendus, ils y trouvèrent un groupe de personnages qui se tenaient étendus négligemment à l'ombre du rocher.

Un d'eux surtout, qui paraissait accablé de fatigue, avait la tête appuyée sur ses genoux. Il les regardait d'un air languissant, et leur dit sans se déranger :

« Montez donc, si vous vous en sentez le courage. »

Dante, encore tout essoufflé de son ascension, disait
à son maître : « O mon doux Seigneur, vois donc
celui-ci : on dirait vraiment que la paresse est sa
sœur. » Et il le reconnut pour un de ses compatriotes,
célèbre en effet pour sa paresse. Ce Belacqua, il se
nommait ainsi, lui expliqua comment il jugeait inutile
de monter plus haut, puisqu'il lui faudrait toujours
attendre que le temps fixé pour sa peine fût expiré, à
moins que des prières efficaces ne lui en obtinssent une
réduction (1).

Pendant ce temps-là, Virgile poussait Dante en avant
et lui disait : « Viens donc ; tu vois bien qu'il est midi
ici, et qu'il commence à faire nuit à l'Occident (2). »

V

Les poètes poursuivaient leur route. Les Ombres,
dont ils s'éloignaient, s'émerveillaient encore de loin en
voyant les rayons du soleil interceptés par le corps de
l'un d'eux. Et le Maître gourmandait celui-ci de l'atten-
tion qu'il portait à leurs exclamations, et qui lui fai-
sait ralentir ses pas.

Cependant, par un chemin de traverse, venaient des
gens qui se dirigeaient du même côté en chantant le
Miserere. Pareillement étonnés, ils interrompaient leur
chant par un « Oh ! » prolongé et étouffé. S'étant

---

(1) Ce Belacqua était fabricant d'instruments de musique à Flo-
rence.

(2) Il y a dans le texte : La nuit couvre déjà le Maroc.

arrêtés, deux d'entre eux se détachèrent des autres et s'approchèrent en demandant :

« Dites-nous donc quelle est votre condition. »

C'est Virgile qui leur répond : « Vous pouvez vous en aller rapporter à ceux qui vous envoient que le corps de celui-ci est bien de chair et d'os. Si c'est pour voir l'ombre qu'il fait qu'ils se sont arrêtés, dites-leur qu'ils peuvent venir lui rendre hommage, car il pourra faire quelque chose pour eux. »

Les deux messagers se retirent en hâte, aussi rapides que les vapeurs enflammées qui traversent l'espace (1), ou comme les rayons solaires qui percent les nuages au mois d'août ; puis ils reviennent avec les autres Ames qui accourent de toute leur vitesse, ainsi qu'une troupe de cavaliers lancée au galop.

« Ces gens qui nous pressent » , dit Virgile, « sont nombreux et viennent t'adresser leurs prières. Mais va, et marche tout en les écoutant. »

Et les Ames les accompagnaient suppliantes.

« O âme qui t'en vas avec les membres avec lesquels tu es née » , disaient-elles en criant, « arrête-toi un peu. Regarde si tu n'as pas déjà vu quelqu'un d'entre nous, de manière à pouvoir porter de nos nouvelles là-bas. Hélas ! pourquoi t'en vas-tu ? Hélas ! pourquoi ne t'arrêtes-tu pas ? C'est par la violence que nous sommes morts, et nous avons péché jusqu'à notre dernière heure, où nous avons enfin reçu une lumière du ciel, de sorte que, nous repentant et pardonnant, nous avons quitté la vie réconciliés avec Dieu, et le cœur plein du désir de le voir. »

(1) Il s'agit des étoiles filantes, que l'on attribuait alors à des vapeurs enflammées.

Et Dante leur disait : « J'ai beau vous regarder, je ne connais aucun de vous. Mais, si vous le voulez, dites-moi ce que je puis faire, et je le ferai au nom de cette paix que je cherche de monde en monde, en suivant le guide que voici. »

Alors chacun lui conta son histoire.

L'un d'eux avait été assassiné près de Padoue par les sicaires du marquis d'Este. Malgré les blessures profondes par lesquelles tout son sang coulait, il espérait s'échapper, quand il tomba dans un marais où il ne put se débarrasser des joncs et de la fange qui l'enveloppaient. « C'est moi qui t'ai parlé le premier », dit-il à Dante, « et si jamais tu vois le pays entre la Romagne et le royaume de Naples, je te conjure de faire prier pour moi à Fano (1). »

Un autre, Buonconte da Montefeltro, blessé à la bataille de Campaldino (2), s'enfuyait tout sanglant, quand ses forces l'abandonnèrent, ses yeux se fermèrent, sa voix s'éteignit, et il tomba en prononçant le nom de Marie. C'était sur les bords de l'Arno, et une pluie diluvienne étant venue grossir les eaux du fleuve, son corps fut entraîné dans le sable et la vase, et est resté sans sépulture. « Et je vais te dire », ajouta-t-il, « ce qui est arrivé, et tu pourras le redire à ceux qui sont encore vivants. L'ange de Dieu me prit d'abord. Alors celui de l'Enfer (ange noir) se mit à crier : « Oh! là-bas,

(1) Il ne se nomme pas, mais les commentateurs ont trouvé que c'était un Jacopo del Cassero, qui avait été podestat de Bologne, et avait eu maille à partir avec un d'Este, marquis de Ferrare.

(2) Les Gibelins (d'Arezzo) avaient été défaits par les Guelfes de Florence, en 1289, dans la plaine de Campaldino. Dante aurait assisté à cette action, dans les rangs des Guelfes.

«celui du ciel, pourquoi viens-tu me l'enlever? Tu vas
« emporter sa moitié éternelle pour une petite larme
« qu'il m'a volée. Alors il faudra que je m'arrange du
« reste (1). »

Un troisième Esprit, c'était une femme, dit au Poète :
« Ah! quand tu seras retourné dans le monde, et que tu
te seras reposé, souviens-toi de moi. Je suis la Pia.
Sienne m'a vue naître, et Maremme m'a vue mourir. »
Son mari, sur un soupçon d'adultère, l'avait enfermée
dans un château au milieu des Maremmes, et finit par la
faire jeter par une fenêtre dans un précipice où son
corps ne fut pas retrouvé. Cet endroit garda le nom de
Saut de la Comtesse. C'était un événement très
récent.

VI

Dante se compare au joueur heureux qui, lorsqu'il se
retire du jeu les poches pleines, se voit accompagné par
devant, par derrière, sur les côtés, de gens qui sont
accourus se rappeler à son attention et à sa libéralité,
et dont il ne se fait quitte qu'en mettant à celui-ci et à
celui-là quelque chose dans la main. Il se trouvait
pressé par cette troupe d'Ames qui imploraient des
prières, et il ne s'en débarrassait qu'en faisant des pro-
messes à chacun.

Enfin délivré de cette foule importune, il demande
à Virgile ce qu'il faut penser au sujet de l'efficacité des

(1) On trouve dans le chant XXVII de l'*Enfer* une scène fort
semblable à celle-ci.

prières, et si elles sont capables de faire fléchir les
décrets du ciel. Son maître lui explique que, s'il avait
pu, dans un passage de son poème, nier que la justice
divine cédât aux prières des mortels (1), c'est que,
avant Jésus-Christ, il manquait à ceux-ci la foi qui seule
peut leur permettre une intervention efficace.

Ils se remettent en route, et bientôt aperçoivent une
Ame, toute seule, qui les regardait d'un air dédaigneux,
et sans rien dire, impassible, comme un lion au repos.

Virgile lui demande de leur montrer le meilleur
chemin pour gravir la Montagne ; et comme elle voulait
savoir qui ils étaient, et de quel pays : « Mantoue... »,
commençait le doux poète.

Et l'Ombre, enfermée jusque-là dans ce même silence
dédaigneux, s'élança tout à coup au-devant de lui en
disant :

« O Mantouan ! je suis Sordello, de ton pays (2). »
Et ils s'embrassaient l'un l'autre.

A cet aspect, les sentiments qui bouillonnaient dans
l'âme de Dante éclatent.

« O Italie, terre d'esclavage, logis de douleur, navire
sans nocher sous la tempête, tu n'es plus la reine de
l'univers, tu n'es plus qu'un mauvais lieu. Voici une
Ame qui, au doux nom de la patrie, s'apprête à faire
fête au concitoyen qu'elle rencontre, et cependant ceux
qui vivent chez toi se font une guerre sans merci, et
ceux que ne sépare qu'un mur ou un fossé ne songent
qu'à s'entre-dévorer. Cherche, malheureuse, sur les

---

(1) *Desine fata deum flecti sperare precando.* (Énéide, liv. VI.)
(2) Sordello, poète et savant de la première moitié du treizième
siècle. D'après Scartazzini, qui l'appelle « ce célèbre trouvère »,
on lui aurait attribué des aventures assez romanesques.

mers qui te baignent, et regarde dans ton propre sein,
s'il est quelque part un point où l'on jouisse de la paix.
O vous qui devriez, mieux que les autres, comprendre
la parole divine, laissez donc César, assis sur sa selle,
corriger de l'éperon la cavale sauvage dont vous pré-
tendez tenir la bride (1).

« O Albert (d'Allemagne), qui abandonnes à elle-
même cette bête devenue indomptable, quand tu devrais
enfourcher ses arçons, puisse le juste jugement retomber
des étoiles sur ton sang, et redoubler ses arrêts pour
l'épouvante de tes successeurs, car ton père et toi, ce
n'est qu'à cause de votre cupidité que le jardin de
l'Empire n'est plus qu'un désert (2). Viens voir ta Rome
qui pleure, veuve, isolée, et qui jour et nuit crie : « O
mon César, pourquoi n'es-tu pas venu auprès de moi? »
Et, si j'ose invoquer ton saint nom, ô Christ, qui as été
crucifié pour nous sur la terre, les yeux de ta justice
se sont-ils tournés ailleurs ? Ou peut-être est-ce une
préparation que tu fais dans l'abîme de ta pensée pour
un bien que notre intelligence ne peut pas pénétrer ?
Car les terres de l'Italie sont toutes pleines de tyrans, et
le premier venu s'y crée un parti, et se fait un Mar-
cellus.

« O ma Florence, voici une digression dont tu vas

(1) Ce passage a été diversement interprété; mais il paraît,
d'après les termes employés, s'adresser à l'Eglise et à ses représen-
tants, qui prétendaient assumer le rôle qui appartient à la domina-
tion civile.

(2) Dante, qui n'entrevoyait pour l'Italie de salut que dans la
domination impériale, ne pardonnait pas aux empereurs allemands
d'abandonner, dans leur insouciance, cette riche contrée qui,
suivant lui, les appelait de tous ses vœux, et où ils ne mettaient
seulement pas les pieds.

être contente, car ce n'est pas à toi qu'elle s'adresse, grâce à ton peuple qui sait si bien se gouverner lui-même. Ils sont beaucoup chez ton peuple qui ont de la justice plein leur cœur ; mais ils ont soin de l'y retenir, de peur qu'elle ne parte inconsidérément. Mais ton peuple l'a surtout dans la bouche. Il y en a beaucoup qui refusent les charges publiques. Mais ton peuple va au-devant des gens ; ou bien, avant même d'en être priés, ils crient : « Je me dévoue. » Sois donc joyeuse ; tu en as bien raison. Tu es riche, tu vis en paix, tu es intelligente, et, pour dire la vérité, on s'en aperçoit bien. Athènes et Lacédémone, qui firent des lois si célèbres et si bien instituées, ne s'y entendaient pas comme toi. Tu défais en novembre ce que tu avais décidé en octobre. Combien de fois, depuis le temps dont tu peux te souvenir, as-tu changé lois, monnaies, offices, mœurs, personnes? En vérité, tu ressembles à une malade qui a beau se retourner dans son lit pour y trouver du repos, et ne fait que changer sa douleur de place. »

VII

Virgile se nomme, et Sordello transporté de joie lui embrasse les genoux et s'écrie :

« O gloire du pays latin, par qui s'est montré ce que pouvait être notre langue, ornement éternel de la ville où je suis né, quel honneur et quelle grâce me valent de t'approcher? Si je suis digne d'entendre ta parole, dis-moi si tu viens de l'Enfer, et de quelle partie de ce sombre séjour. »

« Je suis venu de là-bas », répond Virgile, « à travers tous les cercles du royaume de la douleur. C'est la volonté du ciel qui m'a poussé, et c'est avec elle que je viens. Ce n'est pas pour avoir fait, mais pour n'avoir pas fait, que j'ai perdu la grâce de voir le soleil suprême après lequel tu aspires, et qui fut trop tard connu de moi. Il y a là-bas un lieu que n'attriste pas la souffrance (1), mais seulement les ténèbres, où les plaintes ne s'expriment pas par des cris, mais seulement par des soupirs. Je suis là avec des petits êtres innocents que les dents de la mort ont mordus avant qu'ils eussent été lavés des péchés humains. Je suis là avec ceux qui n'ont pas revêtu les trois vertus saintes (2), tout en ayant suivi toutes les autres. Mais, si tu le peux, donne-nous quelques indications qui nous permettent de gagner le plus tôt possible la route du Purgatoire. »

Il répondit : « Il n'y a pas d'endroit précis qui nous soit fixé. Il m'est permis d'aller où je veux. Autant que je le pourrai, je te servirai de guide. »

A partir de ce moment, Sordello se joignit aux poètes. De deux qu'ils étaient, ils se trouvèrent trois. Virgile resta le Maître. Mais il ne connaissait pas le Purgatoire. Sordello servit de guide. La nuit approchait. Celui-ci commença par avertir ses compagnons qu'une ligne qu'il leur montra ne pourrait être dépassée une fois le soleil disparu. Mais il leur offrit de les mener dans un endroit voisin où un certain nombre d'Ames s'étaient réfugiées.

(1) Les Limbes de l'Enfer (chant III de l'*Enfer*).
(2) Les trois vertus théologales, la foi, l'espérance et la charité.

La montagne était creusée comme sur la terre par des vallées. Entre la pente et le terre-plein se trouvait un sentier tournant qui conduisait sur le flanc d'une excavation où il descendait en mourant.

L'or et l'argent fin, le rouge et le blanc le plus pur, le bois d'ébène le plus luisant, les cassures d'une émeraude, n'auraient pu rivaliser de couleur avec les plantes et les fleurs qui se trouvaient là. Et la nature n'y avait pas rassemblé seulement des couleurs ; elle y avait ajouté un mélange indescriptible des plus suaves odeurs. *Salve Regina,* chantaient parmi la verdure et les fleurs les Ames qu'on voyait là assises, et qu'on ne distinguait pas du dehors de la vallée.

Le Mantouan plaça les Poètes sur une hauteur d'où ils pouvaient voir toutes ces Ames mieux que s'ils s'étaient mêlés parmi elles. Il les nomma et les désigna par les circonstances qui pouvaient leur servir d'attributs.

Les personnages et les sujets qui sont présentés ici aux Poètes ne sauraient être d'un grand intérêt pour le lecteur français. Je me bornerai à signaler Philippe le Hardi, second fils de saint Louis, que Dante appelle *il nasetto* (au grand nez) et qui mourut à Perpignan en 1285, après une expédition malheureuse en Catalogne, « fuyant et déflorant les lys ». Il le représente se frappant la poitrine en pensant à la vie désordonnée de son fils, Philippe le Bel, qu'il nomme le « mal de la France » (1).

(1) Dante ne perd pas une occasion de donner cours à son aversion pour les Français et à sa haine particulière envers Philippe le Bel, auteur des violences exercées sur le Saint-Siège et de la destruction de l'Ordre du Temple. (Voir encore le chant XX du *Purgatoire*.)

Quant au symbole de cette délicieuse retraite qui abritait tant de grandeurs historiques, trop d'interprétations différentes en ont été données pour qu'il soit possible de faire un choix parmi elles.

VIII

C'était l'heure qui ramène les regrets au cœur des navigateurs et les attendrit, et leur rappelle le jour où ils ont dit adieu à des amis chers ; l'heure où le voyageur, encore près de son départ, se sent tout pénétré d'amour en entendant la cloche lointaine qui semble pleurer le jour près de mourir. On n'entendait aucun bruit, et une de ces Ames faisait un signe de la main, comme pour qu'on l'écoutât.

Les bras levés, et la face tournée vers l'Orient, elle entonnait l'hymne : *Te lucis ante terminum* (1), avec tant de dévotion et un accent si doux que Dante, qui l'écoutait, en était hors de lui-même ; et les autres Ames accompagnèrent jusqu'au bout le chant sacré.

Au même instant on vit sortir d'en haut et descendre deux anges, portant des épées de feu dont la pointe était émoussée. Leurs vêtements étaient verts comme la feuille qui vient de naître, et on les voyait agités et repoussés par leurs ailes, vertes également. L'un d'eux vint s'arrêter au-dessus des Poëtes, et l'autre descendit de l'autre côté des Ames. On distinguait leurs têtes blondes, mais leur face éblouissait les yeux.

(1) Ainsi commence l'hymne de saint Ambroise, qui se chante à Complies à la dernière heure du rite romain, six heures du soir.

« Ils viennent », dit Sordello, « envoyés par Marie, pour garder la vallée où nous sommes contre le serpent qui va venir tout doucement. Descendons maintenant auprès de ces grandes Ombres, et nous leur parlerons. Elles seront contentes de vous voir. »

Dante s'entretient avec quelques-unes d'entre elles. Deux seules sont mentionnées : un marquis Corrado Malespina, et un Nino Visconti qu'il appelle *giudice gentil*. Il les avait connus tous deux dans sa jeunesse.

Ce Nino le prie de recommander à sa fille Jeanne d'intercéder pour lui sur la terre par ses prières. Quant à sa femme, il ne croit pas qu'elle l'aime encore, car elle a jeté là ses bandeaux blancs de veuve, montrant ainsi combien dure peu chez les femmes le feu d'amour, s'il n'est entretenu par les regards et les caresses. Mais elle n'aura pas à se féliciter de ses secondes noces.

A un moment de cet entretien, Sordello s'approcha des Poètes le doigt levé, pour les avertir de regarder.

Du côté où la petite vallée n'était pas fermée, se montrait un serpent, peut-être celui-là même qui fit prendre à Ève ce fruit amer. Sous les herbes et les fleurs se glissait ce méchant reptile. Il tournait la tête de côté et d'autre, et il se léchait le dos comme font les bêtes qui se lissent les poils. Dante ne put distinguer, et par conséquent ne peut dire, comment se mirent en mouvement les messagers célestes, mais il les vit bien s'élancer l'un et l'autre. Dès qu'il sentit l'air agité par leurs ailes, le serpent s'enfuit, et les messagers retournèrent à leur poste (1).

(1) Le serpent paraît représenter le tentateur, et les messagers célestes les anges gardiens.

IX

Dante, vaincu par le sommeil, se laissa tomber sur l'herbe où ils étaient assis tous les cinq, et il s'endormit.

C'était l'heure où l'hirondelle commence son chant triste, vers le matin, peut-être en souvenir de ses premières infortunes (1), et où notre esprit, plus dégagé de la chair, se livre à des pensées presque divines.

Il lui sembla voir en songe un aigle suspendu dans le ciel avec des ailes d'or. Il se tenait là les ailes ouvertes et comme prêt à descendre. Il croyait lui-même se trouver sur le mont Ida, et peut-être, pensait-il, est-ce là le séjour de l'aigle qui dédaigne d'aller ailleurs chercher sa proie. Puis il lui sembla qu'après avoir tournoyé plusieurs fois sur lui-même, l'aigle descendait, rapide comme la foudre, et l'enlevait jusqu'au milieu du feu, et que l'aigle et lui brûlaient ensemble; et cet incendie imaginaire les dévorait tellement qu'il fallut bien que son sommeil cessât.

Il se réveilla glacé et à demi mort, et ne trouva plus auprès de lui que son guide fidèle.

« Rassure-toi », lui dit celui-ci, « et reprends tes forces. Nous sommes arrivés au Purgatoire. Tout à l'heure, à l'aube qui précède le jour, tandis que ton âme était endormie, il vint une femme. Elle dit : « Je suis Lucie, «laisse-moi prendre celui qui dort là, je vais lui rendre

(1) Allusion à la fable qui nous a montré Philomèle changée en rossignol, et Progné, sa sœur, en hirondelle.

la route facile (1). » Sordello est resté, ainsi que ses compagnons. Elle t'enleva, et, comme le jour était devenu clair, elle monta ici, et moi, je suivis ses traces. Elle te posa en cet endroit, et ses beaux yeux me montrèrent l'entrée ouverte ; puis elle disparut, et ton sommeil aussi. »

Ils aperçurent alors, semblable à une brèche faite dans un mur, une porte où se tenait immobile un gardien tenant une épée nue à la main, laquelle, ainsi que son visage, reflétait sur eux des rayons tels qu'on n'en pouvait suppprter l'éclat.

« Parlez d'où vous êtes », dit-il, « que voulez-vous ? Qui vous amène ? »

« C'est une femme céleste », répondit Virgile, « qui connaît bien ces choses, et qui vient de nous dire : « Allez, voici la porte. »

« Qu'elle protège donc votre passage ! » reprit le gardien d'un ton plus doux. « Avancez. »

Trois marches donnaient accès à la porte. La première était d'un marbre blanc si uni et si pur qu'on s'y voyait comme dans un miroir. La seconde, d'un bleu foncé, était d'une pierre toute raboteuse, et coupée de fentes en long et en travers. La troisième, qui pesait sur les autres, ressemblait à un porphyre flamboyant, comme du sang tiré de la veine.

Sur le seuil, semblable à une pierre de diamant, se tenait l'ange de Dieu, tenant deux clefs, l'une d'or et l'autre d'argent. Virgile monta les trois marches, et Dante le suivit. Il se jeta aux pieds de l'Ange, en lui demandant humblement l'entrée et se frappant trois

(1) Lucie, une des trois femmes saintes qui s'étaient, dans le ciel, intéressées au sort du poète. (Chant II de l'*Enfer*.)

fois la poitrine. L'Ange lui traça sur le front sept P, marque des sept péchés capitaux, de la pointe de son épée, en lui disant :

« Fais-toi laver ces plaies quand tu seras entré. »

Puis, avec la clef blanche d'abord, et ensuite avec la jaune (1), il ouvrit la porte et en poussa les battants en disant :

« Entrez, mais faites bien attention que, si l'on regarde en arrière, on est aussitôt mis dehors (2). »

Ils entrèrent et ils crurent entendre : *Te Deum laudamus*, accompagné d'une harmonie très douce. Cela reproduisait l'effet du mélange des voix avec les orgues, où les paroles ne se distinguent ou ne s'entendent même pas (3).

X

Les Poètes entrent enfin dans le Purgatoire, dont la porte se referme derrière eux avec un grand bruit. Ils suivent d'abord un chemin creusé dans le roc, étroit et sinueux, et ils arrivent sur un espace libre et solitaire où ils s'arrêtent, Dante accablé de fatigue, tous deux incertains de la route à suivre.

(1) La clef d'or représente l'autorité ecclésiastique du confesseur, et la clef d'argent la science théologique.

(2) Celui qui retourne à ses anciens péchés perd la grâce. (Saint Matthieu.)

(3) Tous les détails de cette entrée du Purgatoire sont naturellement symboliques. Leur traduction, dans laquelle se sont essayés tous les commentateurs du poème, paraît assez confuse, et exigerait des développements théologiques ou canoniques qui n'offriraient pas ici un grand intérêt.

Là, d'un côté un bord taillé à pic, de l'autre une muraille de marbre blanc, sur laquelle se dessinaient des sujets si merveilleusement rendus qu'ils eussent fait honte aux œuvres de Polyclète (1) et à la nature elle-même (2).

C'était d'abord l'Ange qui est venu apporter la paix sur la terre : on aurait dit qu'il était vivant et qu'il disait : « *Ave.* » Auprès de lui se voyait celle qui nous a ouvert l'amour divin, et cette parole : « *Ecce Ancilla Dei* », semblait lui sortir des lèvres aussi nettement qu'une figure imprimée sur la cire.

Sur la recommandation de Virgile, Dante, d'abord fasciné par cette image, fait quelques pas en avant, et un autre tableau se déroule devant ses yeux.

Une foule divisée en sept chœurs et d'une apparence telle que les yeux vous disaient : Ils chantent, tandis que les oreilles disaient : Ils ne chantent pas. Et l'encens s'élevait en une fumée visible que l'on croyait respirer. Et les bœufs traînaient l'Arche sainte, redoutable à ceux qui n'avaient pas mission d'y porter la main. Et

---

(1) Polyclète, sculpteur grec, contemporain de Phidias, a proposé à la sculpture des règles qui font encore loi dans les milieux classiques. (*Etude sur les Canons de Polyclète,* par Ad. Mégret, statuaire, 1892.)

(2) On aimait, au moyen âge, à revêtir les murs ou le sol de figures, d'allégories, de moralités, de même que les ciselures et les arabesques des églises n'étaient elles-mêmes que des symboles. « Des qualités morales étaient personnifiées dans des acteurs de théâtres ou de processions. Les tableaux dans les églises et les cloîtres, les fresques, enseignaient aux laïques les mystères de la foi et de la doctrine sous la forme d'emblèmes grossièrement peints. L'allégorie au moyen âge, comme les hiéroglyphes de l'ancienne Égypte, étaient une langue plus facile à lire pour les contemporains que pour la postérité. » (John Symonds, *Dante,* traduction de Mlle Augis, p. 118.)

devant le char béni dansait l'humble Psalmiste (1),
alors plus et moins qu'un roi. Et d'une fenêtre d'un
grand palais, Michol regardait de l'air d'une femme
contrariée et attristée.

Plus loin une autre scène. Un prince romain suivi
d'une foule de cavaliers ; sur sa tête les aigles, parmi
l'or des enseignes agitées par le vent. C'est l'empereur
Trajan. Une femme, une veuve, arrête son cheval par
la bride. Elle semblait dire : « Seigneur, je viens te
demander vengeance du meurtre de mon fils, dont mon
cœur saigne encore. » Et il lui répond : « Attends que
je sois revenu. » Et elle : « Mon Seigneur, et si tu ne
reviens pas ? » Et lui : « Celui qui me remplacera fera
ce que tu demandes. » Et elle : « Que t'importe le
devoir d'un autre si tu oublies le tien ? » Lui alors :
« Rassure-toi, ce devoir, je vais l'accomplir avant d'aller
plus loin. La justice le veut, et la pitié me décide. »

C'est celui pour qui il n'existe rien de nouveau qui a
gravé ces paroles visibles, nouvelles pour ceux qui les
lisaient, car on ne voit rien de semblable ici-bas.

C'était ici le premier cercle du Purgatoire. L'humi-
lité y était consacrée. L'orgueil y était châtié.

Ici le poëte avertit le lecteur qu'il ne faut pas s'ar-
rêter à la forme des souffrances auxquelles il va le faire
assister. Dieu veut que tout se paye : mais ce qu'il faut
considérer, c'est ce qui les suivra ; car, à mettre les
choses au pire, elles prendront toujours fin au jour du
grand jugement.

Cependant, tandis que Dante se complaisait à admirer
ces images d'humilité, Virgile murmurait : « Tous ces

---

(1) Le roi David. Michol était sa femme

gens ralentissent nos pas. Nous n'arriverons jamais aux cercles supérieurs. » Et en effet, ils voyaient s'avancer des masses informes, sans savoir d'abord ce que c'était.

On voit souvent des toits ou des balcons soutenus par des figures humaines, le col plié, le dos arrondi, les genoux rapprochés du menton ; et quoique de pierre, elles inspirent la pitié.

Ainsi venaient ces formes étranges qui, en s'approchant, montraient des êtres tout ratatinés sous le poids de pierres énormes qu'ils portaient sur la tête. Ils paraissaient plus ou moins affaissés suivant qu'ils en avaient plus ou moins à porter ; et celui qui montrait le plus de patience semblait dire en pleurant : « Je n'en puis plus. »

XI

Tandis que ces Ombres marchaient, écrasées sous leur fardeau, semblables à ceux que leurs songes oppressent, lasses et tournant en rond, elles priaient à haute voix :

« O notre Père qui es aux cieux, et, bien que tu règnes partout, y résides pour l'amour que tu gardes à tes premières créations (1), que ton nom et ta puissance soient loués par toutes les créatures, comme il convient qu'elles rendent grâce à tes douces émanations. Que vienne vers nous la paix de ton royaume, car, si elle ne vient pas nous trouver, nous ne pouvons l'acquérir par nous-

(1) Par ces premières créations, il faut entendre les cieux et les créatures célestes.

mêmes avec toute notre intelligence. De même que tes anges te sacrifient leurs volontés en chantant *hosanna* devant toi, que les hommes en fassent autant des leurs. Donne-nous aujourd'hui la manne quotidienne sans laquelle, par cet âpre désert, celui que la marche fatigue s'en va à reculons. Et comme le mal que nous avons souffert, nous le pardonnons à chacun, pardonne-nous dans ta bonté, et ne regarde pas à notre mérite. Notre vertu, qui s'abat facilement, ne la mets pas en face de l'ancien ennemi, mais délivre-nous de lui qui la met tant à l'épreuve. Cette dernière prière, cher Seigneur, nous ne la faisons pas pour nous, qui n'en avons plus besoin, mais pour ceux qui sont derrière nous sur la terre (1). »

« Puissent », dit Virgile, « la justice et la miséricorde divines vous délivrer du poids qui vous accable, afin de laisser à vos ailes le pouvoir de se développer ! Veuillez nous montrer le chemin le plus court pour gagner l'escalier, et, s'il y a plus d'un passage, enseignez-nous le moins escarpé, car celui qui vient là avec moi, chargé des chairs d'Adam dont il est revêtu, ne peut monter que lentement. »

Une voix inconnue répond : « Prenez à droite par le rebord, et venez avec nous. Si je n'étais empêché par ces pierres qui me forcent à incliner ma tête orgueilleuse et à regarder en bas, celui qui est encore vivant et ne se nomme pas, je le regarderais pour voir si je ne le connais point, et pour le rendre pitoyable à cette charge qui m'écrase. »

(1) Cette touchante paraphrase de l'Oraison dominicale, que le poète met dans la bouche des orgueilleux, est reproduite textuellement.

Puis il se nomme lui-même, et Dante reconnait quel-
ques-uns d'entre eux, et parmi eux Oderisi, un célèbre
enlumineur.

Oderisi se dérobe aux compliments que le poète lui
adresse, et il ajoute :

« O vaine gloire des puissances humaines ! Comme
elles durent peu sur les sommets qu'elles ont atteints !
Cimabué croyait tenir le sceptre de la peinture, et main-
tenant c'est Giotto qu'on proclame, et qui éclipse sa
renommée (1). C'est ainsi qu'un Guido est venu enlever
à un autre Guido la gloire de la langue (2). Et peut-être
est-il né, celui qui chassera l'un et l'autre de son nid (3).

« Le bruit du monde n'est rien qu'un souffle de vent,
qu'il vienne d'ici ou qu'il vienne de là, et il change de
nom quand il a changé de côté. Laisseras-tu plus de
renommée, si c'est la vieillesse qui t'a dépouillé de ta
chair, que si tu étais mort tout petit, avant de savoir ce
que c'est que le pain et ce que c'est que l'argent, quand
se seront passées mille années ? Et ceci est plus court
dans l'éternité qu'un battement des paupières ne l'est
auprès d'une des plus longues révolutions du ciel...
Votre renommée est de la couleur de l'herbe, qui vient
et qui s'en va. Et c'est celui qui la décolore qui l'avait
fait sortir toute verte de la terre. »

(1) Giotto était un des amis les plus chers de Dante, et on a même
dit que le poète avait travaillé dans son atelier.

(2) Ces deux Guido avaient pris l'un et l'autre une grande part
dans l'émancipation de la langue vulgaire. Mais c'est Guido Caval-
canti (grand ami de Dante) dont la réputation l'avait emporté sur
celle de Guido Guinicelli.

(3) C'est certainement à lui-même que Dante fait allusion, comme
par un pressentiment de sa gloire future.

XII

Dante, tout attristé, suivait d'un pas lent cette Ame
qui, pliant sous son fardeau, marchait comme font les
bœufs sous le joug. Mais son doux pédagogue lui dit :

« Laisse-le et passe : il faut que chacun pousse sa
barque comme il peut, de la voile ou des rames. Mais
regarde à tes pieds : tu feras bien, pour abréger ton
chemin, de voir ce qui leur sert de lit. »

En effet, le long du chemin qui contournait la mon-
tagne, le sol était couvert de figures, exemples d'orgueils
foulés aux pieds, merveilleusement représentées.

On y voyait d'abord celui qui, noble créature entre
toutes, fut foudroyé et précipité du ciel. On voyait
Briarée, frappé d'un trait céleste, gisant d'un autre
côté, glacé par la mort. On voyait encore Apollon, et
aussi Pallas et Mars, contempler les membres épars des
Géants. Nemrod, au pied de la tour de Babel, regardait
d'un air égaré ceux qui dans Sennaar avaient partagé
son orgueil. O Niobé, ton image apparaissait sur le
chemin, les yeux pleins de larmes, au milieu de tes
sept fils et de tes sept filles privés de vie. O Saül, tu te
perçais de ta propre épée sur le mont Géboë, qui depuis
ne reçut ni pluie ni rosée. Et toi, folle Arachné, déjà à
moitié araignée, on te voyait aussi regarder tristement
les fils de l'ouvrage qui te coûta si cher. Et toi, Roboam,
ton visage ne respire plus la menace, mais l'épouvante,
alors que tu fuis sur ton char. Le dur pavé montrait
encore, dans le temple, les fils de Sennachérib se jetant

sur leur père et l'y laissant mort; et la cruelle Tamaris
disant aux restes de Cyrus : « Tu as eu soif de sang; je
t'en gorge maintenant. » On voyait aussi la mort d'Ho-
lopherne, et le carnage qui s'ensuivit; et encore Troie
en ruine et en cendres. O Ilion, comme tu étais déchue
et misérable dans l'image qui s'étalait devant leurs yeux !

Quel maître du pinceau et du style a donc tracé ces
lignes et ces ombres, où les morts semblaient morts, et
les vivants, vivants? Celui qui a vu ces choses au vrai ne
les a pas mieux vues que celui qui, tout incliné, les
foulait sous ses pieds.

Cependant aux Poètes apparut un ange qui venait à
eux. La belle créature était vêtue de blanc; son visage
scintillait comme l'étoile du matin. Il ouvrit ses bras et
développa ses ailes; puis il dit : « Venez, les degrés
sont proches, et il est facile désormais d'y monter. Ils
sont peu, ceux qui répondent à cet appel. O gent hu-
maine, qui étais née pour voler, pourquoi te laisses-tu
retomber au moindre vent ? »

Il les mena ensuite en un point où la roche était
coupée; et, en lui promettant une entrée assurée, il
toucha de son aile le front de Dante; et celui-ci, y por-
tant la main, reconnut que l'un des P qui avaient été
imprimés sur son front était disparu. C'était la marque
du péché d'orgueil.

Et en gravissant les marches saintes, il se sentait plus
léger qu'auparavant, et il n'éprouvait plus aucune
fatigue. Et des voix chantaient : *Beati pauperes spiritu,*
si doucement qu'on distinguait à peine les paroles. Oh !
combien sont différentes ces entrées des entrées infer-
nales ! Ici des chants harmonieux. Là des clameurs
féroces.

XIII

Les poètes continuent de monter. Ils suivent la corniche qui contourne la montagne et va peu à peu en se rétrécissant. Ici plus de figures ni d'ombres dessinées. D'abord solitude absolue, teinte plombée uniforme du sol et des parois. Cependant quelques voix s'élèvent et s'éteignent aussitôt. Une dernière prononce : « Aimez-vous les uns les autres. »

« C'est dans ce cercle », dit Virgile, « qu'est châtié le péché d'envie. Regarde bien, et tu verras des gens qui se tiennent devant nous, chacun assis le long de la muraille. »

Dante ouvrit alors les yeux plus grands qu'il n'avait fait, et, regardant devant lui, vit des ombres couvertes de manteaux de la même couleur que la pierre, et quand il fut un peu plus avancé, il entendit crier : « Marie, priez pour nous. Priez pour nous, Michel, Pierre et tous les saints. »

Il n'y a sans doute pas par toute la terre un homme assez dur pour n'être pas saisi de compassion devant ce qu'il voyait : car, quand il fut arrivé près d'eux et qu'il put bien les distinguer, leur aspect lui causa une émotion bien douloureuse. Ils paraissaient couverts d'un cilice grossier, et, appuyés sur l'épaule l'un de l'autre, il se tenaient tous adossés à la muraille.

C'est ainsi que les aveugles à qui manque le nécessaire se tiennent, les jours de fête, aux portes des églises, demandant ce dont ils ont besoin, la tête de l'un abaissée sur la tête de l'autre, non seulement pour inspirer la pitié par leurs prières, mais pour l'exciter par la vue. Et de même que la clarté du soleil n'arrive pas aux yeux des aveugles, ainsi la lumière du ciel ne veut pas s'offrir à ces Ombres; car à toutes un fil de fer traversait les paupières et les tenait cousues, comme on fait à l'épervier sauvage tant qu'il ne se tient pas tranquille. Et vraiment il semblait au poète offenser en marchant ceux qui ne le voyaient pas alors qu'il les voyait.

Il se tourna vers son sage conseiller, et celui-ci, devinant ce qu'il pensait, n'attendit pas qu'il lui demandât rien. « Parle », lui dit-il, « et surtout sois bref et précis. »

Il leur demanda alors si parmi eux il n'y avait pas quelque Ame qui fût latine, parce qu'il pourrait lui rendre peut-être quelques bons offices.

Une d'elles lui répondit. C'était une noble dame de Sienne qui, n'ayant pas pardonné à ses compatriotes de l'avoir expulsée de leur ville (on ne sait pour quelle raison), fut transportée de joie en assistant à la défaite qui leur fut infligée à Colle par les Florentins. Les vœux coupables qu'elle avait exprimés bruyamment à cette occasion avaient été en partie rachetés par un repentir tardif adressé à Dieu à la fin de sa vie, et aussi par les prières d'un saint ermite. Elle supplie le Poète, si jamais il foule la terre toscane, de la réhabiliter auprès de ses proches.

Ici Dante fait un retour sur lui-même. « Les yeux », dit-il, « me seront aussi fermés un jour, mais pour peu de temps, car je n'ai commis que de légères offenses en les tournant avec envie. Mais j'ai peur du tourment d'au-dessous, et je crois déjà sentir sur mes épaules les poids imposés aux orgueilleux. »

XIV

Cependant deux Esprits, penchés l'un vers l'autre, redressent leur visage fermé à la lumière. « Qui est donc », se disent-ils, « celui qui s'introduit ainsi dans notre séjour, avant que la mort le lui ait permis, et qui ouvre et ferme ses yeux à sa guise ? » Et l'un d'eux répond : « Je n'en sais rien : mais demande-lui doucement qui il est, et d'où il vient. »

Dante leur dit qu'il vient des bords d'un fleuve dont il leur décrit le cours sans en prononcer le nom. Dire qui il est lui-même serait inutile, car son nom à lui n'a pas encore fait grand bruit.

Ils comprennent qu'il a voulu parler de l'Arno. « Mais pourquoi cette réticence ? » demande l'un des deux Esprits à son compagnon.

« Ah ! » répond l'autre, « il n'y a que trop de raisons de souhaiter que le nom de cette rivière périsse. Tout le long de son cours la vertu est traitée en ennemie, et redoutée comme un serpent venimeux. Ceux qui habitent près de sa source ressemblent au troupeau de Circé, et les glands leur conviendraient mieux que toute nourriture faite pour les hommes. Plus bas, à mesure que le fleuve descend et s'élargit, ce sont des roquets qui font plus de bruit qu'ils ne sont gros, et il se hâte de leur tourner le dos. Plus bas encore ce sont des chiens changés en loups, et encore plus bas des renards si pleins d'astuce qu'ils ne craignent personne pour les attraper. Ce que je dis là, je souhaite que celui-ci l'entende, et qu'il ne l'oublie pas. »

Ce que Dante n'avait pas voulu faire, ces deux esprits se nommèrent. Celui qui venait de parler était Guido del Duca, et l'autre Rinieri da Calboli (mort en 1295), tous deux Romagnols, et ne paraissant pas avoir été rapprochés l'un de l'autre pendant leur vie.

Guido del Duca rappelle ensuite les beaux temps où la courtoisie et la valeur régnaient dans la Romagne, et déplore que les générations nouvelles aient dégénéré des vertus de leurs ancêtres. Il convient qu'il avait été lui-même dévoré par l'envie, à ce point que la vue d'un homme joyeux lui était insoutenable. « O espèce humaine », ajoute-t-il, « pourquoi ne sais-tu t'attacher qu'à des biens dont la jouissance interdit précisément le partage? (1) »

« Va-t'en, Toscan », dit-il en terminant un tableau saisissant des hommes et des mœurs publiques à l'une et l'autre époque, « car désormais j'ai plus envie de pleurer que de parler, tant tous ces souvenirs m'ont serré le cœur. »

Les poètes continuèrent leur chemin, et de temps en temps des voix invisibles faisaient résonner à leurs oreilles des exemples mémorables d'Envie.

---

(1) *O gente umana, perchè poni il core la v'è mestier di* CONSORTO DIVIETO. Cette expression, *consorto divieto,* que je traduis par *partage interdit,* sera l'objet de développements dans le chant suivant, où elle sera reprise. C'est bien une expression dantesque.

XV

Le jour avançait, et les poètes marchaient vers le couchant. Une lueur éclatante vint tout à coup frapper leurs yeux et les força de les abriter. C'était un messager céleste qui venait les inviter à monter plus haut. « Entrez par ici », disait l'ange d'une voix douce, « cet escalier est moins roide que les autres. »

Ils suivirent la direction qui leur était indiquée, et tandis qu'ils marchaient, Dante pria son maître de lui expliquer ce qu'avait voulu dire l'Esprit de la Romagne en parlant de jouissance et de partage (1).

Et Virgile lui répondit : « C'est qu'il sait bien par où il a péché. Vous, vous ne portez vos désirs que sur des biens dont la possession diminue d'autant la jouissance des autres. C'est de là que naît l'Envie. Mais si c'était l'amour qui règne dans les sphères suprêmes qui dirigeait vos désirs, il n'en serait plus ainsi : car là, plus on dit *nôtre,* et plus s'accroît la possession de chacun (2). »

« Mais », reprend Dante, « comment peut-il se faire qu'un bien distribué à un plus grand nombre rende plus riche que s'il n'était distribué qu'à un petit nombre ? »

Et Virgile : « Si tu ne penses qu'aux choses terres-

(1) C'est cette expression *consorto divieto* dont Dante demande l'explication (voyez page 132).

(2) C'est là, non pas du communisme, mais une remarquable expression de socialisme, et l'on peut dire ici de socialisme chrétien.

tres, tu ne feras qu'épaissir les ténèbres de ton esprit. Ce bien suprême et ineffable qui est là-haut se porte vers l'amour comme un rayon sur une surface brillante qui le renvoie. Il se donne d'autant plus qu'il est reçu avec plus d'ardeur, en sorte que n'importe jusqu'où s'étende la charité, sa vertu éternelle croît avec elle-même. Et plus il y a d'âmes qui s'élèvent jusque là-haut, plus il se dépense d'amour, et celui-ci en se reflétant fait comme le miroir qui rend tout ce qu'il a reçu, sans jamais s'épuiser. »

Dante se trouve alors saisi d'une vision mystique qui lui montre Marie réprimandant avec douceur son fils, qu'elle vient d'apercevoir dans un temple parmi des gens, et lui disant : « Mon fils, pourquoi as-tu fait cela ? Voici que nous te cherchions, ton père et moi, désolés. » — Puis un autre exemple de mansuétude : Pisistrate, tyran d'Athènes, répond à sa femme qui le sollicitait de punir un audacieux qui avait osé embrasser leur fille : « Que ferions-nous donc à celui qui nous veut du mal, si nous condamnions ceux qui nous aiment ? » — Enfin, il vit un martyr, entouré d'hommes furieux qui l'assommaient à coups de pierres, lever les yeux au ciel, et prier qu'il fût pardonné à ses persécuteurs.

Lorsque Dante est sorti de son extase, ils se remettent en route en regardant attentivement autour d'eux : et voici que tout à coup une vapeur épaisse vient les envelopper comme d'une nuit obscure.

XVI

C'est de cette fumée épaisse, et blessante au visage, bien plus obscure encore que toutes les ténèbres de l'Enfer, que sont enveloppés les colériques. Le Poëte suivait Virgile, appuyé sur son épaule, comme l'aveugle suit son guide, de crainte de s'égarer.

On entendait des voix dont chacune semblait implorer la paix et la miséricorde de l'agneau de Dieu, et qui s'élevaient dans un ensemble parfait.

Cependant l'une d'elles s'en détacha : « Qui es-tu », disait-elle, « toi qui fends notre fumée, et qui parles comme si tu comptais encore le temps par les henres ? »

« Réponds-lui », dit le Maître, « et demande si ce n'est pas par ici qu'on va là-haut. »

Sur l'invitation qui lui est faite, l'Ame dit qu'elle les accompagnera aussi loin qu'il lui sera permis d'aller, et que, si la fumée les empêche de se voir, s'entendre au moins les rapprochera.

Il était Lombard et s'appelait Marco, et il aimait la vertu, chose dont on ne fait plus de cas aujourd'hui. Il leur montre le chemin qui les mènera droit à l'escalier qu'ils cherchent, et il se recommande à leurs prières.

Et Dante : « Je te donne ma parole de faire ce que tu me demandes. Mais je te prie de m'éclaircir un doute qui me travaille l'esprit. Comme tu l'as si bien dit, le monde a rejeté la vertu, et il est livré à la méchanceté : mais je te prie de m'en dire la cause afin que je la voie et puisse la redire, alors que les uns la placent dans le ciel, et les autres ici-bas (1). »

L'âme poussa un profond soupir, que la souffrance convertit en une plainte, et parla ainsi :

« Frère, le monde est aveugle, et c'est bien de lui que tu viens. Vous qui vivez, vous faites remonter toute cause au ciel, comme si toute action était le résultat d'une nécessité. S'il en était ainsi, en vous serait détruit le *libre arbitre*, et il n'y aurait plus de justice à être heureux pour avoir fait le bien, ou à souffrir pour avoir fait le mal.

« Le ciel préside bien à vos premiers mouvements, je ne dis pas à tous : mais mettons que je le dise. La lumière vous a été donnée pour discerner le bien et le mal, ainsi que pour exercer votre libre volonté. Et si celle-ci a à lutter avec des impulsions naturelles, elle finit par l'emporter si elle a été bien nourrie. Vous êtes soumis librement à une force supérieure qui vous a donné une intelligence de l'exercice de laquelle le ciel n'a pas à s'occuper. Si donc le monde présent va de travers, c'est en vous qu'en est la raison, c'est en vous qu'il faut la chercher, et j'en suis moi-même un exemple.

« L'âme est sortie de la main du Créateur, qui l'avait d'abord modelée avec amour, comme une petite fille simplette qui bégaye, qui pleure et] rit à tort et à travers, et qui ne sait rien, si ce n'est que, mise en mouvement par un créateur bienveillant, elle se tournera volontiers vers ce qui l'amuse. Elle goûte d'abord la saveur des biens apparents, et, s'y laissant tromper,

(1) Allusion à l'influence attribuée aux astres sur le caractère et la destinée des humains.

elle court après eux, sans guide et sans frein pour enrayer ses désirs. C'est pour cela qu'il faut avoir des lois, et qu'il faut avoir un roi. Il y a bien des lois : mais personne pour tenir la main dessus. Et quand la foule voit ceux qui sont à sa tête se tourner vers ces biens dont elle est friande, elle n'en demande pas davantage. Tu peux donc voir comment c'est la mauvaise conduite qui rend le monde coupable, et non la nature, qui est toujours correcte en vous.

« Rome a tenu le monde vertueux tant qu'elle a eu deux soleils qui éclairaient d'un côté la route du monde, et de l'autre celle de Dieu. L'un a éteint l'autre. L'épée s'est réunie à la houlette. Séparées, elles se complétaient et se retenaient l'une l'autre. Mêlées, elles ne peuvent faire que du mal. Et si tu ne me crois pas, regarde autour de toi, car c'est à la graine qu'on connaît la plante..... Et c'est ainsi que l'Église de Rome, en confondant ces deux pouvoirs, est tombée dans la fange, elle et la charge qu'elle portait (1). »

XVII

La fumée s'est dissipée, comme disparaît le brouillard dans les Alpes, quand sont venus y pénétrer les rayons

(1) J'ai reproduit à peu près textuellement et intégralement cette longue tirade où Dante met dans la bouche de Marco ce qu'il faut penser sur la question, toujours débattue, du libre arbitre. Il a trouvé là une transition naturelle pour revenir à son idée, directrice de toute sa pensée politique, la division du pouvoir à Rome, c'est-à-dire au siège de l'Empire, entre le souverain spirituel et le souverain temporel, entre le Pape et l'Empereur.

du soleil. Dante se trouve pour un moment livré à son imagination : « Cette imagination », dit-il, « qui nous emporte quelquefois tellement hors de nous qu'on ne perçoit plus les bruits les plus éclatants, et que les sens ne servent plus à rien, et qui est mise en mouvement par une lumière venue du ciel. » Il voit comme dans un songe toutes sortes d'exemples d'orgueil puni.

Il est tiré de sa rêverie par une lumière si éblouissante que c'est en vain qu'il cherche à en pénétrer l'éclat. C'est un esprit divin qui se dresse sur le chemin, — voilé par sa propre lumière (1). On entend sortir de ce faisceau lumineux une voix disant : « On monte par ici. »

« Obéissons à cette invitation », dit Virgile, « car ensuite nous ne pourrions plus avancer tant que le jour ne reparaîtra pas. »

Ils dirigèrent alors leurs pas vers un escalier, et aussitôt que Dante eut mis le pied sur la première marche, il sentit près de lui un mouvement d'ailes et un souffle sur son visage, et une voix disait : « *Beati pacifici* », en effaçant encore un des P imprimés sur son front.

Ils arrivèrent à un point où l'escalier cessait, et ils s'arrêtèrent — comme un navire arrivé au port. Dante fit attention s'il entendait quelque chose dans ce nouveau circuit. Il était accablé de fatigue. Il se retourna vers son maître et lui dit : « Mon doux père, dis-moi quel est le péché qui se purge dans le circuit où nous sommes. »

Et Virgile : « C'est ici que se réchauffe l'amour du

---

(1) C'est ainsi que l'on verra dans le Paradis et les créatures célestes et les bienheureux enveloppés d'un faisceau lumineux qui ne laissera rien distinguer de leur apparence.

bien, s'il s'est laissé refroidir. C'est ici qu'est secoué le
rameur paresseux. Mais, pour que tu comprennes mieux,
prête-moi toute ton attention ; j'espère que tu en tireras
quelque profit.

« Mon fils, il n'est ni créateur ni créature qui soit
dépourvu d'amour, que celui-ci procède de la nature,
ou qu'il provienne de l'intelligence. Et tu le sais bien.
L'amour issu de la nature ne se trompe jamais. L'amour
produit par l'intelligence peut être vicié par l'indignité
de son objet, ou bien il peut être animé par une ardeur
insuffisante. Tant qu'il se dirigera vers les vrais biens, et
ne recherchera les autres qu'avec mesure, il ne pourra
entraîner à des attachements coupables. Mais s'il se di-
rige vers le mal, ou qu'il se dirige vers le bien avec trop
de tiédeur ou trop d'empressement, c'est contre la vo-
lonté de son créateur qu'il se tournera.

« Tu peux donc comprendre comment l'amour est à
la fois le germe de toutes les vertus, ainsi que de toutes
les actions punissables. Maintenant, comme l'amour ne
saurait se détacher de son propre principe, et qu'on ne
peut se haïr soi-même, et comme on ne peut comprendre
qu'aucun être existe par lui-même sans procéder de
celui qui l'a créé, on ne peut admettre qu'aucune créa-
ture vienne à haïr Dieu, son créateur (1).

« Si tout cela est vrai, il en résulte que le seul mal
qu'on aime est le mal du prochain. Ce désir du mal du
prochain peut naître sous trois formes différentes dans
le limon humain.

« Souhaiter l'abaissement des autres pour prendre

(1) Il semble que l'idée et le mot de passion devraient être substi-
tués ici à ceux d'amour. Il n'est pas de passion au fond de laquelle
on ne puisse découvrir un amour déréglé de soi-même

leur place; — s'affliger de l'élévation des autres par crainte d'avoir à en souffrir dans ses propres biens ou dans ses honneurs; — chercher le mal des autres pour venger ses propres injures.

« Orgueil, envie, colère, telles sont les trois sortes d'amour qui font souffrir et pleurer ici.

« Il est des objets qui, sans comporter le mal d'autrui, sont poursuivis par un amour désordonné ou une recherche inconsidérée ou insuffisante qui s'éloignent de la sagesse et de la vertu. Ces sortes d'amour sont également punis. »

Il y a une incontestable grandeur dans cette idée de l'amour réciproque du créateur pour sa créature, ainsi que de la créature pour son créateur, — comme dans l'idée exprimée précédemment de comparer l'amour, ou plutôt la Charité, prise au point de vue chrétien, avec un miroir qui rend la lumière sans jamais s'épuiser. Mais on retrouve aussi, dans cette magnifique exposition de l'amour, la scolastique du moyen âge.

Ne la retrouve-t-on pas aussi dans ce commentaire tout récent? « On peut dire que Dieu n'existe pas », trouvons-nous dans Fraticelli, « on peut le blasphémer, mais on ne peut haïr Dieu, qui est notre propre cause. » Ceci rappelle les blasphèmes lyriques de nos jours (Ackerman, Richepin), qui couvrent Dieu d'outrages tout en lui affirmant qu'il n'existe pas !

Ne peut-on pas se demander si, quand le poète parle « d'une ardeur d'amour excessive, ou d'une recherche inconsidérée et désordonnée dans l'amour » pour des sujets qui n'ont rien de blâmable en eux-mêmes, il ne visait pas, sans vouloir l'exprimer, les excès dans la dévotion ou le mysticisme, auxquels il oppose si souvent la vertu active et militante?

XVIII

Virgile, sollicité par Dante, reprend les raisonnements qu'il vient de lui exposer sur l'amour.

« L'esprit qui nous anime est toujours disposé à se tourner vers ce qui lui plaît. L'intelligence en fait une réalité. De là naît l'amour, qui n'est autre chose que l'expression d'une disposition naturelle. Et de même que le feu se dirige en haut, en vertu de sa nature, quelque pesante que soit la matière d'où il sort, de même l'esprit, une fois pris, entre dans le désir, qui est par lui-même un mouvement spirituel, et ne se repose pas jusqu'à ce qu'il jouisse de la chose aimée. Maintenant, tu pourras comprendre combien se trompent ceux qui tiennent pour vrai que tout amour est une chose bonne en soi, parce qu'ils croient que la matière en est toujours bonne. Mais toute empreinte n'est pas bonne, quelque bonne que soit la cire. »

« Mais », reprend Dante, « si l'amour nous vient du dehors, et si notre âme ne fait qu'y consentir, qu'il aille droit ou de travers, qu'a à faire là le mérite ? »

Virgile : « Toute substance distincte de la matière, mais unie à elle, contient en elle-même une vertu spécifique qui ne se montre que par son effet, comme la vie se montre dans la plante par son feuillage. L'homme ne sait pas d'où lui viennent les premières notions de son intelligence, ou les impulsions de ses premiers désirs, lesquelles sont en lui comme dans l'abeille de faire du miel. Aussi ces premières impulsions ne mé-

ritent ni louange ni blâme. Mais, de même que toutes
les volontés se rattachent à celle-ci, en lui est innée la
raison qui le conseille et garde le seuil de son entende-
ment. Tel est le principe d'où ressort le mérite, suivant
qu'il accueille et distingue les amours bons et les amours
coupables. Il faut donc admettre que tout amour qui
s'allume chez l'homme naît de la nécessité, mais qu'il
existe en lui le pouvoir de le retenir. »

Quant aux relations de la foi avec cette question du
libre arbitre, Virgile s'en remet à Béatrice, qui pourra
plus tard éclairer le Poète sur ce sujet.

Dante, qui venait de recevoir une réponse satisfai-
sante à ses questions, et qui avait fort envie de se reposer
et de dormir, se tenait dans un demi-sommeil. Il en fut
tiré par une foule qui arrivait sur eux comme une faux
en mouvement, et dans une grande agitation.

Sur la demande de Virgile, qui l'interrogeait sur le
chemin qu'ils devraient suivre quand le jour paraîtrait,
l'un de ces Esprits lui répondit : « Viens derrière nous,
tu trouveras le passage. Excuse-nous, nous ne pouvons
rester en place; et ne prends pas pour de la malhon-
nêteté ce dont nous ne pouvons nous dispenser. »

Puis il dit quelques mots sur ce qu'il faisait au temps
de Barberousse. C'était un abbé de San Zéno. Dante
aurait bien voulu en savoir plus long; mais il avait déjà
disparu. Ces Esprits avaient été des paresseux, et l'agi-
tation à laquelle ils étaient tenus devait compenser le
temps qu'ils avaient perdu.

Ils s'éloignèrent donc, et Dante, dans l'esprit de qui
toutes sortes d'idées se succédaient, finit par fermer les
yeux, et sa pensée se transforma en sommeil.

J'ai dû condenser un peu, pour lui prêter plus de clarté, la dissertation de Virgile sur l'Amour, dans laquelle on peut remarquer comme le poète a soin de se tenir en dehors des questions de foi, et dont le sujet tient une grande place dans la philosophie dantesque. Elle pourrait se résumer ainsi :

1° Nos désirs et nos impulsions, venus du dehors, trouvent en nous une disposition naturelle et nécessaire, qui par conséquent ne saurait être l'objet ni de louange ni de blâme ;

2° Nous possédons en nous une substance distincte de la matière, qui nous fournit les moyens de distinguer, parmi ces désirs et ces impulsions, ce qu'il faut rejeter, ou ce qu'il faut garder et suivre.

Je ferai remarquer encore que le mot *amour* n'a pas ici pour le poète la signification que nous avons l'habitude de lui attribuer, mais une signification différente, et que l'on retrouve dans d'autres de ses œuvres. Il applique ce mot à tout ce qui est désirs ou impulsions.

XIX

Alors il vit en songe une femme, les yeux louches, bégayant, manchote et le teint blafard. Il la regardait, et, comme le soleil ranime les membres engourdis par le froid, ce fut ainsi que son regard lui délia la langue, puis la redressa, en peu d'instants, et ramena la couleur à son visage, comme pourrait faire l'amour. Elle se mit à parler avec tant de volubilité, et à chanter si harmonieusement, que son regard ne pouvait plus se détacher d'elle.

Elle chantait : « Je suis la douce Sirène qui entraîne les marins au fond de la mer, tant ils sont charmés de m'entendre. C'est par mon chant que j'ai détourné Ulysse de sa route incertaine, et quiconque est resté près de moi ne me quitte plus guère, tant je le charme. »

Elle n'avait pas encore fermé la bouche qu'apparut tout à coup une sainte femme, venue là pour la confondre. « O Virgile, Virgile », disait-elle d'un ton irrité, « qui est donc cette femme ? » Lui tenait d'abord les yeux fixés sur cette chaste créature ; puis il saisit l'autre, et l'ouvrit par devant en fendant ses vêtements et montra son ventre ; et l'infection qui en sortait réveilla le Poète.

Celui-ci se retourna aussitôt vers son guide qui lui dit : « Voici au moins trois fois que je t'appelle. Lève-toi, que nous cherchions le passage par où tu pourras entrer. »

Dante se leva aussitôt. Déjà l'éclat du jour se répandait sur la Montagne. Il suivait son maître, le front comme celui qui est chargé de pensées ; et il était courbé comme l'arc d'un pont.

Alors leur arriva une voix douce et affectueuse comme on n'en entend pas dans les régions mortelles. Les ailes ouvertes comme celles d'un cygne, celui qui leur parlait, en leur montrant par où il fallait passer, les fit tourner entre deux parois de pierre, et il leur disait que *qui lugent* (1) sont très heureux, parce qu'ils seront consolés.

Ils suivirent : et comme Dante paraissait obsédé par une pensée qu'il lisait lui-même en lui, Virgile lui dit :

« Tu as vu cette antique sorcière dont les maléfices ont rempli les cercles qui sont au-dessous de nous. Tu as vu comme on se débarrasse d'elle. Mais en voilà assez. Frappe la terre de ton pied, et tourne tes yeux vers le

(1) Ceux qui pleurent.

rappel (1) que le Roi éternel agite dans les sphères célestes. »

Tel que le faucon qui prend d'abord son vol, dressé sur ses pieds, puis s'élance au cri du chasseur et se précipite sur la proie qu'il va saisir, Dante se précipita vers l'ouverture du rocher qui menait au cinquième cercle.

On voyait là des gens gisant à terre, à plat ventre, et pleurant, la face tournée vers le sol. Ils répétaient : « *Adhæsit pavimento anima mea* (2). » Mais leur voix était tellement entrecoupée de soupirs qu'on avait de la peine à distinguer les paroles.

Comme à l'ordinaire, les Poètes leur demandent le chemin qu'il leur faudra prendre pour gagner le haut de la Montagne. « Si vous n'êtes pas de ceux qui doivent rester ici », répond l'un d'eux, le visage tourné vers la terre, « allez en tenant toujours à votre droite le rebord du chemin. »

Dante alors l'interroge, et l'Esprit lui confesse qu'il a été lui-même un des successeurs de saint Pierre. Après avoir vécu dans l'avarice, ne songeant qu'à amasser, il revêtit le manteau papal, mais pour quelques jours seulement (3). Il reconnut alors le néant des biens terrestres, et la mort ne tarda pas à mettre fin à son repentir tardif. Maintenant, de même que ses yeux étaient restés fixés sur les choses de la terre, il lui est interdit de les lever vers le ciel, et il n'est pas sur la Montagne de peine plus amère.

Et comme Dante s'agenouillait près de lui, en disant :

(1) *Logoro*, leurre, proie du faucon.
(2) Mon âme s'est attachée au sol.
(3) Le pape Adrien V, qui mourut quarante jours après son intronisation.

« C'est à cause de votre dignité que ma conscience m'a fait éprouver un remords de rester debout devant vous » : « Redresse-toi, frère », lui dit-il, « je suis soumis au même pouvoir que toi et les autres... Mais va, je ne veux pas que tu t'arrêtes davantage, parce que ta présence trouble les pleurs par lesquels il faut que j'accomplisse ma pénitence. »

XX

Virgile et Dante montaient en suivant la muraille, car la foule des avares et des envieux encombrait l'autre côté, d'où s'élevaient leurs gémissements et leurs sanglots.

Maudite sois-tu, pensait le Poète, antique louve qui, plus que toute autre bête, trouves toujours une proie pour ton appétit sans fond ! O ciel, dans les tourbillons de qui on croit que se changent les conditions d'ici-bas, quand donc viendra celui qui en débarrassera la terre (1) ?

Ils marchaient à pas courts et ralentis, regardant toutes ces ombres, et des voix s'élevaient, qui célébraient la pauvreté et la libéralité. Une d'elles attira surtout l'attention de Dante, qui s'approcha de l'Esprit, et lui demanda qui il était.

L'Esprit lui répondit et se mit à marcher avec lui.

« Je te parlerai, non que j'en attende aucun soula-

(1) Cette louve, est-ce l'Envie, ou n'est-ce pas plutôt l'Avarice?

gement, mais à cause de la grâce qui brille sur toi avant
ta mort.

« Je suis la racine de cette plante mauvaise dont
l'ombre néfaste recouvre la terre chrétienne, et n'a
guère produit de bons fruits (1).

« Je m'appelais Hugues Capet. J'étais fils d'un bou-
cher de Paris. C'est de moi que sont issus les Philippe
et les Louis qui ont gouverné cette France nouvelle. Je
vis disparaître les anciens rois, et le gouvernement du
royaume se trouva resserré entre mes mains. Et mon
pouvoir fut tel, et telles furent les amitiés qui m'en-
touraient, que la couronne, devenue veuve, fut mise sur
la tête de mon fils, et une race nouvelle se trouva con-
sacrée.

« Tout alla d'abord assez bien. Mais après que la
Provence, cette riche dot, fut entrée dans la famille,
commença par la violence et le mensonge toute une ère
de rapines. Le Ponthieu, la Normandie, la Gascogne y
passèrent, et la Flandre : mais Douai, Gand, Lille et
Bruges sauront venger le bon droit (2).

« Et tous ces Charles, ce Charles (d'Anjou), qui vint en
Italie pour faire de Conradin un martyr, et envoyer au
ciel Thomas (saint) (3) ; et ce Charles (de Valois), qui,

---

(1) La race des Capétiens.

(2) La défaite de Courtrai (Philippe le Bel, 1302). Dante men-
tionne souvent, sous forme de prédictions, des événements déjà
accomplis.

(3) Charles d'Anjou, frère de saint Louis, investi du royaume de
Naples par le pape Urbain IV, s'en mit en possession après avoir
vaincu Manfred, bâtard de Frédéric II, en 1260. Le jeune Conra-
din, petit-fils de cet empereur, voulut revendiquer les droits de la
maison de Souabe : il fut battu par Charles, qui lui fit trancher la
tête.

On a attribué à Charles d'Anjou la mort de saint Thomas d'Aquin

appelé à Florence pour y apporter la paix, n'y vint pas
avec une armée, mais avec la lance de Judas, n'y laissa
qu'une trace sanglante, et n'en rapportera même aucun
profit (1) ; et ce Charles (de Sicile), qui se laissa prendre
sur mer, et vendit sa fille comme un corsaire fait de ses
captifs. O avarice, quel est donc ton pouvoir, que je
vois ceux de mon sang trafiquer de la chair de leur
chair (2) !

« Je vois enfin les fleurs de lis entrer à Anagni, et le
Christ captif dans la personne de son vicaire, et le fiel
et le vinaigre n'y manqueront pas (3). Et ce nouveau
Pilate porte encore sur le Temple ses mains cupides et
meurtrières (4).

« O mon Seigneur, quand donc aurai-je la joie de
voir enfin éclater ta vengeance qui, tant qu'elle garde

par le poison. Dante, en haine de la maison de France, adopte cette
version que rien n'autorise. (Voir dans la *traduction* de M. Dau-
phin des notes très circonstanciées sur cette époque.)

(1) Charles de Valois, frère puîné de Philippe le Bel, avait été
envoyé à Florence, sur les instances du pape Boniface VIII, sous
prétexte de pacifier la Toscane, mais surtout pour soutenir le parti
des Noirs (les Guelfes), alliés à la papauté. C'est l'opposition qu'y
avait faite Dante, envoyé par Florence auprès du Pape, qui fut
la cause de l'exil du poète et le point de départ de toutes les per-
sécutions qu'il a eu à subir.

(2) Ce Charles, fils de Charles d'Anjou, roi de la Sicile dont il
fut dépossédé après les Vêpres siciliennes, fut fait prisonnier par
l'amiral Doria. Il maria ensuite sa fille à un marquis de Ferrare,
dont il reçut une grosse somme pour couvrir cette mésalliance.

(3) Démêlés de Philippe le Bel avec Boniface VIII, gravement
outragé par son chancelier Nogaret. On peut remarquer que Dante
ne témoigne aucune satisfaction des traitements indignes auxquels
s'est trouvé soumis Boniface VIII, son ennemi personnel, qu'il ménage
si peu lui-même. C'est qu'il a toujours soin de séparer la papauté
de la personne des papes.

(4) Procès des Templiers.

son secret, ne fait sans doute que se réserver sous le voile de mansuétude qui la recouvre? »

Fiorentino, à qui l'on doit l'une des meilleures traductions françaises de la *Divine Comédie*, Italien lui-même, écrivait en 1858, au sujet de ce récit (I) :

« Il n'y a rien de plus réjouissant que de voir les efforts des commentateurs qui ont voulu se rendre agréables aux rois de France, quand il y avait des rois de France, en combattant la tradition suivie par Dante sur l'origine de Hugues Capet. »

M. Dauphin, dans les commentaires dont il a enrichi sa traduction de la *Divine Comédie* (1886), la dernière publiée, a relevé de nombreuses et grosses erreurs dans ce récit, demeuré célèbre, et qui n'a été ici que faiblement abrégé.

Une âme comme celle de Dante, brûlée par le patriotisme, aveuglée par les spectacles inouïs qu'elle entrevoyait, enivrée de sa propre poésie, on ne peut en attendre ce que l'on entend aujourd'hui par l'exactitude historique.

La passion qui l'animait nous reporte, bien loin, aux passions que les poètes de Juda prêtaient à Yavé dans leurs prophéties.

Le poète de Florence et le Dieu des Israélites, parmi les brumes légendaires qui les enveloppent, se retrouvent plus d'une fois dans les accents de leurs indignations et de leurs colères. Mais, pareillement impitoyables dans leur soif de vengeance, il semble que c'est encore celui qui est le plus près de la terre qui a le mieux su y mêler des accents d'amour et de pitié.

Tandis que les Poètes, s'éloignant de l'ombre d'Hugues Capet, continuaient leur ascension, ils furent tout

(1) La *Divine Comédie,* traduction de Pier Angelo Fiorentino, 3ᵉ édition, page 386.

à coup arrêtés par un tremblement de toute la Montagne, qui semblait près de s'écrouler. Dante se sentit saisi de ce froid qu'éprouve un condamné marchant à la mort. Ensuite s'éleva un cri si formidable que son maître se rapprocha de lui en lui disant : « N'aie pas peur tant que je te servirai de guide. » Et on distinguait à peine au milieu de ce cri *Gloria in Excelsis*.

Puis tout cessa, et ils reprirent leur route sainte en regardant les ombres qui gisaient à terre, et étaient retournées à leur gémissement habituel.

XXI

Comme les Poètes marchaient en côtoyant les Esprits, une Ombre apparut devant eux. « Frères », dit-elle, « que Dieu vous donne la paix. »

Virgile lui rendit son salut par le signe qui se fait en pareil cas, et lui dit :

« Que la suprême Vérité te tienne en paix dans l'assemblée des Bienheureux, elle qui me relègue dans un exil éternel ! »

« Comment », reprit l'Esprit, « et pourquoi marchez-vous d'un pas si assuré si vous êtes des Ombres indignes de Dieu ? Qui vous a guidés par ces escaliers ? »

Virgile alors, lui montrant sur le front de son compagnon les traces que l'Ange y avait gravées, lui expliqua la mission qu'il avait reçue de lui faire connaître l'Enfer et ce qui lui serait permis au delà; et il le pria de lui dire la raison de la violente secousse qui venait d'agiter la Montagne, et des cris qui l'avaient accompagnée.

« Il ne se passe rien dans la montagne du Purgatoire », lui répondit l'Esprit, « qui ne soit l'effet de règles suprêmes. Au-dessus des degrés qui marquent son entrée, ni nuages, ni pluie, ni éclairs, ni vent, ni rosée ne l'atteignent. Mais elle tremble toutes les fois qu'une âme se trouve assez purifiée pour monter jusqu'à son sommet, et des cris d'allégresse l'accompagnent alors. » Lui-même, il avait fallu que son désir attendit la fin de l'épreuve que la justice divine lui avait imposée en raison des fautes auxquelles sa volonté avait cédé.

Et il continua : « Je suis resté ici cinq cents ans ; mais mon âme vient de se sentir en liberté de gagner un séjour meilleur ; et c'est pour cela que vous avez ressenti le tremblement de la Montagne, et entendu les pieux esprits qui célébraient la louange du Seigneur.

« J'étais du temps où le bon Titus, avec l'aide du souverain Maître, vengea sur Jérusalem les plaies d'où avait coulé le sang vendu par Judas. Je portais déjà ce nom de Poète qui assure une mémoire glorieuse, et mon front avait été ceint du myrte. Mais je n'avais pas encore la foi. On m'appelait Stace. J'ai chanté Thèbes, et j'avais commencé à chanter le grand Achille quand la mort est venue m'arrêter (1).

« Les étincelles qui ont allumé la flamme divine qui couvait en moi, et en ont attisé bien d'autres, c'est de l'Énéide qu'elles sortaient, l'Énéide qui fut la mère et la sœur de mes poésies, lesquelles sans elle ne pèse-

(1) Stace (Stazio), poète latin, né à Naples vers l'an 61. C'est à tort que Dante le fait naître à Toulouse. Son poème, *la Thébaïde*, renferme de grandes beautés. Il a été traduit en anglais, en allemand et en français. (Collections Panckoucke et Nisard.)

raient pas un drachme. Ah! que n'ai-je vécu en même temps que Virgile! »

Bien que son Maître lui lançât un regard qui voulait dire : Tais-toi, Dante ne put retenir un sourire dont Stace témoigna quelque étonnement. Lui-même se trouvait assez embarrassé entre l'un qui lui faisait signe de se taire, et l'autre qui lui demandait de parler. Virgile cependant lui rendit toute sa liberté, et il put faire connaître à Stace devant qui il se trouvait, l'assurant que telle était l'unique cause de son sourire.

Déjà le poète de la Thébaïde s'agenouillait pour embrasser les genoux du poète de l'Énéide. Mais celui-ci l'arrêta aussitôt : « Frère », lui dit-il, « ne fais pas cela, car tu es une Ombre, et c'est une Ombre que tu vois. » Et lui se relevant : « Tu peux comprendre maintenant combien je t'aime, puisque j'avais oublié que nous ne sommes que de vaines Ombres, en traitant ces Ombres comme des formes réelles. »

XXII

L'Ange qui les avait déjà conduits au sixième circuit était resté derrière eux et les encourageait. Dante, dont les P imprimés sur son front avaient commencé à disparaître, se sentait plus léger et montait sans ressentir aucune fatigue. Il suivait les deux Poètes et écoutait religieusement leur entretien.

Virgile disait : « Lorsque Juvénal descendit avec nous dans le Limbe de l'Enfer, il me fit connaître l'affection que tu me portais, et depuis lors je t'ai aimé plus que je n'ai jamais aimé quelqu'un que je n'avais jamais vu. Mais, dis-moi, et comme ami pardonne-moi si je te parle trop franchement, et parle-moi désormais comme à un ami : Comment pouvais-tu, avec une intelligence comme la tienne, loger l'Avarice dans ton sein ? »

Stace ne put s'empêcher de sourire. Ce n'est pas du tout l'avarice qui l'a conduit au séjour où il côtoyait effectivement les avares. Tout péché suppose un péché contraire, et l'un et l'autre sont punis, ou admis à se purifier ensemble (1). C'est donc au contraire la prodigalité qui lui a valu des milliers de lunes de punition. Et il serait peut-être là-bas à rouler de lourds fardeaux pour l'éternité, s'il n'avait été ramené à temps sur le droit chemin.

Et comme Virgile lui demandait encore quel soleil était venu dissiper les ténèbres qui lui cachaient la voie de la vérité divine :

« Tu as fait », répondit-il, « comme celui qui porte la nuit une lumière dont il ne se sert pas, mais éclaire ceux qui viennent derrière lui. Quand tu as dit : « Le siècle se renouvelle, la justice revient, et du ciel redescendent et les premiers temps du monde, et une génération nouvelle (2) », je fus poète par toi, et par toi chrétien. Le monde était déjà de toutes parts imprégné de la bonne croyance répandue par les messagers du royaume éternel, et je me trouvais attiré par ces nou-

---

(1) L'*Enfer*, chant VII. Supplice commun aux avares et aux prodigues.

(2) *Magnus ab integro sæculorum nascitur ordo.*
  Jam redit et virgo, redeunt Saturnia regna;
  Jam nova progenies cœlo dimittitur alto. (Enéide.)

veaux prédicants, dont la parole paraissait en une telle communion avec la tienne. Quand je les vis persécutés par Dioclétien, je fus saisi d'une profonde compassion. J'étais chrétien, et j'avais reçu le baptême. Mais je le dissimulai par peur et feignis de rester païen. C'est cette faiblesse qui m'a fait demeurer quatre cents ans dans le quatrième cercle du Purgatoire. »

Il demande ensuite à Virgile s'il sait si Térence et Cecilius, Plaute et Varron sont damnés, et où ils sont. Virgile lui nomme ceux qui, comme eux, sont avec lui dans le premier cercle de la prison obscure, c'est-à-dire dans le Limbe, Euripide, Antiphone, Simonide, Agatone, et bien d'autres Grecs dont le front est orné du laurier.

Le jour avançait. Dante marchait seul derrière les deux poètes, et il écoutait leurs discours, qui faisaient pénétrer en lui l'intelligence de la poésie, quand leur doux entretien fut interrompu par la rencontre d'un arbre qui se trouvait au milieu du chemin, chargé de fruits d'une odeur douce et suave.

Tandis que le sapin monte en s'amincissant de branche en branche, celui-ci allait en diminuant de haut en bas, probablement pour qu'on ne pût y monter. Et, d'un rocher plus élevé, tombait une eau limpide qui se répandait sur ses feuilles. Et à travers celles-ci une voix leur criait : « Cette nourriture n'est pas pour vous. » Et elle célébrait la tempérance en en proclamant des exemples fameux.

XXIII

Tandis que Dante suivait les sages qui marchaient en s'entretenant, il entendit des voix qui pleuraient et chantaient en même temps : *Labia mea, Domine, aperies...* avec des accents à la fois agréables et douloureux (1).

« O mon doux père », dit-il, « qu'est-ce que j'entends ? »

Et lui : « Ce sont des Ombres qui accomplissent peut-être le devoir qui leur est imposé. »

En effet, derrière eux se pressaient une foule d'Ames qui les regardaient. Chacune d'elles paraissait obscure et creuse, pâle de figure et tellement décharnée que la peau se modelait sur leurs os. Leurs orbites ressemblaient à un anneau sans chaton. Tout à coup, du fond de sa tête, une d'elles regarda le poète fixement, et lui cria d'une voix forte :

« Quelle est cette grâce qui m'est faite ? »

Dante la reconnut malgré les écailles sèches qui lui recouvraient la peau, et les chairs qui lui manquaient. C'était Forese, un ami dont il avait pleuré la mort, un Donati, parent de sa femme Gemma. « Ce qui nous dessèche ainsi », lui dit-elle, « c'est l'approche de cet arbre et de l'eau qui l'abreuve en vertu d'un décret de l'éternelle justice. Tous ces gens que tu vois là, chantant et pleurant, c'est pour avoir assouvi sans mesure leur

(1) Seigneur, ouvre mes lèvres, — et ma bouche annoncera tes louanges. (*Psaume.*)

gourmandise qu'ils se sanctifient maintenant par la faim et la soif. L'odeur qui sort de ces fruits, ces gouttes fraîches qui s'éparpillent sur la verdure, rallument incessamment en nous le désir de boire et de manger ; et plus nous tournons à l'entour, plus s'augmente notre peine. Je dis notre peine : je devrais dire notre joie, car nous nous sentons attirés sous cet arbre par la même ardeur qui rendait le Christ joyeux de répandre son sang pour nous. »

Dante s'étonne que Forese, qui n'a quitté le monde que depuis cinq ans, et avant de s'être repenti, se trouve déjà si élevé dans les degrés du Purgatoire, et ne soit pas soumis à ces longues attentes auxquelles tant d'autres sont condamnés.

Forese l'attribue aux prières de sa femme, et à ses vertus qui leur ont assuré tant d'efficacité. « Ma Nella », dit-il, « ma femme bien-aimée, c'est elle qui par ses pieuses larmes, par ses soupirs et ses prières, m'a tiré du séjour où l'on attend, et m'a délivré des autres cercles. Elle est d'autant plus chère à Dieu qu'elle est plus isolée dans sa vertu. Certes, dans la Barbagia de la Sardaigne les femmes sont bien dissolues (1). O mon doux frère, que veux-tu que je te dise ? Il faudra bientôt, je le prédis, défendre du haut de la chaire à ces dévergondées de Florence de s'en aller montrant leur poitrine et leurs seins. A-t-il jamais fallu chez les Barbares ou chez les Sarrazins recourir à des disciplines, spirituelles

(1) La Barbagia était une région montagneuse de la Sardaigne, célèbre pour la dissolution des mœurs de ses habitants. Ceci était alors attribué, et gratuitement sans doute, à des débris conservés dans ce point de la population africaine qui avait jadis occupé cette île.

ou autres, ponr les forcer à se vêtir décemment ? Mais si ces femmes éhontées savaient ce que le ciel leur prépare, elles ouvriraient déjà la bouche pour crier. »

XXIV

Dante marchait auprès de Forese, et poursuivait avec lui une conversation animée. Ils allaient vivement, comme un navire poussé par un bon vent. Les Ombres, que leur exténuation faisait paraître deux fois mortes, regardaient le Poète du fond de leurs orbites, s'émerveillant de voir qu'il était vivant. Son compagnon les lui nommait, car elles étaient devenues entièrement méconnaissables. Elles semblaient toutes contentes de se voir reconnues, et aucune ne témoignait la moindre mauvaise humeur (1). Parmi elles se trouvait le pape Martin (de Tours), qui payait là son goût pour les anguilles du lac de Bolsène (2).

Dante se disait : « L'Ombre qui est là avec nous (Stace) s'en va peut-être au sommet de la Montagne plus lentement qu'elle ne ferait si ce n'était à cause de celui qu'elle accompagne. Dis-moi donc, si tu le sais, où est ta sœur Piccarda. Dis-moi si je vois encore quelque personne de marque parmi tous ces gens qui me regardent. »

« Ma sœur Piccarda », répondit Forese, « qui était si bonne et si belle que je ne sais pas ce qu'elle était le

(1) Dans le Purgatoire comme dans l'Enfer, les âmes tiennent beaucoup à ce qu'on reparle d'elles dans le monde.

(2) Pape de 1283 à 1284.

plus, triomphe joyeusement de sa couronne, là-haut, dans l'Olympe. »

Cependant une de ces âmes fixa particulièrement l'attention de Dante. C'était celle de Bongiunta de Lucques (1). Elle marmottait on ne savait trop quoi, et laissait entendre le nom de Gentucca.

Dante lui dit alors : « O Ame, qui parais avoir envie de me parler, tâche au moins que je te comprenne. »

L'Ombre lui dit alors qu'à Lucques se trouvait une jeune fille qui lui en ferait aimer le séjour, bien que cette ville eût alors une assez mauvaise réputation (2). Puis elle lui demanda si ce ne serait pas lui l'auteur de ces vers nouveaux qui commençaient par : *Donne, ch'avete intelletto d'amore...* (3).

Le Poète lui répond d'une manière un peu détournée, et qui semble assez dédaigneuse : « Je suis quelqu'un qui, lorsque l'amour l'inspire, écrit, et exprime ce qu'il lui a dicté. »

Forese le quitte en lui demandant : « Quand te reverrai-je ? »

Et il répond : « Je ne sais pas combien de temps je vivrai. Mais mon retour ne sera pas aussi prompt que le désir de revoir ce séjour. Car l'endroit où j'ai été mis pour vivre se dépouille de jour en jour de ce qui est bien, et semble destiné à une triste fin. »

(1) C'était un poète assez médiocre.
(2) Dante devait, en effet, y rencontrer un jour cette Gentucca, *gentildonna* (dame) de Lucques, mais assez tard, en 1314 peut-être ; il avait alors près de cinquante ans. Est-ce d'elle que voudra lui parler Béatrice, quand elle lui reprochera de s'être attaché à une *pargoletta,* à une enfant ? (Chant XXXI du *Purgatoire.*)
(3) Femmes qui comprenez l'amour.. C'est ainsi que commence une des *canzoni* de la *Vita nuova*

Dante resta donc sur le chemin avec Virgile et Stace. Et bientôt ils aperçurent de nouveau un grand arbre dont le feuillage épais était chargé de fruits. Au-dessous, des gens levaient les mains vers les branches en criant, comme des enfants avides et impuissants qui crient et à qui on ne répond pas : et, voyant leurs tentatives inutiles, ils s'en allaient.

Et, comme les Poètes arrivaient près de ce grand arbre, une voix invisible en sortit en disant : « Ne vous arrêtez pas. L'arbre mordu par Ève est plus haut ; celui-ci n'en est qu'un rejeton. »

Ils suivirent le rebord de la Montagne, maintenant solitaire, marchant sans parler et à quelque distance les uns des autres. Soudain une voix s'éleva : « A quoi pensez-vous ainsi tous les trois ? »

Dante leva les yeux et fut tout ébloui par une lumière plus éclatante que celle d'une fournaise contenant du verre ou des métaux en fusion. Et la même voix : « Si vous voulez monter là-haut, c'est par ici que passe celui qui veut atteindre le séjour de la paix. »

Alors, comme apparaît annonciatrice du jour l'aube de Mai, tout imprégnée des senteurs de l'herbe et des fleurs, ainsi il sentit un vent parfumé d'ambroisie lui passer sur le front, effaçant le dernier P dont l'Ange l'avait marqué.

XXV

Il fallait monter, et l'heure ne permettait plus de s'arrêter. Dante paraissait si préoccupé que son maître l'engagea à s'ouvrir à lui de ce qu'il avait dans l'esprit.

« Comment », lui dit-il alors, « peut-on maigrir là où l'on n'a pas besoin de se nourrir ? »

Virgile prie Stace de se charger de lui répondre, et celui-ci lui développe une théorie de la génération qui l'amènera à résoudre ce problème.

« Le sang qui parcourt les veines (1) est destiné à l'entretien et à la rénovation de nos tissus. (C'est ce qu'on appelle la nutrition.) Mais il existe une partie du sang plus parfaite, qui ne sert pas à cet usage, et qui est comme les aliments qu'on remporte de la table à la fin du repas. Ce sang a reçu dans le cœur une vertu toute particulière, une vertu formatrice, qui le rend propre à former des membres nouveaux. Il descend dans des organes appropriés qu'il n'est pas nécessaire de nommer, où il rencontre un autre sang, auquel il se mêle. Ces deux sangs se combinent, l'un actif, l'autre passif, en raison des propriétés qui leur ont été assignées à leur point de départ.

« Une fois réunis, l'opération commence par une coagulation, résultant de leur composition. Puis s'anime ce qui n'avait encore qu'une existence matérielle. L'âme (végétative) est devenue la puissance active, comme dans une plante, avec cette différence que dans celle-ci elle

---

(1) Il n'est pas nécessaire de faire observer qu'il faudrait lire ici artères et non point veines; mais on n'avait pas à cette époque l'idée de la distinction du sang artériel et du sang veineux. Quant à l'idée de l'existence d'un sang plus parfait que le reste et formé dans le cœur, destiné spécialement à l'œuvre de la génération, il est encore moins nécessaire de faire remarquer qu'elle est purement imaginaire.

Quelques expressions modernes ont été introduites au commencement de cette exposition pour la clarté du discours.

a déjà tout son développement, tandis que dans l'autre elle est encore en chemin. Alors elle commence à se mouvoir et à sentir, comme dans les zoophytes, et elle commence à former les organes dont elle est le principe. C'est ainsi que se développe et s'étend la vertu active qui, provenant du cœur du générateur, vient réaliser ces formations nouvelles.

« Maintenant, comment le fœtus devient-il enfant ? Aussitôt que l'organisation du cerveau est complète, le souverain créateur, joyeux du chef-d'œuvre qu'il vient de former, lui souffle un esprit nouveau qu'il tire de sa propre substance et en fait une âme qui vit, qui sent, et qui se dirige par elle-même. C'est ainsi que la chaleur du soleil fait du vin en s'unissant au suc de la vigne.

« Quand la vie est terminée (1), l'âme se sépare de la chair et emporte virtuellement la partie divine et la partie humaine de l'être. Mais tandis que cette dernière demeure muette et inactive, la mémoire, l'intelligence et la volonté acquièrent une activité nouvelle. Cependant elle va, sans s'attarder, trouver le séjour qui lui est assigné. Et là, ce qu'elle a gardé de la vertu formative ne fait plus que rayonner autour d'elle. Ce n'est qu'une apparence, comme dans l'air chargé de vapeurs rayonnent ces couleurs variées qui, étrangères à sa substance, se reflètent en lui. C'est cette forme émanée de l'esprit, sans rien devoir à la matière, que l'on appelle une Ombre. Et c'est ainsi que l'on peut voir se refléter autour d'elle et les sensations et les sentiments, les désirs et les passions, le plaisir et la souffrance. »

Les poètes avaient atteint le lieu des dernières

(1) *Quando Lachesis non ha più lino :* Quand la Parque est au bout de son fil.

épreuves. De grandes flammes couraient sur le flanc de la montagne, retenues au long de sa paroi par un vent qui balayait la route, ce qui les forçait à en suivre le rebord. Ils marchaient donc l'un après l'autre, avec une grande attention, de peur de tomber dans le vide d'un côté ou dans la flamme de l'autre. On voyait des âmes marcher dans ces flammes, en chantant des hymnes et en célébrant des exemples de chasteté.

J'ai élagué de la longue exposition qui précède, et que j'ai reproduite cependant à peu près textuellement, ce qui, sans y apporter de notions utiles, me semblait propre à en embarrasser l'interprétation. Le lecteur pourra en faire autant pour ne s'arrêter qu'à ce qui permet de toucher la pensée véritable du poète, Quant à celle-ci, deux points me paraissent devoir être particulièrement retenus, sans tenir compte des erreurs qui sont moins le fait de l'auteur lui-même que de l'époque où il écrivait.

La théorie générale est que : en l'homme existent deux âmes, une *âme végétative* commune à tous les êtres organisés, et une *âme raisonnable*, qui lui appartient en propre.

L'âme végétative est la seule que l'homme soit apte à transmettre. L'âme raisonnable est fournie directement par Dieu, qui l'a tirée de sa propre substance, mais seulement alors que *le cerveau est suffisamment formé*. (Saint Thomas.)

Ceci se retrouve, sous une forme identique, parmi les conceptions auxquelles a donné naissance le problème inutilement poursuivi par les animistes passés ou présents, et qui demeurera sans doute aussi insoluble aux animistes futurs.

Ce qui est relatif aux conditions propres aux Ombres appartient au domaine de la fantaisie, et non plus à celui du raisonnement, mais porte la marque bien personnelle de l'imagination inépuisable du poète.

Après la mort, l'âme raisonnable, émanation directe de

Dieu, suit la destination qui lui est assignée, dépouillée de son enveloppe matérielle ; mais elle a conservé d'une façon *virtuelle* la forme et les attributs de celle-ci, munie des propriétés de l'âme végétative. Cette enveloppe matérielle n'existe pas, à proprement parler, puisqu'elle ne peut plus être saisie.

Et cependant elle demeure sensible, — de même que les couleurs dont l'arc-en-ciel diapre l'atmosphère sont sensibles à nos yeux, sans être tangibles, et figurent des formes effectives qui cependant n'existent pas.

Ce que le poète nous propose n'est qu'une fiction, mais à laquelle une figure ingénieuse prête un instant de réalité.

XXVI

Les poètes avançaient toujours avec précaution, en suivant le bord de la montagne. Ils marchaient à la file, et Virgile répétait à Dante : « Prends garde, fais attention à ce que je t'ai dit. »

Les âmes qu'on voyait marcher dans les flammes les regardaient avec étonnement, et s'approchaient d'eux autant qu'elles le pouvaient, tout en ayant soin, d'elles-mêmes, de ne pas s'avancer au delà des limites du feu.

Voici que les poètes virent venir en sens inverse une autre troupe qui croisa la première ; et lorsqu'elles se rencontrèrent, chacune de ces âmes en embrassait une autre, en hâte et sans s'arrêter, se contentant de cette rapide étreinte.

C'est ainsi que des troupes brunes de fourmis se rencontrent nez à nez, se renseignant peut-être sur leur chemin, et sur les provisions qu'elles ont pu amasser.

Et, à mesure qu'elles avaient échangé cet embrassement affectueux et rapide, avant de se séparer, chaque troupe se mettait à crier, l'une : « Sodome et Gomorrhe », et l'autre : « Pasiphaé se déguise en vache pour se prêter aux désirs du taureau. »

Et, comme les grues qui s'envolent, une partie vers les monts hyperboréens, et une partie vers les sables du désert, fuyant les unes le soleil, et les autres la gelée, on voyait des âmes venir, et les autres s'en aller, retournant aux cris et aux chants qui convenaient à chacune (1).

Cependant quelques-unes de ces âmes s'étaient arrêtées, et interrogeaient Dante dont elles ne comprenaient pas la présence dans ces parages. Quand il eut satisfait leur curiosité, l'une d'elles prit la parole :

« Tu es bien heureux, toi qui es venu, pour perfectionner ta vie, chercher près de nous à compléter ton expérience. Ceux qui ne vont pas dans le même sens que nous ont péché par ce qui a valu à César triomphant de s'entendre appeler *Regina* (2). Aussi crient-ils en se séparant : « Sodome. » Tu as entendu les reproches qu'ils s'adressent à eux-mêmes, et ils ne souffrent pas moins de leur honte que du supplice qu'ils subissent.

---

(1) Faut-il voir dans ces embrassements furtifs, comme l'a fait M. Dauphin (*traduction française*, page 242), une expression de « charité dans un commun repentir », en opposition avec les injures qu'échangeaient entre eux les damnés du septième cercle (p. 21) ? On pourrait y voir toute autre chose. Ces âmes, avides de caresses, ne seraient-elles pas punies par celles qu'elles échangent, incomplètes comme elles sont, de même que les gourmands étaient punis par l'aspect des fruits dont il ne leur était permis que de sentir l'arome ?

(2) C'étaient ses soldats eux-mêmes qui, en raison de ses habitudes honteuses, avaient affublé leur général du surnom ironique de *Regina*.

Pour nous, notre péché fut hermaphrodite (1). Et parce
que nous avons violé la loi humaine, parce que nous
avons, à notre opprobre, assouvi nos appétits comme
des bêtes, nous répétons le nom de celle dont la bestia-
lité s'adressa à une bête de bois (2). Je suis Guido
Guinicelli, et s'il m'a été permis de me purifier ici, c'est
que je me suis repenti avant la fin de ma vie (3). »

  Dante se sentit vivement ému en trouvant là celui
qu'il appelait son maître, et celui de bien d'autres
parmi les meilleurs dans l'art d'assembler les rimes
d'amour.

XXVII

  Le jour approchait de sa fin, et de l'autre côté de la
flamme un Ange apparaissait et disait d'une voix écla-
tante et harmonieuse : « On ne va pas plus loin, Ames
saintes, si le feu ne vous a pas mordues. Entrez-y donc,
et ne restez pas sourds à la voix qui vous appelle. »

  Dante, à cette invitation, fut saisi de frayeur. Il se sen-

  (1) Dante se trompe sur la signification de ce mot, qui ne s'ap-
plique qu'à de certains vices de conformation.
  (2) Pasiphaé. Voyez chant XII.
  (3) Ce Guido Guinicelli était un célèbre poète bolonais. Il était
mort en exil en 1276. C'est lui dont le nom vient d'être rappelé,
page 126. Il fut, de l'aveu de Dante lui-même, un des artisans de la
rénovation de la langue italienne. Il y avait alors un mouvement
général dans ce sens, dont le poète de la *Divine Comédie* est resté
le représentant le plus éclatant. S'il se montre souvent bien sévère
pour ses contemporains, Dante ne paraît pas avoir connu la jalousie
qui régnait alors, comme elle a fait depuis, parmi les hommes de
lettres, et surtout les moins grands.

tait comme celui qui est près de sa fin. Il étendait ses mains jointes, il regardait le feu et il pensait aux gens qu'il avait vu brûler.

Son guide l'encourageait. « On peut souffrir là dedans », lui disait-il, « mais on n'en meurt pas. Rappelle-toi comme je t'ai ramené sain et sauf des épaules de Géryon. Que ne ferai-je pas pour toi, maintenant que je suis plus près de Dieu ? Tu resterais bien mille ans dans ces flammes qu'il ne t'en coûterait pas un cheveu. Essaye, si tu veux ; approche ta main ou le bord de ton vêtement. N'aie donc pas peur et passe tranquillement. » Et comme Dante restait là sans bouger, il s'anima un peu et lui dit :

« Vois donc, mon fils ; il n'y a plus que cette muraille entre Béatrice et toi. »

Alors, de même qu'en entendant le nom de Thisbé, Pyrame ouvrit les yeux au moment de mourir, et la regarda tandis que le mûrier se rougissait de son sang (1), il se retourna vivement vers son guide, en entendant le nom qui ne sortait jamais de son esprit. Celui-ci sourit, comme on fait à un enfant que l'on gagne en lui montrant une pomme, puis entra dans la flamme en recommandant à Stace de ne passer que le dernier, afin que leur compagnon se trouvât entre eux deux.

---

(1) Thisbé, arrivée la première au rendez-vous, prit la fuite à la vue d'une lionne qui venait à elle la gueule ensanglantée. En fuyant, elle laissa tomber son voile que la lionne déchira et teignit de sang. Pyrame vint ensuite, et, voyant le voile de sa maîtresse, crut qu'elle avait été dévorée par une bête féroce. Dans son désespoir, il se perça de son épée. Thisbé, revenue peu après sur ses pas, retira le fer du corps de son amant et s'en frappa pour ne pas lui survivre. Leur sang rougit les fruits du mûrier sous lequel cette scène s'était passée. (*Métamorphoses* d'Ovide.)

« Quand je fus là dedans », nous dit le Poète, « je me serais jeté n'importe où, dans du verre bouillant, pour me rafraîchir, tant la chaleur était sans mesure. »

Et Virgile, pour l'encourager, lui parlait de Béatrice : « Il me semble que je vois déjà ses yeux. »

Cependant ils étaient arrivés sur l'autre bord. Un escalier montait droit entre les rochers. Ils en gravirent quelques degrés : mais la nuit tombait, il fallut s'arrêter. Et quand l'obscurité fut complète, chacun se fit un lit d'une des marches.

Et de même que les chèvres arrivent rapides et pétulantes sur un sommet avant de se sentir rassasiées, puis se couchent ensuite dociles et ruminent à l'ombre, tandis que le soleil brûle, gardées par le berger appuyé sur son bâton, et tel le gardien passe tranquillement la nuit dehors, près de son troupeau, veillant à ce qu'il ne soit pas dispersé par les bêtes sauvages, — ainsi étaient-ils tous les trois, lui comme la chèvre, eux comme les bergers, pressés de chaque côté de l'étroit espace.

Dante eut alors un songe. Il voyait une femme jeune et belle, qui s'en allait par une prairie, en cueillant des fleurs ; et elle disait en chantant : « Si l'on demande qui je suis, je suis Lia. Je m'en vais faisant une guirlande de mes belles mains. Je me pare pour me plaire devant mon miroir. Ma sœur Rachel, elle, ne s'écarte jamais du sien, et elle s'y tient tout le jour. Elle aime à regarder ses beaux yeux, comme moi à m'orner de mes mains. Elle est contente de voir ; moi, je suis contente d'agir (1). »

(1) Dante exprime souvent, sous une forme ou sous une autre, la préférence qu'il donne à la vie active sur la vie contemplative.

Les ténèbres s'enfuirent alors, et le sommeil aussi. Virgile se tourna vers son compagnon et lui dit : « Désormais ces doux fruits que, parmi tant de rameaux, va chercher le souci des mortels, vont apaiser tes désirs dans la paix. »

Et lorsque Dante, ravi et plein d'ardeur, eut atteint le sommet de l'escalier, aux côtés de son Maître, celui-ci fixa ses yeux sur les siens et lui dit :

« Tu as vu, mon fils, le feu éternel, puis les flammes passagères ; et tu es arrivé là où je ne discerne plus rien. C'est avec mon intelligence et mon adresse que je t'ai amené jusqu'ici. Prends désormais ton plaisir pour guide. Tu es sorti des chemins escarpés et des voies resserrées. Tu vois le soleil qui reluit sur ton front. Tu vois l'herbe et les fleurs et les arbrisseaux que seule cette terre produit par elle-même. En attendant qu'arrivent joyeux ces beaux yeux qui, en pleurant, m'ont fait venir à toi, tu peux t'asseoir, tu peux errer parmi tout cela. N'attends plus ni parole, ni signe de moi. Libre, droit et sain est ton arbitre, et ce serait une faute de ne pas lui obéir, car je laisse sur ton front la couronne et la tiare (1). »

(1) Quel est le sens de ces derniers mots ? On ne paraît pas d'accord à ce sujet, et commentateurs et traducteurs se montrent visiblement embarrassés. Par ces mots, la mitre et la couronne, qui semblent se rapporter à l'idée divine et à l'idée humaine, Virgile ne veut-il pas exprimer que, en lui laissant le libre arbitre, il le laisse maître de sa conscience comme de ses actions ?

XXVIII

Dante cherche à gagner la forêt divine, épaisse et vivace (1), où s'adoucit l'éclat du jour. Il s'avance lentement, lentement, par la campagne qui répandait de toutes parts de suaves odeurs; un vent égal et paisible apportait sur son front un doux zéphyr qui pliait les rameaux tremblants du côté où la Montagne sainte projetait ses premières ombres. Et ils ne s'inclinaient pas assez pour que les petits oiseaux qui se tenaient sur leurs sommets ne continuassent de chanter. Et, tout joyeux, ils chantaient, recevant entre les feuilles la bise matinale dont le murmure se mêlait à leurs chansons.

Déjà ses pas lents l'avaient mené dans l'antique forêt assez avant pour qu'il ne pût revoir par où il était entré. Et voici que sa marche est arrêtée par un ruisseau qui, sur sa gauche, penchait de ses petites ondes l'herbe qui poussait sur ses bords. L'eau la plus pure aurait paru trouble auprès de celle-ci, bien qu'elle parût sombre, les ombrages qui la recouvraient n'y laissant pénétrer aucun rayon du soleil ou de la lune (2).

Il regardait la multitude d'arbustes fleuris qui s'épanouissaient sur l'autre rive, quand lui apparut tout à

(1) L'existence de cette forêt paradisiaque n'est pas autrement annoncée. Faut-il trouver une intention dans ces trois épithètes, *divina, spessa e viva,* opposées à celles de *selvaggia, aspra e forte,* attribuées à la forêt maudite (chant I de l'*Enfer*)?

(2) Ce ruisseau est le fleuve Léthé.

coup une femme qui marchait seule en chantant, et en
choisissant parmi les fleurs dont était émaillé son che-
min. Trois pas à peine le séparaient d'elle.

« O belle dame », dit-il, « qui te chauffes aux rayons
de l'amour, voudrais-tu bien t'avancer un peu plus près
du bord, afin que je puisse entendre ce que tu chantes?
Tu me rappelles Proserpine à l'endroit où sa mère la
perdit avec les fleurs qu'elle venait de cueillir. »

Elle se rapprocha, et, quand elle fut arrivée là où
l'herbe était mouillée par l'eau du beau ruisseau, elle
leva les yeux vers lui, des yeux dont l'éclat n'avait ja-
mais été égalé par les yeux de Vénus. Elle riait, toute
droite, sur l'autre rive, où elle cueillait d'autres fleurs
encore, de celles que cette montagne produit sans au-
cune semence (1).

« Vous êtes de nouveaux venus », dit-elle, « et vous
vous étonnez peut-être de me voir rire dans cet endroit
choisi pour être le berceau de l'humaine nature (2).

(1) Ce nouveau personnage est Mathilde, la sainte commise au
Paradis terrestre, comme chacune des stations du Purgatoire a son
ange spécial, celui qui guidait les poètes dans leur ascension. On a
cru reconnaître en elle cette fameuse comtesse Mathilde (la grande
comtesse), qui en l'année 1115 avait légué ses États au pape Gré-
goire VII, origine de ce qui a été appelé le *Patrimoine de saint
Pierre*. Si l'on croit pouvoir adopter cette version, on peut s'éton-
ner de la figure que revêt ici la créatrice du Patrimoine de saint
Pierre. Dante a témoigné (chant XIX de l'*Enfer*) un regret amer
des dons faits par l'empereur Constantin au Pape. N'acceptant pas
comme légitime le pouvoir temporel des papes, il devait consi-
dérer ces dons comme le point de départ d'une fortune terrestre
inconciliable avec le rôle uniquement spirituel qu'il assignait à la
papauté. Il semble que la donation de la comtesse Mathilde, qui a
commencé aux successeurs de saint Pierre une fortune dont ils
devaient faire si mauvais usage, au moins à ses yeux, eût dû lui
inspirer des sentiments semblables.

(2) Le rire n'existait pas dans l'Enfer ni dans le Purgatoire. Dans

Et toi qui es là devant moi, et qui m'as appelée, dis-moi si tu veux entendre autre chose : je suis prête à satisfaire à toutes tes questions. »

Dante lui dit alors : « Cette eau que je vois couler, et le murmure de la forêt que j'entends, éveillent en moi des idées toutes contraires à ce que j'ai entendu exprimer il y a peu de temps (1). »

Elle lui donne les explications suivantes :

« L'Être parfait, qui ne se complaît qu'en lui-même, fit l'homme bon ; et il lui avait donné ce séjour comme gage d'une paix éternelle. Par sa faute il y est resté peu de temps. Par sa faute il a changé en pleurs et en tris-tesse le rire honnête et la douce joie. C'est pour le mettre à l'abri des exhalaisons terrestres que la chaleur du soleil attire, que cette Montagne avait été élevée vers le ciel, libre de tout cela à partir de l'endroit où sa porte se ferme.

« La première impulsion imprimée par le Créateur à l'Univers a fait mouvoir autour de la terre l'air, qui n'y rencontre aucun obstacle à sa giration continue : mais en remontant jusqu'ici il rencontre la forêt, et en venant s'y briser la fait résonner comme tu l'entends. Et de ses rameaux ainsi secoués s'échappent des semences dont il s'imprègne, et qui vont se répandre dans l'autre hé-misphère pour y engendrer les arbres et les plantes aux-quels on ne peut reconnaître de semences visibles (2). »

le Paradis, le mot de rire est employé à chaque instant pour expri-mer la satisfaction.

(1) Le poète rappelle ici ce que lui avait dit Stace (p. 151), qu'au-cun des phénomènes météorologiques de notre monde ne pénétrait dans les régions supérieures.

(2) Jusqu'à des temps bien récents, on a cru à la génération spontanée d'un grand nombre d'espèces organisées.

Et elle ajouta : « L'eau que tu vois couler ne vient pas d'une source qu'entretiennent les vapeurs condensées par le froid, comme on voit une rivière s'épuiser et se renouveler. Mais elle vient d'une fontaine pure et inépuisable, qui reçoit de la volonté de Dieu tout ce qu'elle verse des deux côtés ; car elle descend d'une part avec la vertu d'enlever la mémoire du péché, c'est le Léthé ; et d'une autre part avec celle de rendre la mémoire des bonnes actions, c'est l'Eunoë. Mais celle-ci n'agit que si l'on a commencé par l'autre. »

Elle ajouta encore : « Ceux qui ont chanté autrefois l'âge d'or, et le bonheur qui y régnait, ils avaient peut-être rêvé le séjour où nous sommes. C'est ici en effet que la raison humaine a poussé dans l'innocence. C'est ici que règne un printemps perpétuel avec tous les fruits qu'il donne. C'est de cette eau purifiante qu'ils ont parlé. »

Dante se retourna vers les deux Poètes, et vit qu'ils avaient entendu ces dernières paroles, et qu'ils souriaient. Puis il regarda de nouveau la belle dame.

XXIX

Elle remonta lentement la rive où elle se tenait, et de son côté Dante fit comme elle. Ils n'avaient pas fait cinquante pas qu'à un tournant du ruisseau elle lui dit : « Mon frère, regarde et écoute. »

Et voici qu'une lueur soudaine apparut comme un éclair, mais persistante, et une douce harmonie courait au travers de l'air lumineux. Et Dante, pénétré des délices ineffables de cet heureux séjour, maudissait Ève, sans la curiosité de laquelle il en aurait joui depuis longtemps. Puis un spectacle merveilleux commença à se dérouler devant ses yeux ; et, afin de pouvoir exprimer dans ses vers les grandes pensées qui lui viennent à l'esprit, il demande à l'Hélicon de lui verser ses ondes, et à Uranie de lui prêter ses chants.

D'abord il crut voir sept arbres d'or, et, comme ils se rapprochaient, il reconnut que c'étaient des candélabres, et des voix chantaient *hosanna,* et la lumière qu'ils répandaient eût fait pâlir la lune dans son plein par une nuit sereine.

Il se retourna rempli d'admiration vers le bon Virgile, qui lui répondit par des regards non moins stupéfaits (1).

Tous ces objets s'avançaient devant eux aussi lentement que marchent les nouvelles épousées.

Suivaient des gens vêtus de blanc, mais d'une blancheur si éclatante qu'on n'en a jamais vu de pareille. Et sept petites flammes s'approchaient, laissant derrière elles l'air diapré comme de touches légères de pinceau où l'on distinguait les sept bandes qui colorent l'arc du soleil ; et les étendards qui suivaient s'étendaient bien au delà de la vue, tandis que les plus rapprochés ne semblaient être qu'à dix pas.

Puis venaient vingt-quatre vieillards, marchant deux à deux, couronnés de fleurs de lis. Ils chantaient tous : « Tu es bénie entre toutes les filles d'Adam, et que soient bénies dans l'éternité toutes tes perfections ! »

(1) Virgile, qui représente dans le poème la science humaine, n'est pas moins émerveillé, la raison naturelle n'entendant rien aux choses divines. (FRATICELLI.)

Derrière eux quatre animaux, munis chacun de six ailes couvertes d'yeux, semblables à ceux d'Argus s'ils étaient vivants.

L'espace qui se trouvait entre eux renfermait un char triomphal, monté sur deux roues, traîné au col d'un griffon dont les deux ailes montaient si haut qu'on ne pouvait les distinguer jusqu'au bout. Ses membres d'oiseau étaient en or, et sa forme de lion était d'un blanc mêlé de rouge. Le char qu'il menait était plus beau que le char triomphal de l'Africain, ou même d'Auguste, plus beau que le char du Soleil.

Trois femmes s'avançaient en dansant du côté de la roue droite. L'une d'elles était d'un rouge si ardent qu'on eût eu de la peine à la distinguer dans le feu. Une autre, toute verte, ressemblait à l'émeraude. La troisième était blanche comme la neige qui vient de tomber. Et elles semblaient conduites tantôt par la blanche et tantôt par la rouge ; et elles réglaient leurs pas, lents ou vites, sur le chant de celle-ci. Vers la roue gauche, quatre autres dansaient, vêtues de pourpre, et se réglant sur l'une d'elles qui avait trois yeux sur la tête.

A leur suite on voyait deux vieillards d'aspect dissemblable, mais d'allure également douce et tranquille. L'un paraissait quelqu'un des familiers de ce grand Hippocrate que la nature a créé pour le bien des êtres qui lui sont le plus chers. L'autre portait une épée étincelante et affilée, dont l'aspect imposait la frayeur.

Derrière eux, quatre vieillards d'humble apparence précédaient un autre vieillard, dont la figure était animée, bien qu'il eût une allure endormie.

Quand le char fut arrivé devant Dante, un coup de tonnerre retentit, et tout le cortège s'arrêta.

J'ai dû rendre fidèlement la physionomie de cette étrange et brillante vision où chaque trait est un symbole. C'était, comme on le voit, un cortège d'opéra auquel rien ne manquait, ni les illuminations flamboyantes, ni les théories qui se succèdent, ni les accessoires étincelants, ni les chœurs, ni l'accompagnement.

En voici la traduction, que je reproduis comme on dresse la liste des acteurs d'un drame, expliqués dans leur rôle, et revêtus des caractères que la tradition leur a consacrés (1).

Les sept candélabres représentent les sept dons du Saint-Esprit.

Les personnages vêtus de blanc sont les patriarches et les prophètes.

Les sept petites flammes que suivent des teintes diaprées sont les sept sacrements de l'Église.

Les vingt-quatre vieillards figurent les vingt-quatre livres de l'Ancien Testament. Ils chantent la Salutation angélique. (Voir l'*Apocalypse.*)

Les quatre animaux sont les quatre Évangélistes.

Le char, appuyé sur ses deux roues, c'est l'Église, reposant sur l'Ancien et le Nouveau Testament.

Le Griffon, qui tient de l'aigle et du lion, représente la double nature de Jésus-Christ, dont la chair et le sang se retrouvent dans ses teintes blanches et roses.

Près de la roue droite du char, les trois vertus théologales, la Charité brûlante, l'Espérance aux teintes vertes et la Foi dans toute sa pureté. Elles sont dirigées alternativement par la Charité et par la Foi, mais c'est à la Charité que paraît appartenir le premier rôle.

Vers la roue gauche, les quatre vertus cardinales, Justice, Force et Tempérance ; la Prudence avec trois yeux.

Les deux Vieillards sont saint Luc, médecin, et saint Paul, armé de son épée.

(1) Voir tous les commentateurs.

Saint Jean, qui dormait dans l'île de Pathmos quand il eut
la Vision de l'Apocalypse, ne paraît pas encore entièrement
réveillé.

XXX.

On voit, au commencement du jour, la partie orien-
tale du firmament toute rosée, et le reste du ciel paré
d'une belle clarté, puis la face du soleil apparaître
ombreuse, de sorte que, tempérée par les vapeurs, l'œil
en soutient longtemps l'éclat.

C'est ainsi que, dans une nuée de fleurs jetées par
des mains angéliques et retombant de toutes parts, une
femme apparut, la tête recouverte d'un voile blanc ceint
d'olivier ; elle portait un manteau vert sur un vête-
ment couleur de feu.

« Alors, mon esprit », dit le Poète, « qu'il y avait si
longtemps qu'il ne s'était trouvé tremblant et brisé en sa
présence, saisi par une force secrète émanée d'elle, et sans
que mes yeux y prissent part, sentit la grande puissance
de cet ancien amour. Aussitôt que ma vue fut frappée
par cette force suprême qui m'avait déjà pénétré avant
que je fusse sorti de l'enfance, je me tournai avec le
respect d'un enfant qui court à sa mère quand il a peur
ou qu'il a du chagrin, pour dire à Virgile : « Il n'y a
pas en moi une goutte de sang qui ne tremble. Je recon-
nais bien les signes de mon ancienne flamme. »

Mais Virgile avait disparu sans qu'il restât la moindre
trace de lui, Virgile, ce doux père, Virgile à qui il devait
son salut. Et l'aspect de tout ce qu'avait perdu l'antique

mère des hommes, et qui l'environnait alors, n'empêcha
pas que ses joues, sèches jusque-là, ne se couvrissent
de larmes amères.

« Dante, parce que Virgile a disparu, ne pleure pas.
Ne pleure pas encore, car tu auras bien d'autres sujets
de pleurs. »

Cette voix commandait, comme fait celle de l'amiral
qui, de son bord, s'adresse aux bâtiments qui le suivent,
et les encourage à bien faire. Dante se retourna à l'appel
de son nom, « qu'il faut bien qu'il reproduise ici », et
vit la femme qui lui avait apparu voilée sous son angé-
lique parure, diriger ses yeux vers lui de l'autre côté de
la rivière. Bien que le voile qui lui descendait de la tête,
ceint de la couronne de Minerve, ne laissât percevoir
aucun de ses traits, son aspect fier et royal était l'aspect
de celui qui, en parlant, réserve ce qu'il lui importe de
dire.

« Regarde-moi bien. Je suis bien, je suis bien
Béatrice. Comment as-tu daigné gravir cette montagne?
Ne savais-tu pas que c'est ici que l'homme est heu-
reux (1) ? »

Dante baissa ses yeux sur l'eau limpide du ruisseau ;
mais quand il y vit son image reflétée, il se sentit saisi
d'une telle honte qu'il se laissa tomber sur l'herbe. Elle
lui paraissait grande, comme une mère paraît à son
enfant, lorsqu'il sentait la saveur amère de son acerbe
pitié.

Elle se tut, et les Anges chantaient : « *In te, Domine,
speravi.* »

Ainsi que la neige durcie par les vents Boréens se

(1) Forme ironique qui sera conservée quelque temps encore
dans la bouche de Béatrice.

liquéfie doucement d'abord, puis s'écoule quand elle a
reçu les vents des régions torrides, ainsi le Poète était
resté d'abord sans larmes ni soupirs, avant qu'eussent
chanté ceux dont le chant fait partie des harmonies
éternelles. Mais quand il entendit leurs doux accords
exprimer leur compassion pour lui mieux que s'ils
avaient dit : « Femme, pourquoi lui faire des repro-
ches ? » la glace qui lui avait resserré le cœur se fondit
en soupirs et en eau qu'exhalèrent dans leur angoisse et
sa bouche et ses yeux.

Elle, qui n'avait pas bougé du char divin, s'adressa
aux êtres compatissants qui l'entouraient :

« O vous qui veillez dans l'éternité, sans que la nuit
ni le sommeil vous interrompent, sur les voies du siècle,
ce n'est pas pour vous que je parle, mais pour celui qui
est là à pleurer, afin que son repentir égale ses fautes.

« Si ce n'est pas par l'œuvre des sphères célestes qui
impriment à chaque germe une direction finale suivant
les astres qui ont accompagné sa naissance, c'est par la
grâce divine dont notre vue ne peut atteindre le sommet
que celui-ci se trouva dès le principe de sa vie si bien
doué que toute habitude droite aurait produit en lui
de merveilleux effets. Mais une terre fournie de mau-
vaises semences et mal cultivée devient d'autant plus
mauvaise elle-même et plus sauvage, qu'elle possédait
plus de vigueur. Je l'ai soutenu quelque temps par mon
aspect, en lui montrant mes jeunes yeux. Je le menais
avec moi sur le droit chemin. Dès que je m'approchai
de ma seconde vie, il s'est séparé de moi et s'est donné
à d'autres.

« Alors que mon corps s'est élevé à l'état d'esprit, et
que j'eus grandi en beauté et en vertu, je lui devins

moins chère et moins agréable. Il tourna ses pas vers un chemin mensonger, courant après des images séduisantes et fausses qui ne rendent rien de ce qu'elles promettent. C'est en vain que je cherchai à l'inspirer et à me rappeler à lui par des songes ou autrement. Il ne s'en soucia guère. Il tomba si bas que tous les raisonnements touchant son propre salut n'étaient rien pour lui. Il ne restait plus qu'à lui faire voir la gent perdue. C'est pour cela que je me suis rendue à la porte des morts (1), et que j'adressai en pleurant mes prières à celui qui l'a amené ici. Aussi le secret suprême de Dieu serait violé s'il traversait le Léthé, ou buvait de son eau, avant que ses larmes eussent fourni l'écot de son repentir. »

XXXI

Ici il faut laisser la parole au Poëte.

« O toi qui es de l'autre côté de la rivière sacrée », continua-t-elle sans plus tarder, m'adressant par la pointe son discours dont le tranchant m'avait déjà paru si douloureux, « dis, dis si c'est vrai, et que ta confession vienne justifier toutes mes accusations. »

« Ma force était tellement anéantie que ma voix s'essaya, puis s'éteignit, avant que mes organes eussent pu l'exprimer. » Elle attendit un peu, puis elle dit : « A quoi penses-tu ? Réponds-moi donc, tandis que tes mauvais souvenirs n'ont pas encore été effacés par l'eau du Léthé. »

« Un mélange de confusion et de peur me fit pousser

(1) Les Limbes de l'Enfer.

un oui tel qu'il eût fallu regarder de près pour l'entendre.

« Comme l'arbalète se rompt quand l'arc et la corde
ont été trop tendus, et le trait n'atteint encore le but
qu'avec une force amoindrie, ainsi éclatai-je en larmes
et en sanglots sous ce poids trop pesant, et la voix s'attardait à sortir.

« Alors elle à moi : « Devant le désir que j'avais de
t'amener à aimer le bien au delà duquel il n'y a plus
rien à quoi on doive aspirer, quels fossés as-tu donc eu
à traverser, quelles chaînes ont pu te retenir, pour que
tu dusses ainsi renoncer à tout espoir d'aller en avant ?
Et quels attraits ou quels avantages trouvais-tu ailleurs
pour que tu vinsses à t'y complaire ainsi ? »

« Après avoir exhalé un soupir douloureux, à peine
trouvai-je de voix pour une réponse que ma lèvre
exprima péniblement. Je dis en pleurant :

« Ce que je rencontrais avait attiré mes pas par des
plaisirs trompeurs, après que votre visage eut disparu
de mes yeux. »

« Elle reprit : « Tu aurais eu beau te taire, ou nier
ce que tu viens de confesser, ta faute n'en aurait pas
moins été connue. Il y a un juge qui te connaît bien.
Mais quand l'accusation de son péché sort de la bouche
même du pécheur, chez nous la roue émousse le tranchant, en tournant à rebours, au lieu de l'affiner. Toutefois, pour que tu gardes plus de honte de tes fautes,
et pour qu'une autre fois, quand tu entendras des
sirènes, tu sois plus fort, laisse là tes pleurs, et écoute :

« Tu vas entendre quel effet contraire devait te produire l'enfouissement de ma chair. Ni la nature ni l'art
ne t'ont jamais représenté la beauté aussi bien que la

belle enveloppe qui m'avait revêtue, et qui n'était plus que de la terre. Et quand cette beauté suprême est venue à te manquer par ma mort, quelle chose mortelle devait alors attirer tes désirs ? Tu aurais dû, quand tu te sentis atteint par le premier trait des choses trompeuses, te lever derrière moi, qui étais devenue tout autre. Tu ne devais pas te baisser pour attendre de nouveaux coups, soit d'une jeune fille (1), soit d'autres vanités dont la jouissance est si éphémère. Un petit oiseau, encore sans expérience, peut s'exposer deux ou trois fois aux coups du chasseur : mais pour ceux qui ont déjà fatigué leurs ailes, c'est en vain qu'on tend les rets ou qu'on lance la flèche. »

« Je me tenais comme les enfants honteux et muets, les yeux baissés, qui restent là à écouter, reconnaissant leur faute et se repentant. Et elle me dit :

« Tandis que tu es là à m'écouter, tout chagrin, lève ta barbe, tu seras encore plus affligé en regardant (2). »

« Un chêne robuste se laisse avec moins de résistance déraciner par les vents du Nord qu'il ne m'a fallu d'effort pour lever le menton sur son ordre ; car, lorsque pour le visage elle m'avait dit la barbe, j'avais bien compris l'ironie de ses paroles. »

Lorsqu'il releva la tête, il revit Béatrice debout sur le char ; et tout enveloppée qu'elle était de son voile, il lui sembla que sa beauté surpassait celle qui surpassait déjà les autres au temps où elle était encore parmi elles.

Il se sentit alors pénétré d'un repentir si poignant

(1) *Pargoletta*. Est-ce la même que la *pargoletta* qui lui a été annoncée à Lucques ? (Chant XXIV du *Purgatoire*.)

(2) Béatrice veut exprimer ainsi qu'il n'avait plus l'excuse de la jeunesse et de l'inexpérience.

qu'il n'en éprouvait plus que de l'horreur pour tout ce qu'il avait aimé en dehors d'elle ; et vaincu par la force de ses émotions il s'évanouit.

Quand il reprit ses sens, la femme qu'il avait d'abord trouvée seule sur le bord de la rivière était près de lui. Elle lui disait : « Tiens-moi, tiens-moi bien. » Puis elle le plongea dans l'eau jusqu'au col ; et, comme il rejoignait la rive heureuse, il entendit une voix qui disait : « *Asperges* », mais si doucement qu'il eut de la peine à en garder le souvenir.

La belle dame alors ouvrit ses bras, le saisit par la tête, et le fit de nouveau plonger de manière qu'il avalât de l'eau du Léthé. Puis elle l'en retira et l'introduisit tout humide encore entre les belles créatures (1) qui dansaient et chantaient : « Nous sommes nymphes dans cette forêt, nous sommes étoiles dans le ciel. » Et elles le menèrent devant le Griffon, en face de Béatrice. Elles chantaient encore : « Contente tes yeux. Nous t'avons amené devant ces émeraudes d'où jaillirent les traits dont l'amour t'a percé. »

Mille désirs plus brûlants que la flamme tenaient ses regards attachés sur ces regards étincelants, qui cependant demeuraient abaissés et fixés sur le Griffon.

Alors les trois autres beautés (2) s'avancèrent à leur tour en dansant et chantant : « Tourne, Béatrice, tourne tes yeux saints vers ton fidèle qui, pour te voir, a fait tant de chemin. Par grâce, fais-lui la grâce de lui dévoiler ta face, afin qu'il puisse distinguer ta seconde beauté que tu lui caches. »

« O splendeur éclatante de la lumière éternelle ! »

---

(1) Les quatre vertus cardinales.
(2) Les trois vertus théologales.

s'écrie le Poëte, « qui donc, eût-il pâli sous l'ombre du Parnasse, et se fût-il abreuvé à sa fontaine, parviendrait à te représenter telle que ton voile en tombant te fit apparaître enveloppée des harmonies célestes? »

XXXII

Les yeux de Dante ne parvenaient plus à se détacher de cette image dont ils n'avaient pu s'assouvir depuis dix années ; et il semblait que rien désormais ne fût capable de le détourner de ce céleste sourire dont il retrouvait l'ancienne séduction.

Mais une voix s'éleva : « Ne fixe pas ainsi (1). » Il dut alors regarder autour de lui, et il vit la glorieuse cohorte, comme une armée qui suit ses enseignes, s'en retourner dans le même ordre qui l'avait amenée ; et ce ne fut qu'à sa suite que le char s'en alla lui-même, accompagné par les saintes femmes.

Quant à lui et Stace, et celle qui lui avait fait traverser le Léthé, ils suivaient ; et une musique angélique accompagnait leurs pas.

A une distance de trois portées d'arbalète, Béatrice descendit du char, et ils se trouvèrent au pied d'un arbre dont les branches, dépouillées de feuilles et de fleurs, s'élevaient à une hauteur extraordinaire.

Le griffon, cet animal à deux natures, image de celui qui a assumé en lui une double substance, approcha le timon du tronc desséché et l'y attacha : et aussitôt ces

(1) *Troppo fiso*.

rameaux dénudés, comme nos plantes au printemps se parent de verdure au retour du soleil, se revêtirent de feuillages et de fleurs, et les teintes de celles-ci étaient plutôt violacées que roses, comme est le sang. Un hymne s'éleva, que Dante ne put entendre jusqu'au bout, car il s'endormit.

Réveillé par une lumière resplendissante, il entendit une voix qui criait : « Lève-toi, que fais-tu donc ? » Et sa première parole fut : « Où est donc Béatrice ? »

Mathilde qui se tenait penchée vers lui répondit : « Tu la vois sous la frondaison nouvelle, assise sur les racines de cet arbre. Tu vois la compagnie qui est restée près d'elle. Les autres ont suivi le griffon là où règnent des chants plus suaves et plus sublimes. »

Elle était assise seule, sur la terre de vérité, comme gardienne du char qu'elle avait vu attacher par la bête aux deux formes. Elle était entourée par les sept nymphes portant à la main des lumières qu'aucun vent n'aurait pu agiter.

« Tu ne seras ici que peu de temps », dit-elle à Dante, « et tu viendras avec moi, citoyen pour l'éternité de cette Rome dont le Christ est citoyen (1). Cependant, pour le bien de ce monde qui vit si mal, tiens tes yeux fixés sur ce char, et ce que tu auras vu, une fois retourné là-bas, écris-le. »

Ainsi dit Béatrice ; et, docile à tous ses commandements, le Poète tendit ses yeux et son esprit là où elle le voulait.

« Jamais », dit-il, « feu n'est descendu plus rapidement d'un nuage épais que je ne vis un aigle descendre

(1) C'est-à-dire habitant du ciel.

sur l'arbre, le dépouillant de son écorce, et arrachant
ses fleurs et ses feuilles nouvelles. Il vint frapper le
char de toute sa force, et le courba comme se courbe un
navire désemparé, battu par les flots de la proue à la
poupe, et je vis ensuite s'en élancer un renard qui
paraissait affamé.

« La dame qui est mienne se mit alors à lui reprocher
ses crimes infâmes, ce qui le mit aussitôt en fuite, aussi
vite que le lui permettaient ses membres décharnés.
Puis l'aigle redescendit de là où il était déjà venu,
parmi les débris du char, et y laissa de ses plumes. Et,
telle qu'une plainte qui s'échappe du cœur, j'entendis
sortir du ciel une voix qui disait : « O mon navire,
comme tu es mal chargé ! »

« Alors il me parut que la terre s'entr'ouvrait entre
les deux roues du char, et j'en vis sortir un dragon qui,
après avoir fixé sa queue sur un de ces débris, l'em-
porta, en la ramassant sous lui-même, comme une
guêpe qui rentre son aiguillon. Ce qui restait du char,
de même que se recouvre de chiendent une terre fertile
et abandonnée, se recouvrit de plumes (peut-être
apportées dans une bonne intention), et on en vit autant
sur les deux roues et sur le timon, et tout cela se suc-
céda plus rapidement qu'un soupir ne sort d'une bouche
ouverte.

« Du saint édifice ainsi transformé sortirent ensuite
des têtes, trois sur le timon et une sur chacun de ses
angles. Les premières avaient des cornes comme les
bœufs, et les quatre autres n'en avaient qu'une au milieu
du front. On n'avait jamais rien vu de semblable.

« Je vis alors s'asseoir là-dessus l'air assuré, comme
un roc au sommet d'une montagne, une prostituée toute

débraillée, qui tournait ses yeux de tous les côtés. Et comme il n'y avait personne pour la prendre, je vis se dresser auprès d'elle un géant, et ils se baisèrent à plusieurs reprises. Mais, comme son regard ardent et cupide vint à se tourner vers moi, son féroce amant la fouetta de la tête aux pieds. Ensuite, ivre de jalousie et de colère, il détacha le char, devenu monstre, et le traîna dans la forêt assez loin pour que son épaisseur dérobât à mes yeux cette fille et cette bête nouvelle. »

Voici, d'après les commentateurs, quelques traductions de ce symbole apocalyptique :

Le Char triomphal représente l'Église, et l'Arbre mystique est l'arbre de la connaissance du bien et du mal.

C'est l'approche de Jésus, dont le Griffon est le symbole, qui rend à l'arbre ses fleurs et ses fruits.

L'Aigle, c'est l'empire romain. La destruction du Char rappelle les persécutions de l'Église.

Le Renard signifie les hérésies chassées par la Théologie que figure Béatrice.

Le Dragon, emprunté à l'Apocalypse, est Satan.

Les plumes (peut-être offertes à bonne intention) sont une allusion aux dons offerts au Trône pontifical, lesquels ont été la cause de sa corruption.

Les sept têtes qui sortent du Char sont les sept péchés capitaux.

La Prostituée, c'est la Curie romaine, principalement au temps de Boniface VIII et de Clément V. Je crois plus juste de dire la *Curie romaine* avec Fraticelli, que l'*Église romaine* avec Scartazzini.

Le Géant représente le roi de France Philippe le Bel, qui, après avoir échangé parfois dans ses rapports avec là Papauté des tendresses avec des brutalités, avait fini par l'arracher à Rome pour l'emporter en France.

Je ne sais pas si ces explications donneront beaucoup de clarté au texte auquel elles se rapportent. On ne doit pas oublier que le poète n'a jamais fourni aucune clef de ses allégories, où chaque mot et chaque mouvement sont un symbole. Les commentateurs ont dû se donner beaucoup de peine pour les interpréter. Mais il faut reconnaître que ce pénible travail a perdu aujourd'hui une partie de son intérêt.

XXXIII

Les femmes qui entouraient Béatrice répétaient en pleurant : « *Deus, gentes polluerunt templum tuum* », et elle-même, poussant de profonds soupirs, les écoutait, le visage si altéré que Marie au pied de la croix ne l'avait pas davantage. Mais bientôt se redressant, et les traits animés, elle se remit en marche, en répétant les paroles de Jésus : « Bientôt vous ne me reverrez plus et bientôt vous me reverrez », et annonçant ainsi le retour à Rome de la papauté dont le roi de France avait transféré le siège à Avignon. Les sept saintes la précédaient, et elle faisait signe au Poète de la suivre, ainsi que Stace et Mathilde.

Puis elle dit à Dante d'un air serein : « Viens plus près de moi afin que, si je te parle, tu sois mieux à même de m'écouter. » Elle lui dit encore : « Frère, maintenant que nous marchons ensemble, pourquoi ne me demandes-tu rien ? » Et comme, plein du respect que nous devons à ceux qui sont au-dessus de nous, il lui répondit d'une voix à peine intelligible : « Madame, vous savez bien ce qu'il me faut », elle l'encourageait :

« Je veux qu'auprès de moi aucune crainte ne t'arrête, et que tu ne restes plus comme un homme qui rêve. »

Puis, dans un langage énigmatique et figuré, elle lui fait connaître que l'Aigle qui avait laissé ses plumes sur le char réduit à l'état de monstre informe ne restera pas sans héritier, et que les astres lui annoncent l'arrivée prochaine d'un envoyé de Dieu qui tuera la Courtisane et le Géant (1). S'il ne comprend pas cette énigme, il n'a qu'à rapporter aux vivants ses propres paroles, que les faits se chargeront de confirmer. Qu'il n'oublie pas, quand il écrira, de faire savoir que toute atteinte à l'arbre de la science est dirigée contre Dieu lui-même, car c'est pour sa propre gloire qu'il l'a sanctifié. Et, comme elle doute que son intelligence encore endurcie par le péché se laisse suffisamment pénétrer de ce qu'elle lui a dévoilé, elle insiste, et veut au moins qu'il emporte avec lui ses paroles mêmes, comme les pèlerins emportent des palmes sur leur bourdon.

Dante l'assure que son cerveau a reçu l'empreinte de ses discours, comme la figure imprimée sur la cire par le cachet demeure fixée d'une manière indélébile (2) : seulement il se plaint que sa parole tant désirée s'envole si haut que sa propre pensée a de la peine à la suivre.

« C'est », lui dit-elle, « pour que tu reconnaisses bien que les doctrines que tu as suivies jusqu'ici sont aussi loin de la vérité que la terre est loin du ciel. »

(1) Rapprocher cette prédiction de l'annonce du *Veltro* dans le premier chant de l'*Enfer*, et plusieurs fois réitérée sous des formes diverses. On ignore toujours quelle était la pensée du Poète sur la venue de ce sauveur. Il ne s'est jamais expliqué autrement sur ce sujet.

(2) On peut remarquer combien volontiers le Poète revient à cette comparaison de la cire et de son empreinte.

Et comme Dante lui affirme qu'il ne s'est jamais éloigné d'elle, et qu'il ne lui en reste ni souvenir ni remords, elle ajoute :

« Si tu l'as oublié, tu te souviens au moins d'avoir bu l'eau du Léthé, ce qui a effacé ces choses de ta mémoire. Et, ainsi que de la fumée on peut déduire la présence du feu, cet oubli même fournit la preuve de la faute que tu as commise. Mais je te parlerai désormais d'une façon plus claire, et qui conviendra mieux à la faiblesse de ton entendement. »

Cependant le soleil brillait de tout son éclat. La sainte cohorte s'arrêta là où s'arrêtait l'ombre épaisse de la forêt. Dante vit deux ruisseaux qui, naissant d'une même source, ne tardaient pas à se séparer, comme font deux amis qui se quittent, et comme on voit se séparer le Tigre et l'Euphrate. C'était le Léthé et l'Eunoé.

Et comme il demandait quelle était cette eau qui, d'une source unique, fournissait à deux cours différents : « Prie Mathilde de te le dire », fut la réponse qu'il reçut.

Celle-ci, docile, le prit par la main, en disant gracieusement à Stace : « Viens avec lui. » Et elle les mena au bord de l'Eunoé.

« Si j'avais, lecteur », dit le Poète, « plus de place pour écrire, je chanterais cette douce boisson dont je ne me serais jamais rassasié. Mais comme j'ai rempli l'espace destiné à ce second cantique, je ne dois pas dépasser les limites que l'art a fixées. »

Il sortit de cette onde sainte tout refait, comme les plantes nouvelles qu'ont renouvelées de nouvelles frondaisons ; et il se sentait purifié et disposé à monter aux étoiles.

LE PARADIS

LE PARADIS

Comme il faut en toutes choses, suivant la juste remarque de Dante, « procéder du mieux connu au moins bien connu (1) », il est indispensable, si l'on veut suivre le poète dans la représentation qu'il nous donne du Paradis, de se reporter aux idées qui avaient cours de son temps et qu'il considérait comme « le mieux connu ». Il convient d'accepter un instant la fiction dont il emprunte l'expression au système de Ptolémée. Je n'y prendrai que ce qui doit strictement aider à l'intelligence du récit et servir de support à la fantaisie du poète.

La terre, considérée comme le centre du monde, est immobile. A l'entour d'elle se trouve la région de l'air, puis celle de l'eau, et la région du feu. Au-dessus se déploie une série de couches ou sphères concentriques, séparées les unes des autres par des espaces semblables à celui qui sépare la plus inférieure de la terre, rayonnantes et animées d'un mouvement de rotation. Ce sont des cieux ou des sphères célestes : ce sont des planètes.

Voici dans quel ordre les cieux, au nombre de neuf, sont superposés, de bas en haut : la *Lune, Mercure, Vénus*, le *Soleil, Mars, Jupiter* et *Saturne*. Puis vient le *Ciel étoilé*, c'est-à-dire les étoiles fixes, puis un ciel vague, cristallin ou

---

(1) *Procedere da quello che conoscemo meglio in quello che conoscemo non così bene.* (*Il convito, trat. secondo*, cap. I.)

transparent, dit le *premier mobile,* animé d'un mouvement
de rotation extraordinaire qu'il communique aux sphères
sous-jacentes. Au-dessus, il n'y a plus que l'*Empyrée,* ciel
immobile où est le séjour de Dieu et qu'habitent les bienheu-
reux.

Il n'y aura plus ici de pentes à descendre et de vertiges à
affronter, ni de hauteurs à contempler et de sommets à esca-
lader.

Ces cieux superposés et ces astres seront visités, atteints
par le moyen d'impulsions, invisibles et insaisissables, mais
« plus rapides qu'un soupir qui sort de la bouche », dans la
compagnie, non plus de Virgile, symbole de la science hu-
maine, mais d'une créature céleste, Béatrice, symbole de la
science divine.

Partout encore le Poète y retrouvera des Ames, c'est-à-
dire des substances animées des facultés psychiques propres à
l'humanité ; mais ce ne sont plus des Ombres, et ce ne sont
plus des apparences corporelles qui les enveloppent. Ce sont
des faisceaux lumineux qui parlent, se meuvent, s'agitent, et
ne savent exprimer leurs joies et leurs pitiés que par les
nuances de l'éclat qu'ils rayonnent, « comme le rire illumine,
par ses degrés divers, la physionomie des mortels ».

Ces tableaux du Paradis offrent un peu la monotonie dont
l'imagination la plus vive ne saurait séparer aucune concep-
tion d'une existence paradisiaque. Mais celui qui les a com-
posés est assurément le plus grand coloriste que le pinceau
ou la plume ait jamais pu inspirer. Rien ne peut rendre
l'éclat fulgurant des scènes qu'il déroule devant nos yeux. Il
s'excuse lui-même de son insuffisance. Quelle ne sera pas
l'impuissance de ceux qui essayeront d'en donner une idée !

Mais il ne faudrait pas trop s'arrêter à ce décor pitto-
resque. Celui-ci enveloppe une série d'expositions de doc-
trines, d'enseignements historiques, scientifiques, philoso-
phiques, théologiques, sociaux, où il faut bien entendre que
c'est toujours le Poète qui parle, sous la fiction lumineuse de

ses interlocuteurs. Ce n'est certainement pas là la partie la moins intéressante de la Comédie.

Sans doute il faut se prêter à une convention bien audacieuse pour suivre l'auteur de ce poème inimitable partout où il lui a plu de nous mener. Mais c'est sur la convention que reposent habituellement les artifices littéraires, surtout dans la littérature lyrique ; et la sublimité du sujet vaut bien les efforts qu'elle exige, et que nous accordons si facilement aux moindres fables.

Il est vrai encore que les questions soulevées dans ces milieux étranges n'offrent plus, pour la plupart, grand intérêt pour nous. Mais elles nous reportent à une époque où l'on en vivait, et elles nous laissent pénétrer jusqu'au fond d'un des plus grands esprits qui aient paré l'humanité. L'attention que l'on pourra y porter vaudra bien celle que sollicitent chaque jour les débris où nous croyons retrouver le moindre écho des temps lointains.

I

« La gloire de celui qui met tout en mouvement pénètre l'Univers entier, sans répandre partout une lumière égale. C'est au ciel que resplendissent ses plus vives clartés, et c'est là que j'ai été, et j'y ai vu des choses que celui qui en descend ne sait ni ne doit dire. Parce que, à mesure que se rapproche l'objet de ses désirs, notre intelligence s'engage dans de telles profondeurs que la mémoire est inhabile à la suivre. Néanmoins, tout ce que mon esprit a pu recueillir du royaume saint sera désormais le sujet de mes chants. »

Ainsi s'exprime le Poète. Puis il invoque Apollon, et

le prie de l'inspirer de cette sainte fureur qui l'inspirait lui-même quand il fit expier à Marsyas son défi sacrilège. S'il se prête assez à lui pour que l'ombre du royaume bienheureux vienne se refléter dans ses vers telle qu'elle s'est imprimée dans sa tête, alors lui, Dante, verra son propre front ceint de la couronne de laurier (1), dont l'auront rendu digne et la grandeur de son sujet et son inspiration sacrée.

Ils étaient encore dans le Paradis terrestre. C'était le matin ici, et c'était le soir dans l'autre hémisphère.

Béatrice se tourna vers l'Orient, et regarda le soleil comme l'aigle ne l'a jamais fait. Et de même que, lorsqu'un rayon vient frapper un miroir, il se réfléchit et revient à son point de départ, ainsi qu'un pèlerin qui s'en retourne, le regard de Béatrice appelant le sien, Dante se mit également à regarder le soleil comme nous ne pouvons le faire. Il est permis là des choses qui ne le sont pas aux facultés humaines. Aussitôt il vit son éclat, semblable à celui du fer sortant de la fournaise et lançant de tous côtés des milliers d'étincelles, s'accroître d'instant en instant, comme si un nouveau soleil était venu s'y ajouter.

Et comme Béatrice tenait toujours les yeux fixés vers les sphères qui roulent sans fin, lui tenait les siens attachés sur elle. Et son aspect agissait sur lui comme l'herbe qu'il mangea fit sur Glaucus, qui devint alors égal aux Dieux marins. Comment se fait-il que l'on puisse ainsi passer de la condition humaine à l'état divin ? C'est de ces choses qui ne peuvent s'exprimer par des mots.

(1) La couronne de laurier était une sorte de consécration du titre de poète, à laquelle on n'avait droit qu'après l'avoir reçue publiquement

Cet embrasement du ciel et une harmonie céleste qui s'y joignait l'avaient rempli d'étonnement et de curiosité. Il ne comprenait pas comment il avait pu s'élever au-dessus de corps plus légers que lui-même.

« Tu n'es plus sur la terre comme tu te le figures », lui dit Béatrice qui lisait dans sa pensée, et le regardait comme une mère regarde son enfant qui radote; « la foudre, quand elle s'échappe du lieu où elle s'est formée, ne court pas plus rapidement que tu ne l'as fait pour monter jusqu'ici. »

Ils étaient arrivés dans la sphère du feu.

Puis elle lui expliqua comment toutes les choses obéissent à un ordre qui fait de l'Univers une image de Dieu. Si ici, où ils se trouvent à cette heure, les intelligences supérieures ont la connaissance de la sagesse et de la puissance divine, tous les êtres créés ont, dé leur côté, une inclination à se rapprocher du but qui leur a été assigné, guidés dans la grande mer de l'être par l'instinct qui leur est propre. Le feu tend à monter vers le ciel, les corps pesants tendent à se rapprocher du centre de la terre. Ceci s'applique également aux choses dépourvues d'intelligence et aux créatures intelligentes et aimantes. C'est vers le ciel immobile, peuplé de sa propre lumière, que les âmes se dirigent, comme se dirige le trait tendu sur la corde.

Mais, de même que la matière est souvent rebelle, et que la forme ne répond pas toujours à l'intention de l'artiste, de même la créature plie souvent, poussée par de fausses attractions, et retombe sur la terre.

Mais lui, que rien n'y retient plus maintenant, il serait aussi étonnant de l'y voir arrêté, qu'il le serait de voir la flamme cesser de monter vers le ciel.

C'est ainsi que Béatrice vint résoudre le problème que Dante lui avait posé.

II

Le Poëte va s'avancer sur des mers qui n'ont pas encore été parcourues. C'est Minerve qui souffle le vent. C'est Apollon qui conduit son navire ; et les neuf Muses lui montrent l'étoile polaire.

Ceux qui se sont contentés de le suivre, jusqu'ici, par curiosité d'entendre les chants qu'il sème sur sa route, ils n'ont qu'à regagner leurs rivages, car ils pourraient se perdre dans cette navigation nouvelle.

Quant à ceux, en petit nombre, qui ont aspiré de bonne heure à partager le pain des anges, qu'ils suivent son sillage à travers la pleine mer, avant qu'il se referme à jamais.

En moins de temps qu'il n'en faut pour qu'un carreau se pose sur la corde et s'envole, il se vit arrivé là où un spectacle merveilleux vint frapper sa vue. Il lui semblait qu'un nuage les couvrait, lumineux, épais, solide et net, comme un diamant frappé par le soleil, et les recevait au dedans de lui-même, comme l'eau reçoit un rayon de la lune sans la moindre ride; et il ne comprenait pas comment il y était entré, en dépit de ce que nous connaissons de l'impénétrabilité des corps.

Dante exprime d'abord sa reconnaissance envers Dieu qui l'a écarté du monde mortel. Puis il prie Béatrice de lui expliquer la cause de ces taches que l'on aperçoit de la terre dans la lune. Pour lui, il croit qu'il ne s'agit que de différences dans sa densité propre.

Béatrice lui explique que Dieu a voulu que les corps célestes fussent composés d'éléments divers. S'il ne s'agissait que de différences dans la densité, c'est que le principe de ces éléments serait unique ; ce qui n'est pas. S'il en était comme il le pense, dans les éclipses de soleil on verrait les rayons solaires traverser les parties raréfiées, tandis qu'ils seraient retenus par les parties plus denses. On dira peut-être que, si les parties raréfiées ne laissent point passer les rayons solaires, c'est qu'elles présentent quelque part une couche dense qui les renvoie sur eux-mêmes, comme la couleur des objets est réflétée, c'est-à-dire renvoyée, par un verre revêtu d'une couche de plomb.

Et elle lui propose l'expérience suivante : « Tu prendras trois miroirs, et en éloigneras de toi deux à une certaine distance, et tu placeras le troisième plus loin, entre les deux premiers. Puis, fais que derrière toi une lumière, regardant ces trois miroirs, les éclaire et t'arrive répercutée par eux tous. Bien que tes yeux ne se trouvent pas à une égale distance de chacun d'eux, tu verras qu'une lumière égale vient les frapper.

« Au-dessous de l'*Empyrée*, siège de la paix éternelle, se trouve le *premier mobile*, qui contient l'essence de tout ce qui se répandra par tout l'univers, et communique ensuite à chacune des *étoiles fixes* les vertus qui leur sont propres.

« C'est ainsi que tout procède de haut en bas (1). Les

(1) C'est ainsi que, procédant en sens inverse, c'est-à-dire de bas en haut, nous assisterons à l'ascension successive du Poète de

sphères qui se superposent ou se suivent dans leur évo-
lution ont leur mouvement et leurs vertus déterminés
par un moteur divin, comme l'art du marteau provient
du forgeron. Et l'Intelligence suprême se révèle par ces
astres qui accomplissent leur révolution au-dessous
d'elle, comme l'âme se manifeste par des membres
doués de facultés qui leur sont propres.

« C'est ainsi que la différence que l'on rencontre
dans la lumière des astres ne vient pas de leur plus ou
moins de densité, mais du principe même qui distribue
cette lumière suivant sa volonté. »

Je ne prétends pas avoir apporté beaucoup de clarté dans
cette digression que je me suis efforcé de ramener à ses
termes les plus simples, assez difficiles encore à relier entre
eux.

On ne comprend pas bien d'abord comment, dans un mo-
ment aussi solennel que ce premier pas fait sur la route du
Ciel, la première pensée de Dante a pu être d'interroger sa
divine amie au sujet d'un phénomène aussi particulier que les
taches de la lune. C'est assurément une fantaisie bizarre de
faire proposer par Béatrice, dans un pareil milieu, une expé-
rience de physique de cabinet. Mais l'auteur ne se pique pas
toujours de préparation dans l'intervention des personnages
ou des phénomènes qu'il nous présente.

sphère en sphère, ou de ciel en ciel, jusqu'à son arrivée au sommet,
c'est-à-dire au ciel mobile, dit premier mobile, puis à l'Empyrée.

III

Dante voulait exprimer à cet astre charmant, pour lequel s'était enflammé son premier amour, combien il se sentait pénétré des vérités qu'elle lui révélait, quand lui apparut une vision tellement saisissante qu'il ne se rappelle plus ce qu'il a pu lui dire.

Nous voyons quelquefois, à travers un cristal transparent ou une eau limpide, mais peu profonde, notre image légèrement réfléchie, et aussi peu distincte que l'est une perle sur le front blanc d'une jeune fille.

C'est ainsi que lui apparurent des figures, comme prêtes à parler, dont l'image presque insensible semblait n'être que le reflet fugace d'un miroir. Il se retourna et ne vit personne. Alors Béatrice, souriant de son étonnement, lui dit :

« Ce que tu prends pour des images vaines, ce sont de vraies substances (1). Elles ont été reléguées dans ce séjour inférieur des élus parce qu'elles ont manqué à leurs vœux dans votre monde. Parle-leur donc, et crois à ce qu'elles te diront, parce qu'ici la vérité n'est jamais déguisée. »

Il revint donc à ces pâles images, et s'adressant à celle qui semblait la plus empressée de parler :

« O Esprit bienheureux, qui jouis de la douceur

(1) Dans le Paradis, les Ombres, qui avaient gardé dans l'Enfer comme dans le Purgatoire les apparences de la réalité, deviennent éthérées et à peine saisissables à la vue d'abord ; puis, à mesure que l'on en atteindra les degrés supérieurs, on les verra se montrer sous l'apparence de faisceaux lumineux.

d'une vie éternelle, douceur qu'on ne peut connaître avant de l'avoir ressentie, veux-tu me dire qui tu fus, et quel fut ton destin ? »

« Je fus religieuse sur la terre », lui répondit-elle, « regarde-moi bien, et tu reconnaîtras la Piccarda, à travers la beauté nouvelle qui m'illumine (1). Nous sommes heureuses ici, et bien que placées dans une sphère inférieure, et dont la révolution est la plus lente, nous ne désirons rien d'autre (2). C'est pour avoir manqué à nos vœux que notre place y a été fixée ; et nos désirs ne sauraient être en désaccord avec la volonté qui a disposé de nous, car notre bonheur consiste à nous en tenir à cette volonté, et à anéantir toutes les autres devant elle.

« Plus haut que nous est une femme que la perfection de sa vertu a fait monter dans le Ciel (3). Toute jeune encore, je m'étais enfuie du monde pour suivre la règle qu'elle avait établie, et prendre le voile et les habits qu'elle-même avait prescrits. On devait là, jusqu'à l'heure de la mort, veiller et dormir avec cet époux qui accepte tous les vœux conformes à ses volontés et à la charité. Je m'étais engagée à rester fidèle aux règles de son ordre. Mais des hommes, plus habitués au mal qu'au bien, sont venus m'arracher à ce doux cloître. Et Dieu sait la vie que j'ai menée ensuite.

(1) C'est de cette Piccarda que Forese, son frère, disait : « Aussi belle que bonne. » (*Purgatoire,* ch. XXIV.)

(2) A mesure que Dante montera de sphère en sphère, il trouvera celles-ci mues par une révolution de plus en plus rapide, et les lumières qui représentent les Bienheureux de plus en plus brillantes, ce qui correspondra à une hiérarchie toujours ascendante des sphères, et à une perfection toujours plus élevée des âmes.

(3) Sainte Claire, qui a fondé un ordre célèbre.

« Et cette autre Ame resplendissante que tu vois à ma droite, et qu'illumine tout l'éclat de notre sphère, ce que je viens de te raconter de moi-même est aussi son histoire. Religieuse comme moi, on vint aussi comme à moi arracher de son front les bandeaux sacrés. Mais, bien qu'elle ait été repoussée dans le monde, son voile ne fut jamais arraché de son cœur. Cette âme est celle de la grande Constance... (1). »

Après avoir ainsi parlé, Piccarda se mit à chanter l'*Ave Maria*, puis elle disparut en chantant, comme un corps pesant disparaît dans une eau profonde. Les yeux du Poète la suivirent jusqu'à ce que toute trace en fût perdue, puis retournèrent vers l'objet de ses désirs suprêmes : mais il émanait d'elle une clarté si éblouissante que ses yeux ne purent la supporter, et il n'osa pas lui adresser la parole.

I V

Cependant l'esprit de Dante restait agité de doutes qu'il n'osait exprimer. Béatrice, qui lisait ce qui se passait en lui, prit alors la parole.

(1) C'est pour des intérêts de famille que ces deux femmes paraissent avoir été arrachées à la vie du cloître. Piccarda fut mariée, mais elle tomba aussitôt malade et ne tarda pas à mourir. Quant à celle que le poète nomme la grande Constance, et qui était fille de Ruggiero, roi de Pouille et de Sicile, elle paraît avoir été également mariée contre son gré à l'empereur Arrigo V, fils de l'empereur Barberousse. Mais ce qu'on rapporte de plus à son sujet est tellement confus et contradictoire qu'il n'y a lieu d'en rien reproduire.

« Je vois bien ce qui te tient en suspens. Tu raisonnes ainsi : Comment peut-il se faire que, si notre bonne volonté persiste, la violence d'autrui vienne en diminuer le mérite ?

« Un autre problème te travaille. Faut-il croire, d'après l'autorité de Platon, que les âmes retournent dans les étoiles ?

« Je commencerai par cette dernière proposition, qui est la plus fausse.

« Sache bien d'abord que ni les Séraphins les plus rapprochés de Dieu, ni Moïse, Samuel ou Jean, ni qui tu voudras, Marie elle-même, n'habitent un autre ciel que les Esprits qui viennent de t'apparaître. Ils y sont tous également pour l'éternité. Mais ils ne jouissent pas tous au même degré de la béatitude céleste. Ceux que tu as aperçus n'habitent pas cette sphère en particulier. Mais ils s'y sont montrés pour témoigner que tous ne ressentent pas au même degré le souffle divin, mais seulement suivant leur propre mérite.

« C'est toujours à vos sens qu'il faut s'adresser pour vous faire comprendre quelque chose. C'est pour cela que l'Écriture, condescendant à vos facultés, attribue à Dieu des pieds, des mains et le reste, et que l'Église vous représente sous une forme humaine les archanges Gabriel et Michel, et celui qui rendit la vue à Tobie.

« Ce que dit Platon dans le *Timée* ne ressemble en rien à ce qui se passe ici, alors qu'il suppose que chaque âme remonte à une étoile dont elle se serait séparée quand la nature lui avait donné la forme humaine. Peut-être n'est-ce qu'une figure qu'il aura donnée à sa pensée ? Quant à l'influence qu'il prête aux astres sur les actions humaines, il se pourrait qu'il y eût là quelque part de vérité. Mais il en est résulté que le monde s'est trouvé induit en erreur, quand il a donné à des étoiles les attributs de Jupiter, de Mercure ou de Mars. »

Béatrice reprend ensuite l'autre question dont elle sentait que l'esprit de Dante souhaitait la solution.

« Ce n'est pas une hérésie de croire à l'injustice divine parce que l'on n'en comprend pas le mobile; mais la faiblesse de notre intelligence doit précisément nous conduire à nous en rapporter à la sagesse infaillible.

« Sans doute, quand on n'est en rien complice de la violence que l'on subit, on n'est pas coupable : et cependant ces âmes que tu as vues tout à l'heure ne sauraient être tout à fait excusées. Car la volonté, si elle ne s'y prête pas, n'est pas éteinte pour cela. On voit dans la nature la flamme se plier sous les obstacles qu'elle rencontre. Or c'est cela qu'elles ont fait. Elles n'ont pas imité la constance de saint Laurent sur son gril, ni celle de Mucius alors qu'il regardait sa main brûler. Elles auraient pu, une fois libres, s'echapper et retourner au séjour d'où elles avaient été arrachées. Elles ne l'ont pas fait. Il est vrai que de tels exemples sont rares. Et il arrive souvent que pour fuir un péril on fasse le contraire de ce qu'il faudrait faire.

« Il y a deux sortes de volontés. Il y a une volonté absolue qui ne consent jamais au mal, et une volonté relative qui se prête à un mal pour en éviter un plus grand. C'est ainsi que l'une consent à ce que l'autre réprouve. Mais on se trompe souvent : et c'est de cette manière que Constance et Piccarda se sont laissées aller à un mal plus grand que celui qu'elles voulaient s'épargner. Elles avaient bien gardé dans leur cœur la volonté absolue de leur vocation religieuse; mais leur volonté relative a cédé. C'est ainsi que la crainte les a faites complices de la violence qu'elles subissaient. »

Dante ne sait comment exprimer sa reconnaissance envers celle qui lui dispense de tels trésors de sagesse et de vérité. L'intelligence ne s'arrête jamais dans la recherche du vrai. C'est la nature qui le veut ainsi, et elle ne saurait être frustrée dans ses vues. Il demande donc, encouragé par sa constante bonté, à être éclairé sur un autre sujet : Si l'on peut, après avoir manqué à ses vœux, remplacer ceux-ci par quelque bien équivalent ?

Nous venons de nous rencontrer avec une de ces conceptions subtiles où l'on a tant de peine à suivre la pensée de Dante.

Toutes ces âmes qu'il verra dans les sphères successives n'y habitent pas en réalité. Ce n'est que leur apparence qui viendra s'y montrer pour l'édification du Poète. Toutes habitent, au plus haut du ciel, l'Empyrée. Elles l'embellissent également, et leur douce vie ne diffère qu'en ce qu'elles y ressentent plus ou moins le souffle divin (*eterno spiro*). Leur séjour est donc le même pour toutes, mais leurs sensations diffèrent, si le mot de sensation peut s'appliquer à une idée aussi intraduisible à l'esprit.

V

Béatrice lui répondit ainsi : « Le don le plus précieux que Dieu ait octroyé lors de la création, et en même temps le plus conforme à sa bonté, et celui qu'il apprécie le plus, fut la liberté de la volonté chez les créatures intelligentes, qui toutes et seules en ont été et en restent douées.

« Tout pacte que Dieu a accepté tel qu'il a été proposé a donc une valeur capitale. Dans ce contrat entre Dieu et l'homme, celui-ci a fait le sacrifice de sa propre volonté. Vouloir faire même un bon usage de ce qui n'est plus à soi, ce serait croire que l'on peut utiliser par un usage louable un bien mal acquis.

« Cependant l'Église peut accorder une dispense à ce sujet. Il y a ici deux choses : l'accomplissement et la convention du vœu. Celle-ci ne peut être effacée. Quant à l'exécution, laquelle se rapporte à la matière du vœu, elle peut être convertie par l'autorité à laquelle elle ressortit. Vous ne ferez pas comme Jephté ; il lui aurait mieux valu dire : J'ai mal fait, que de faire pire. Vous n'imiterez pas le grand chef des Grecs, qui fit couler tant de larmes par le sacrifice d'Iphigénie. Vous avez pour vous guider l'Ancien et le Nouveau Testament, et de plus le Pasteur de l'Église. Mais il faut bien savoir qu'alors un simple équivalent ne suffit pas, et que toute permutation sera vaine si la chose abandonnée ne se retrouve dans l'autre comme six pour quatre. »

Quand Béatrice eut cessé de parler, Dante la vit se tourner du côté du soleil. Elle gardait le silence, et sa physionomie était toute changée ; et, plus rapide que la flèche qui a frappé le but avant que la corde soit redevenue immobile, ils étaient transportés dans le ciel de Mercure. Elle paraissait si heureuse d'y être arrivée que l'éclat qui émanait d'elle devint plus vif ; et elle souriait.

Soudain, comme dans un étang tranquille et pur les poissons accourent à tout ce qui vient du dehors, et qu'ils prennent pour de la pâture, Dante vit accourir vers eux une foule de lumières splendides, animées d'un mouvement de rotation; chacune de ces lumières était le rayonnement d'une Ame dont la joie céleste se peignait dans l'éclat qui sortait d'elle-même.

« Pense, lecteur », dit alors le Poète, « si ce que je commence ici ne se continuait pas, quelle serait ton avidité d'en savoir davantage, et tu comprendras combien ardent dut être mon désir de connaître ce qu'il en était d'elles, quand elles se furent montrées à mes yeux. »

« O mortel heureux à qui a été accordée la grâce de voir de près les trônes du triomphe éternel avant d'avoir abandonné la vie militante! Tu nous vois inondés de la lumière que le ciel répand sur nous; et si tu désires que je t'instruise, tu seras satisfait. »

Ceci fut dit par un de ces purs esprits, et Béatrice dit au Poète :

« Parle, parle ouvertement, et crois ce qu'il te dira comme on croit à Dieu. »

« Je vois bien », répondit-il alors à l'Esprit, « comment tu t'enveloppes de ta propre lumière, et que les traits qui en partent ressemblent aux sourires des yeux; mais je ne sais pas qui tu es, ni pourquoi, Ame sainte, tu occupes cette sphère que d'autres rayons dérobent aux yeux des mortels. »

Alors, de même que le soleil se voile de ses propres rayons quand, à midi, la chaleur a dissipé les vapeurs qui les avait tempérés d'abord, la lumière de la sainte figure rayonna de la joie qu'elle ressentait, et il en sortit les paroles suivantes (1).

(1) On a vu les Ames, dans l'Enfer et dans le Purgatoire, s'empresser autour du mortel qui venait les visiter, mues par des senti-

VI

« Après que Constantin eut ramené l'Aigle romaine vers les lieux d'où elle avait pris son premier essor (1), celle-ci, de cette extrémité de l'Europe, gouverna le monde, et, de main en main, son pouvoir finit par tomber dans les miennes.

« J'étais César. Je ne suis plus que Justinien. C'est moi qui, par l'inspiration de l'Esprit-Saint, enlevai des lois ce qu'elles contenaient d'excessif ou d'inutile, et créai une législation nouvelle. J'avais cru d'abord qu'il n'y avait qu'une nature dans le Christ ; mais je fus ramené plus tard à la vraie croyance.

« Je vais te dire pourquoi tous devraient s'incliner devant le signe sacro-saint de l'Empire, que les uns combattent ouvertement, et dont les autres usurpent sans aucun droit l'emblème divin (2).

ments divers : c'était la malice ou la piété, c'était la curiosité, le désir de rappeler leur souvenir aux vivants, d'implorer des prières… Ici les âmes des Bienheureux lui font un accueil aussi empressé, mais bien différent. Enveloppées de lumières qui ne permettent pas à leurs formes de se révéler, c'est par les clartés qu'elles rayonnent que se manifestent leurs impressions ou leurs sentiments, et surtout par la joie qu'elles laissent transparaître, expression sans doute du bonheur éternel qui les inonde.

(1) C'est-à-dire vers l'Orient où Constantin institua à Byzance le siège de l'empire romain, et où avait existé Troie, d'où Énée était parti pour venir fonder en Italie les premières assises de cet empire, devenu depuis maître du monde.

(2) Ce signe sacro-saint, c'est toujours l'*aigle*, symbole de l'empire romain.

« Après que la mort héroïque de Pallas (1) lui eut assuré l'Empire, tu sais que ce signe sacro-saint a établi sa demeure en Albe pendant trois cents ans et plus, jusqu'au combat des trois contre les trois. Tu connais le rapt des Sabines et la mort de Lucrèce, et les sept rois qui ont vaincu tous les peuples d'alentour. Tu sais ce que firent ces héroïques Romains contre Brennus et Pyrrhus, et tant de rois et de confédérations. C'est alors que Torquatus et Quintus, et les Decius et les Fabius, acquirent une gloire immortelle.

« Ce signe abattit l'orgueil des Arabes qui à la suite d'Annibal avaient passé les monts Alpestres, d'où le Pô descend. C'est sous lui que, tout jeunes, triomphèrent Scipion et Pompée.

« Puis, alors que le ciel voulut étendre sa sérénité sur le monde, ce signe fut confié par le Sénat à César. Et ce que celui-ci accomplit depuis le Var jusqu'au Rhin, l'Isère et la Somme l'ont vu, et aussi la Seine, comme tout ce qui va se jeter dans le Rhône.

« Ce qu'il fit au sortir de Ravenne, et après avoir passé le Rubicon, est au-dessus de ce que pourraient exprimer et la langue et la plume. Ses armées furent ensuite poussées vers l'Espagne, et ensuite jusqu'à Durazzo (2). Et le coup qui fut frappé à Pharsale se fit sentir jusque sur les bords brûlants du Nil. L'Aigle revit Antandro et le Simoïs (3), et se porta là où dort

(1) Pallas, fils d'Évandre, était venu au secours d'Énée contre Turnus. C'est cette victoire qui assura l'établissement d'Énée sur la terre d'Italie. (*Énéide*.)

(2) Durazzo, ville de l'Illyrie.

(3) Le Simoïs, petite rivière de la Troade. Antandro, ville de la Phrygie, où après le sac de Troie Énée s'était embarqué pour l'Italie.

Hector. Il secoua ses ailes sur Ptolémée, puis il fondit comme la foudre sur Juba, et ensuite il se retourna vers votre Occident, où il entendait retentir encore la trompette Pompéienne (1).

« Ce que l'Aigle fit avec son successeur (Octave), Brutus et Cassius en hurlent dans l'Enfer (2); et Modène et Pérouse en garderont le douloureux souvenir. La triste Cléopâtre en pleure encore, elle qui, après avoir tenté de lui échapper, demanda à l'aspic une mort soudaine. C'est avec ce signe qu'Octave a couru jusqu'à la mer Rouge. C'est avec lui qu'il apporta au monde une si grande paix que le temple de Janus fut fermé. Puis, sous le troisième César, la juste colère de Dieu fut satisfaite (par la mort du Christ). Plus tard, avec Titus, vengeance fut tirée de l'expiation qu'avait exigée la vengeance de Dieu (3).

« Et plus tard, quand la dent lombarde est venue mordre la sainte Église, Charlemagne l'a ramené à son secours.

« Tu peux juger comment tous les maux dont vous souffrez sont dus à ceux que j'accusais tout à l'heure. Les Guelfes opposent les lis d'or des Français à l'enseigne impériale. Les Gibelins revendiquent celle-ci à leur profit. Et l'on ne sait pas quels sont les plus coupables. Que les Gibelins s'en aillent chercher un autre signe : celui-ci n'appartient qu'au parti de la justice... (4). »

---

(1) Sextus Pompée, fils du grand Pompée.
(2) Chant XXXIV de l'*Enfer*.
(3) Ce qui doit paraître obscur ici sera expliqué plus loin.
(4) Aucun de ces partis, ni les Guelfes auxquels Dante avait appartenu, ni les Gibelins dont il s'était rapproché, ne répondait à la con-

L'Ombre ajoute que dans cette même étoile sont des Esprits qui avaient connu sur la terre honneur et renommée. Ils jouissent ici de l'éternelle justice, sans que l'envie puisse les atteindre. Les degrés différents qu'ils occupent dans ces sphères célestes sont comme des voix diverses qui réalisent des harmonies parfaites.

VII

Les Esprits s'éloignaient en tournant sur eux-mêmes et en chantant Hosanna, et ils disparurent comme une gerbe d'étincelles.

Dante restait pensif. Béatrice, lui adressant un sourire qui eût rendu heureux un homme plongé dans le feu, lui dit :

« Je suis bien sûre que tu penses en ce moment à ce qui a été dit tout à l'heure : qu'une vengeance juste peut être punie justement. » Et elle lui donne l'explication suivante.

L'homme qui a paru le premier, et qui n'est pas né (1), n'ayant pas su refréner ses désirs, s'est damné et a damné en même temps toutes les générations issues de lui. La race humaine, en conséquence, est

ception de monarchie impériale telle qu'il l'entendait, et pour laquelle seule il revendiquait le signe sacro-saint, c'est-à-dire l'aigle impériale. Son langage se ressent du caractère de ces factions qui se déchiraient les unes les autres, sans qu'il fût possible à un esprit dont la droiture était inexorable de prendre parti pour aucune d'elles.

(1) Ceci veut dire qu'Adam avait été créé directement par Dieu. Ou le premier homme a paru d'emblée sur la terre, ou il a été le produit d'une lente évolution

demeurée pendant des siècles et des siècles plongée dans l'erreur, jusqu'à ce qu'il plût au Verbe de Dieu de descendre parmi elle en revêtant sa nature, par un acte de son éternel amour.

Le châtiment qu'il subit par la croix était juste, puisque lui-même représentait l'humanité déchue, par sa propre faute, de sa pureté primitive. Mais il était injuste, si l'on considère la qualité de la personne (1) qui souffrit pour s'être unie à la nature humaine. C'est ainsi que d'une même cause sortirent des effets divers, et que cette mort, qui fit trembler l'enfer et le ciel s'ouvrir, plut également à Dieu et aux Juifs.

Pour relever l'homme de sa déchéance, il fallait ou que Dieu lui remît sa faute par sa seule bonté, ou que l'homme parvînt à expier sa faute par lui-même.

L'homme ne pouvait expier sa faute par lui-même, parce qu'il lui était impossible de s'abaisser par son obéissance autant qu'il avait prétendu s'élever par sa désobéissance.

Dieu ne pouvait témoigner mieux son amour pour l'homme, il ne pouvait se montrer plus généreux, qu'en se donnant lui-même pour cette expiation. Et c'est pour réaliser cet acte d'amour que le Fils de Dieu s'est humilié jusqu'à s'incarner en lui.

Béatrice passe ensuite à un autre objet.

« Les œuvres immédiates de Dieu n'auront pas de fin. Les anges et les sphères sont éternels. Le corps de l'homme, formé d'argile par Dieu lui-même, ne saurait périr à jamais; d'où se tire un argument pour la résurrection des corps. Il en est autrement des combinaisons

(1) *Guardando alla persona che sofferse...*

de la matière telle que les animaux, l'âme des **bêtes**, des plantes, etc., qui, n'émanant pas directement de Dieu, sont corruptibles et sujettes à la dissolution. Dieu a créé la matière dont ces êtres se composent ; mais leur agrégation, soumise à l'influence des causes secondes, vient des astres qui ont reçu du Créateur une vertu spéciale, la *virtù informante* (1). »

VIII

« Au temps où le monde était encore voué à la damnation, on croyait que la belle déité de Cypre irradiait la folie d'amour du haut de la troisième sphère (l'étoile de Vénus). C'est ponrquoi les anciens, livrés à d'antiques erreurs, l'honoraient par des sacrifices, des vœux et des chants, ainsi que Dioné sa mère, et aussi Cupidon son fils. Et ils disaient que celui-ci s'était posé sur le sein de Didon pour chasser son ancien amour et le remplacer par un nouveau. Et c'est le nom de sa mère qu'on a

(1) Cette périphrase des dernières paroles de Béatrice est reproduite textuellement d'après la traduction de M. Dauphin. Cet écrivain ajoute : « Cette doctrine de Dante, empruntée en partie à la philosophie d'Aristote, semble admettre l'éternité de la matière, en ce sens qu'elle n'aura pas de fin, étant comme les astres une œuvre immédiate de Dieu. Si telle est la pensée du poète, est-elle contraire à la foi ? Au point de vue catholique, la fin du monde n'implique pas l'anéantissement de la matière. » (P. 421.) A un point de vue scientifique, la terre viendrait à être anéantie par un phénomène cosmique, que ses éléments ne seraient pas anéantis : ils se répandraient par tout l'univers. Il ne semble pas que le contraire soit admissible.

donné à l'étoile brillante qui tantôt précède le soleil et tantôt le suit. »

Dante ne savait pas d'abord où il était. Il vit seulement que le visage de Béatrice rayonnait d'une beauté nouvelle. Puis il se trouva tout à coup entouré de lumières qui tournaient sur elles-mêmes, et se distinguaient, dans ce milieu fulgurant, comme des étincelles se distinguent au milieu de la flamme.

Et l'une d'elles s'approcha de lui et lui dit : « Parle, que veux-tu savoir ? Nous serons heureux de te complaire. » Et Dante, tout heureux lui-même d'un accueil aussi affectueux, lui demanda qui elle était.

C'était Charles Martel (1). Il rappela au Poëte qu'ils s'étaient rencontrés maintes fois sur la terre, et qu'il avait reçu de lui maints témoignages d'amitié. Il y était resté lui-même peu de temps, et il fallait le regretter ; car, s'il eût vécu davantage, bien des malheurs auraient été épargnés, et il aurait pu rendre bien des services à Dante lui-même. Roi de Hongrie, il devait succéder un jour en Italie à son père Charles II. Mais déjà la Sicile avait été, par suite de son mauvais gouvernement, arrachée aux Français (Vêpres siciliennes) ; et sa mort prématurée avait laissé la couronne à son frère Rodolphe, chez qui la nature généreuse et libérale de son père avait fait place à une avarice ne lui laissant d'autre souci que de remplir ses coffres.

Dante l'a écouté attentivement et le remercie de s'être

---

(1) Ce Charles Martel, qui n'a rien de commun avec le père de Pépin le Bref, était fils de Charles II d'Anjou, fils de saint Louis et roi de Pouille, et d'une sœur de Ladislas IX, roi de Hongrie, à qui il succéda. Mort à vingt-cinq ans, avant son père, il avait épousé Clémence, fille de l'empereur Rodolphe de Hapsbourg.

ainsi ouvert à lui. Mais il le prie de l'éclairer sur un point qui le laisse assez anxieux : c'est-à-dire comment d'une bonne semence peut sortir une mauvaise récolte (1). Et l'Ame de Charles Martel s'empresse de lui répondre.

Tout ce qui est sorti des mains du Créateur a été organisé en vue de sa propre durée, par conséquent dans des conditions et avec des aptitudes qui se trouvent en rapport avec ses intentions. Et ce qui est vrai de la constitution des mondes, dont l'évolution a dû être conforme à ses prévisions, est vrai de l'homme également. Si celui-ci est destiné à vivre dans l'état de société, serait-ce possible si chacun ne naissait avec des aptitudes et pour des fonctions diverses ?

La nature qui, dans son cours circulaire, est le cachet qui vient s'imprimer sur la cire mortelle, fixe son empreinte comme elle le veut, sans s'inquiéter où elle la marquera. C'est ainsi que l'un naît Xerxès et l'autre Solon, celui-ci Melchisédech et celui-là Dédale. C'est ainsi qu'Ésaü est mis à part dans la descendance d'Isaac, et que Romulus fut d'une origine si infime qu'on a voulu la faire remonter au dieu Mars.

La nature engendrée suivrait toujours le même chemin que son générateur si la Providence divine ne s'y opposait. Il faut donc qu'elle rencontre des conditions en rapport avec elle-même, sous peine de tourner à mal, comme toute semence tombée dans un climat qui ne lui convient pas. Et si là-bas le monde faisait attention à ce à quoi la nature a destiné chacun, il n'y aurait que des êtres bons. Mais on consacre à la religion tel

(1) Comment d'un père bon a pu naître un fils mauvais ?

qui était né pour porter l'épée, et l'on fait un roi de celui qui n'était bon que pour prêcher. C'est pour cela que le char du monde va si souvent de travers.

IX

Une autre de ces splendeurs se tourna alors vers le Poète et témoigna, par l'animation de l'éclat qu'elle projetait, de sa volonté de condescendre au désir qu'elle lisait en lui de l'interroger.

Elle était née dans cette contrée perverse qui s'étend de Venise aux sources de la Brenta, de la même tige que le tyran Azzolino, dont les cruautés ont laissé après lui un long et sanglant souvenir (1). Elle s'était appelée Cunizza. C'est parce qu'elle a vécu fidèle au culte auquel préside cette étoile qu'elle y brille à son tour, et l'on s'étonnera peut-être que le souvenir de sa première vie ne vienne troubler en rien les joies qu'elle goûte ici (2).

Ensuite elle montre à Dante une autre âme resplendissante, celle du poète Foulque de Marseille, dont la renommée durera bien encore cinq cents ans, tant sa vie avait été excellente. Puis elle lui raconte certains épisodes sanglants dont la région qui s'étend entre le Tagliamento et l'Adige a été récemment le théâtre.

(1) Azzolino est mentionné dans l'*Enfer* parmi les tyrans soumis aux peines les plus dures. (XII° chant.)

(2) Voici la traduction très littérale de ce passage : « Si je brille ici, c'est que j'ai cédé à l'influence de cette étoile (étoile de Vénus). Mais je me réjouis de ce qui a décidé de mon sort, et je ne regrette rien de ce qui paraît peut-être un peu fort à vos esprits vulgaires. »

Padoue, Trieste, Feltre, Ferrare, sont le siège de com-
bats, de meurtres, de massacres, et le sang qu'un
évêque impie y a fait couler ne tiendrait dans n'importe
quel vase, et on ne parviendrait jamais à le mesurer
once par once.

Cependant Foulque prend à son tour la parole : « Si
ma lumière brille aujourd'hui dans la planète de Vénus,
c'est que j'ai vécu imprégné de ses émanations. Car j'ai
brûlé des feux de l'amour, non moins que Didon, aussi
coupable envers les cendres de Sichée qu'envers l'épouse
d'Énée, non moins que Rhodope trahie par Démo-
phon (1), ou qu'Alcide quand il eut enfermé Yole dans
son cœur (2). On ne se repent pas ici, on se réjouit, non
de la faute que le Léthé a effacée, mais de la sagesse et
de la prévoyance d'en haut. On admire cette œuvre
divine dont les effets sont si puissants, et qui descend
ainsi du ciel sur la terre. »

Foulque montre à son tour à Dante une lumière
d'une vivacité particulière, qui brillait auprès de lui
comme un rayon de soleil. C'est Rahab, cette prostituée
qui ouvrit à Josué les portes de Jéricho. Lorsque fut
accompli le triomphe du Christ, cette âme fut prise par
le ciel avant toute autre. Il fallait bien qu'elle y fût
introduite comme un trophée de la première victoire
remportée par Josué dans la Terre Sainte.

« Mais cela », ajoute-t-il, « ne tient plus grande place
dans la mémoire du Pape. Ta ville, dont l'origine re-

(1) Ce nom de Rhodope est celui du lieu où vivait Phyllis,
l'amante de Démophon.

(2) Foulque a chanté Adalgise, comme Dante et Pétrarque ont
chanté Béatrice et Laure. Cette Adalgise était la femme d'un per-
sonnage important de Marseille qui l'avait accueilli dans cette ville.
C'est à ses rimes d'amour que ce poète a dû sa renommée.

monte au démon (1), ta ville où prospère l'Envie, où
s'épanouit la fleur maudite qui a empoisonné agneaux
et brebis (2), n'ayant plus qu'un loup pour berger, ne
connaît plus l'Évangile ni les grands Docteurs. Il n'y a
plus que les Décrétales et leurs commentaires (3). Le
Pape et ses cardinaux ne s'occupent pas d'autre chose.
Leurs pensées ne vont plus à Nazareth, là où Gabriel
ouvrit ses ailes. Mais le Vatican et les autres lieux saints
qui servent de tombeaux à la milice de saint Pierre
seront bientôt débarrassés de leur pontife adultère (4). »

Je ne sais si l'on a déjà remarqué l'indulgence que certains
passages de la *Divine Comédie* témoignent aux péchés sen-
suels. La présence dans le Paradis des âmes qui viennent
d'être rencontrées dans le ciel de Vénus doit paraître au
moins singulière, et ce qui concerne Cunizza, la sœur de l'un
des plus exécrables tyrans dont la mémoire ait été conservée,
ainsi que Rahab la prostituée de Jéricho, a été traduit ici litté-
ralement.

La première ne paraît avoir eu d'autre titre aux joies cé-
lestes que la facilité de ses amours terrestres, dans le souve-

_____

(1) Il s'exprime ainsi, parce que le premier patron de Florence
avait été le dieu Mars, lequel avait alors une odeur très démo-
niaque.

(2) Le florin d'or (avec l'image de saint Jean-Baptiste et le lis
au revers), auquel il attribue la démoralisation nouvelle et la cupi-
dité des Florentins.

(3) Les Décrétales sont le recueil des édits des papes et des expo-
sés de motifs qui les accompagnaient. Dante ne pouvait savoir que
ces fameuses Décrétales, qui gouvernèrent si longtemps le monde
catholique, étaient elles-mêmes, en partie au moins, apocryphes, et
que l'on y découvrirait un jour le nom d'un faussaire.

(4) S'agit-il des papes en général, ou de Boniface VIII, ou bien
de Clément XII, en particulier? Toujours cette attente et cette
promesse d'un futur libérateur et d'un vengeur.

nir desquelles elle paraît encore se complaire, tout en conve-
nant que l'opinion du monde pourra lui être moins favorable.

Quant à Rahab, la tradition ou la légende, l'Écriture dans
tous les cas (1) en fait une fille publique dont tout le mérite
aurait consisté à donner asile aux gens que Josué était par-
venu à introduire dans Jéricho assiégée, et qui purent ainsi
lui en ouvrir les portes. Le Poète oublie ici l'idée de trahison,
à laquelle il était si sensible, et qu'il est difficile de détacher
de l'intervention de cette créature.

Il est vrai que, au dire de saint Paul, elle n'aurait pas
péri avec les autres *increduli,* ce qui se comprend. Il est vrai
encore qu'on a proposé de voir en elle une figure de « l'Église
sauvée par la foi ». Il faut bien penser que le degré d'au-
thenticité de cet épisode (que Renan ne mentionne pas, non
plus que l'arrêt du soleil, dans son *Histoire du peuple
d'Israël*) est de peu d'importance. Ce qui est ici plus inté-
ressant, c'est la place que le Poète lui a accordée.

Foulque se contente de célébrer l'amour dans des termes
singulièrement enflammés. On ne sait pas si son Adalgise
doit, au point de vue platonique, être placée auprès de la
Béatrice de Dante et de la Laure de Pétrarque.

On se fait malaisément à l'idée de voir attribuer le séjour
glorieux du Paradis à ceux qui ne paraissent y tenir d'autre
titre que d'avoir été sur la terre des prêtres ou des prêtresses
de l'amour sensuel.

N'est-ce pas un symbole? Et ne pourrait-on pas le traduire
ainsi?

Une des premières lois de la nature, la première peut-être,
est la propagation des êtres créés.

Parmi tous les représentants du monde organisé, animal
ou végétal, nul ne s'y soustrait.

L'homme seul, armé de la raison et de la volonté, pourrait

---

(1) *Vieux Testament,* livre de Josué, ch. vi. — *Nouveau Testa-
ment,* saint Paul, épître aux Hébreux, ch. xi.

se révolter contre elle, ce serait pour l'y contraindre que
l'amour lui a été imposé? C'est ainsi que l'amour doit être
considéré comme de caractère divin, et que son culte doit
être honoré et représenté au séjour où aboutissent toutes les
émanations divines.

C'est là une conception toute païenne, et à laquelle répon-
daient les cultes et les cérémonies érotiques de l'antiquité.

Mais au souffle chrétien qui enveloppe la *Divine Comédie*
ne voyons-nous pas se mêler bien des effluves païens?

X

Dante ne cesse d'admirer l'ordre et la régularité qui
règnent dans l'ordonnance du monde, et il invite ses
lecteurs à le suivre dans les pensées qu'il exprime si
souvent sur la grandeur et l'harmonie de la création.
Qu'arriverait-il s'il survenait la moindre déviation dans
les évolutions de ces astres dont le cours obéit à une
direction fixée là-haut? Toutes ces choses sont l'effet de
l'amour du Créateur pour son œuvre, et veulent que
pareille somme d'amour lui soit retournée par elle.

Cependant il était monté dans le Soleil sans s'en aper-
cevoir, comme on ne s'aperçoit d'une pensée que lors-
qu'elle est déjà venue.

Parmi l'éclat dont l'astre rayonnait de toutes parts, se
distinguaient, non par leur couleur, mais par leur lu-
mière propre, ceux qui s'y trouvaient.

Quel que soit son génie, quel que puisse être son
art, à quelque expression qu'il en appelle, il ne pourra
rendre et aucune imagination ne pourrait reproduire ce

qu'il voyait, car il n'est pas de regard sur la terre qui pût supporter un éclat supérieur à celui que nous darde le soleil.

Et Béatrice lui disait : « Remercie, remercie le soleil des Anges qui a élevé ici ton corps par sa grâce. » Et son cœur se fondit tellement en reconnaissance qu'il en oubliait Béatrice elle-même.

A ce moment ils se virent entourés d'un grand nombre de lumières vivaces et éclatantes.

Elles formaient une couronne dont ils étaient le centre, et il en sortait une harmonie aussi douce que leur éclat était resplendissant. Et en chantant ainsi, ces soleils ardents tournèrent trois fois autour d'eux, comme font les étoiles voisines des pôles. Elles ressemblaient à des femmes qui, pendant qu'elles dansent, s'arrêtent parfois silencieuses, attendant la reprise de nouveaux accords.

Et il en sortit une voix : « Puisque le rayon de la Grâce resplendit en toi à ce point que tu as pu monter jusqu'ici, par des degrés que remontent toujours ceux qui en sont redescendus, aucun de nous ne peut se refuser à satisfaire à ce que ton esprit réclame. Tu veux savoir ce qui compose cette guirlande que contemple avec joie la dame de beauté qui t'a fait monter dans le ciel.

« Je suis Thomas d'Aquin. Je fus un des agneaux du saint troupeau que Dominique mène par les chemins où les brebis s'engraissent si elles ne s'égarent pas en route (1). Et il nomma chacune des fleurs, c'est-à-dire chacun des onze théologiens ou philosophes, qui

_____

(1) Le sens de cette phrase sera développé plus loin.

composaient avec lui cette guirlande lumineuse (1). »

Albert de Cologne (dit le Grand Albert), qui avait été son maître.

Gratien, savant théologien.

Pierre Lombard, évêque de Paris.

Le roi Salomon, que nul n'a surpassé en sagesse et en savoir.

Denis l'Aréopagite. (Est-ce le même que le saint Denis légendaire de Paris?)

Orose, dont saint Augustin a mis la science à profit.

Boèce, qui a écrit un livre sur la philosophie consolatrice.

Isidore, une des plus grandes lumières de l'Église d'Espagne.

Bède (le Vénérable), savant prêtre anglais.

Richard, chanoine de Saint-Victor, théologien mystique.

Sigier, qui professa à Paris et paya si cher la liberté de son enseignement.

Ce Sigier qui, dans ses lectures publiques, syllogisait des vérités odieuses à de certaines oreilles, professait à Paris, dans cet enseignement libre, si célèbre de la rue du Fouare (2). Il fut persécuté par l'Église et alla, dit-on, mourir misérablement en Italie.

On peut voir, dans cette mention de la rue du Fouare, un souvenir personnel de Dante, peut-être un témoignage de sa présence à Paris, où il aurait pris part aux exercices scolaires du syllogisme.

(1) La plupart de ces noms ne sont pas prononcés dans le texte. C'est d'après les caractères typiques qui les représentent qu'ils ont été rétablis par les commentateurs.

(2) *Vico degli strami*, rue de la Paille.

XI

« O préoccupations insensées des mortels », s'écrie
le Poète, « combien sont vains les syllogismes qui vous
font battre des ailes terre à terre ! Les uns s'adonnent à
la science des lois, et les autres aux aphorismes de la
médecine. Ceux-ci se vouent au sacerdoce ; ceux-là
s'appliquent à régner par la force des armes ou par la
rigueur des sophismes. D'autres se consacrent au vol,
ou bien aux affaires civiles ; ou bien ils s'abandonnent
aux plaisirs de la chair, ou ils se laissent aller à l'oisi-
veté. Tandis que moi, libre de toutes ces choses, j'étais
monté avec Béatrice dans le ciel où j'étais reçu glorieu-
sement. »

Cependant la lumière qui lui avait parlé tout à l'heure
reprit la parole :

« Tu désires que je t'explique, dans un langage faci-
lement intelligible, ce que j'ai entendu par « le troupeau
qui s'engraisse (1) », et pourquoi j'ai ainsi parlé de celui
« qui n'a jamais été surpassé en science et en sagesse ».
Je vais te satisfaire d'abord sur le premier point.

« La Providence qui gouverne le monde a voulu à
l'épouse de son bien-aimé (l'Église) deux guides et deux
appuis. L'un deux (saint François) fut d'une ardeur (de
charité) toute séraphique ; l'autre (saint Dominique) fut
sur la terre une splendeur de Chérubin (toute sagesse).

« Ce que je dirai de l'un pourra se dire de l'autre,
car leur œuvre à tous deux avait une même fin. »

(1) Voyez page 222.

Il fait alors un rapide exposé de la vie de saint François.

« François, qu'il ne faudrait pas nommer d'Assise, mais d'Orient, telle fut l'étendue de son action, avait encouru tout jeune encore la colère de son père, pour l'amour d'une femme à laquelle personne n'ouvre sa porte volontiers, pas plus qu'à la mort. Cette femme, c'était la pauvreté (1). Privée de son premier époux (Jésus-Christ) depuis mille et cent ans et plus, obscure et méprisée, elle était restée jusqu'à lui sans trouver personne qui l'invitât.

« François et la Pauvreté vécurent comme deux amants, menant ensemble une existence unie et joyeuse. O richesse ignorée et féconde! Leur famille s'accrut et, ceinte de l'humble cordon, suivit l'époux, séduite par l'épouse.

« Ils allèrent soumettre leur règle dure à Innocent III, qui leur donna une première approbation (1215), laquelle fut plus tard et libéralement confirmée par Honoré III. Cependant, altéré de la soif du martyre, François, suivi des siens, s'en alla prêcher le Christ en la présence superbe du Sultan. Mais ces peuples étaient trop rebelles à la conversion. Il revint chercher en Italie des fruits qu'on pût cueillir, et les stigmates du Christ s'imprimèrent sur ses pieds et sur ses mains.

« Et quand il plut à Dieu de l'élever à la récompense qu'il avait si bien gagnée, il recommanda son épouse si chère à ses frères, comme ses héritiers naturels, et leur commanda de l'aimer fidèlement. Et son âme insigne retourna dans son royaume, séparée de son enveloppe

(1) Le poète continuera de suivre cette image.

qui n'avait voulu que la terre nue pour linceul. »

« Ce fut notre patriarche à nous », ajouta la lumière, « qui fut alors chargé de diriger la barque de saint Pierre (1). Dominique était bien digne d'une telle mission. Mais son troupeau est devenu avide d'une nourriture nouvelle et s'est répandu de côté et d'autre, et plus il s'éloignait et vagabondait, plus il ressemblait à des brebis vides de lait. C'est là ce que j'ai voulu exprimer en disant : que les brebis s'engraissent à condition qu'elles ne vagabondent pas de côté et d'autre (2). »

XII

Lorsque le silence se fut fait, la sainte guirlande (3) se mit à tourner de nouveau ; mais une autre aussitôt vint à son tour l'enfermer dans son cercle, reproduisant et son mouvement et son chant, et ce chant l'emportait autant sur ceux qu'on entend sur la terre qu'une lumière directe l'emporte sur celle qui la reflète.

Puis la danse circulaire et les chants s'arrêtèrent, et une de ces lumières parla. C'était Bonaventure de Ba-

(1) Thomas d'Aquin, qui vient de prononcer ce panégyrique de saint François, appartenait lui-même à l'Ordre fondé par saint Dominique. Il se plaint ici de l'esprit d'aventure et d'indépendance qui s'était emparé des Dominicains et avait entraîné le relâchement de leur règle.

(2) Ceci doit s'interpréter ainsi : que pour approcher de la perfection, il ne faut pas s'abandonner aux agitations du monde (*vaneggiarsi*).

(3) Le texte dit la sainte meule (*la santa mola*), par allusion à son mouvement continu de rotation.

gnoreggio, qui, bien qu'il eût occupé pendant sa vie de
hauts emplois, avait toujours mis au second rang les
préoccupations temporelles. Il nomma ceux qui l'ac-
compagnaient, prophètes, théologiens ou savants, et
ajouta que, touché de la courtoisie enflammée qui avait
dicté à frère Thomas son sage discours, il voulait à son
tour faire l'éloge de Dominique, ce saint athlète, si doux
aux siens et si terrible à ses ennemis (1).

« Né sous le doux ciel de l'Espagne, non loin de ces
ondes derrière lesquelles, brisées sur leur rivage, le so-
leil va se cacher, le premier amour qu'il témoigna fut la
charité. Des songes avaient permis à sa mère de prophé-
tiser sa destinée future, et ce fut une inspiration qui le
fit nommer du nom auquel il devait appartenir tout en-
tier (2).

« Il n'alla pas chercher dans le monde de vaines con-
naissances; mais il s'adressa d'abord à la manne de la
vérité, et il devint bientôt un grand docteur, et il se
donna au soin de la vigne qui se flétrit si elle est aban-
donnée à un mauvais vigneron. Puis il s'adressa au
trône (pontifical), qui avait été jadis le recours des
justes et des pauvres, et qui ne l'est plus par la faute de
celui qui l'occupe et l'abâtardit, non pas pour deman-
der le premier bénéfice vacant, ou la dîme qui appar-
tient aux pauvres de Dieu, mais pour réclamer l'autori-
sation de combattre le monde égaré ou pervers, et d'y
répandre la semence qui produit vingt-quatre pour un.

« Alors, armé de la doctrine, et soutenu par son

(1) Saint Bonaventure a mérité d'être appelé *Doctor seraphicus*.
Ce nom ne sera jamais donné à saint Dominique, à qui le monde
doit l'Inquisition.

(2) Dominique : *dominus*, le seigneur.

indomptable volonté et l'aide de l'office apostolique, il
se lança, comme font les couches supérieures d'un tor-
rent, et il arracha les racines hérétiques, et creusa mille
ruisseaux qui allèrent irriguer le jardin catholique et
ranimer la vie dans ses plantes (1).

« Mais aujourd'hui la route qu'il avait tracée à ses
disciples est abandonnée, ou suivie à rebours ; il n'y a
plus que la lie là où était le tartre. On verra bientôt ce
que sera la récolte après une telle culture, et c'est
l'ivraie qui trouvera les greniers trop étroits. »

Saint François d'Assise, qui représente la Charité et la
Pauvreté, occupe avec les *Séraphins* le premier degré de la
hiérarchie céleste.

Saint Dominique, représentant de la Doctrine et de la
Science (théologique), se trouve avec les *Chérubins* à un
degré un peu inférieur.

C'est toujours la Charité qui occupe le premier plan dans
les symboles de la *Divine Comédie*. Cependant le Poète se
garde de se prononcer entre le doux et charmant apôtre de la
pauvreté et le bouillant et impitoyable créateur de l'Inquisi-
tion. Il nous montre seulement combien Franciscains et Do-
minicains s'étaient déjà écartés des enseignements et des
exemples de ceux qu'il appelle les deux roues de l'Église.

XIII

Thomas venait de montrer à Dante comment il fallait
entendre « ces pâturages » où les brebis s'engraissent

(1) Naissance et développement de l'Inquisition, qui a toujours
été entre les mains des Dominicains.

(où les êtres gagnent en vertu et en sagesse), tant qu'elles ne vont pas vagabonder au loin. Il lui reste à expliquer comment il a pu dire d'un des bienheureux qui l'accompagnaient « qu'il n'y avait pas son égal en sagesse » (1).

« Tu penses que personne n'a pu égaler en sagesse le premier homme, de la poitrine duquel fut tirée la belle créature qui fut si funeste au monde, ni l'homme-Dieu de qui la poitrine a été percée par la lance, et qui a racheté l'humanité de ses péchés.

« Tout ce qui naît sur la terre, comme tout ce qui ne mourra jamais (2), n'est que le reflet de l'idée d'amour qui a présidé à la création. Les rayons qui en émanent se répandent sur les sphères célestes, qui les renvoient comme des miroirs; puis ils descendent jusqu'à des créatures contingentes (c'est-à-dire passagères), où ils se distribuent d'une manière inégale. Et la nature, qui n'est plus que la cause seconde, opère comme l'artiste qui a en lui la science et l'habitude de son art, mais dont la main tremble quelquefois et ne produit que des œuvres imparfaites. C'est ainsi que d'arbres d'une même espèce peuvent sortir des fruits meilleurs ou pires, et que l'on naît avec des génies divers.

« Celui dont il s'agit, le ciel lui-même lui avait dit : « Demande ce que tu voudras, et tu l'obtiendras (3). » Il ne demanda ni de grands biens, ni de longs jours, ni les secrets du monde; il demanda la sagesse. Et c'est

(1) Le roi Salomon.
(2) Ce qui ne mourra pas, ce sont les sphères célestes, et aussi les créatures célestes qui ont été créées en même temps.
(3) Songe de Salomon.

cette sagesse, qui lui a été accordée, qui l'a fait sans pareil parmi *les rois*, j'entends, même parmi les bons, lesquels sont en petit nombre. Il n'y a donc là rien qui contredise l'idée qu'il faut avoir du premier homme, et du fils bien-aimé de Dieu (1). »

Thomas ajoute quelques conseils au sujet de la prudence que l'on doit apporter dans ses jugements. Nier ou affirmer sans savoir est le propre des sots. C'est souvent du côté de l'erreur que se porte l'opinion du monde, et la passion domine souvent l'intelligence. « J'ai vu l'hiver les ronces se montrer raides et piquantes, et plus tard porter des fruits sur leurs têtes. Et j'ai vu un navire courir sur les mers, droit et hardi, et puis périr au moment de rentrer dans le port. »

XIV

Lorsque se tut l'âme glorieuse de Thomas, Béatrice prit la parole :

« Il faut lui éclaircir une pensée qu'il ne nous dit pas, et dont il n'a même pas encore conscience : dites-lui si la lumière dont vous êtes revêtu demeurera avec vous éternellement, et telle qu'elle est maintenant. Et, si elle demeure, dites comment, après la résurrection des corps, elle laisssera distinguer votre forme visible. »

(1) Il est au moins bizarre de présenter comme l'un des plus grands sages du monde, et à côté de Jésus, Adam qui ne nous est connu que par sa condescendance légendaire à la curiosité d'Eve, sa femme, et la tragique histoire de ses deux fils, Caïn et Abel.

Une joie indescriptible régnait autour d'eux. Chacun de ces Esprits chantait les louanges de Celui qui vit dans l'éternité, un, double et triple, d'une façon si harmonieuse qu'il suffisait de l'entendre pour se sentir heureux. Celui qui gémit ici-bas à la pensée de mourir pour aller vivre là-haut ne se doute pas du rafraîchissement que lui apportera cette pluie éternelle.

Une voix répondit :

« Aussi longtemps que durera la fête du Paradis, l'amour que Dieu a mis en nous, les Bienheureux, rayonnera de cette lumière émanée de lui, d'autant plus vive que cet amour est plus ardent, et que la grâce nous a pénétrés plus profondément.

« Quand notre personne aura retrouvé sa chair glorieuse et sainte, la joie sera plus grande dans le ciel, et la reconnaissance plus vive en nous, parce que nous nous retrouverons plus complets. Et cette lumière à travers laquelle seule nous pouvons avoir la vision de Dieu s'accroîtra autant que s'accroîtra l'ardeur qui l'entretient. Et comme le charbon, qui produit la flamme, se distingue encore dans elle par son éclat particulier, ainsi notre chair, aujourd'hui recouverte par la terre, apparaîtra visible au sein de notre flamme, alors que nos organes auront acquis le pouvoir d'en supporter l'éclat. »

Et les âmes qui les entouraient dirent *amen* avec un ensemble si enthousiaste et si prompt qu'il témoignait de leur ardent désir de reprendre leur corps. Ce n'était pas pour elles-mêmes, mais pour les mères, les pères, et ceux qui leur avaient été chers, et qui pourront alors se réunir à eux.

Cependant une nouvelle lueur apparut, semblable à celle qui à l'horizon illumine le matin, et de nouvelles substances se firent voir, et sur les traits de Béatrice se peignit une beauté nouvelle, et ces merveilles, il faut renoncer à les décrire. Et quand les yeux du Poëte, éblouis, parvinrent à se relever, il reconnut qu'il était monté avec elle dans la planète de Mars.

Là il vit alors se former deux rayons d'une splendeur si éclatante et si rouge qu'il ne put s'empêcher de s'écrier : « Seigneur, que c'est beau ! » Et ces deux rayons entre-croisés s'étendaient d'une extrémité de la planète à l'autre, en reproduisant le signe sacré que dessinent deux angles droits dans un cercle.

D'un bout à l'autre et de haut en bas s'ajoutaient des lumières qui scintillaient en se confondant. C'est ainsi que l'on voit, droits ou de travers, lents ou rapides, se renouvelant à chaque instant, des atomes longs ou courts se mouvoir dans le rayon qui se dessine dans l'ombre que l'on a ménagée pour l'abriter.

Et de même que la lyre et la harpe, dont les cordes sont à peine tendues, font entendre un son doux et confus dont on ne distingue que le ton, ainsi, des lumières qui apparaissaient au Poëte dans la croix, se formait une mélodie qui le pénétrait sans qu'il en pût discerner le sens.

Dante se laissa tellement fasciner par ces merveilles qu'il en oublia un instant ces beaux yeux sur lesquels il aimait tant à poser son désir. Il s'en accuse et s'en excuse. A mesure qu'il montait davantage, de sphère en sphère, des spectacles plus merveilleux s'offraient à lui, et, depuis qu'il était entré dans celle de Mars, il n'avait pas jeté les yeux sur elle. Mais il savait qu'à mesure qu'elle-même montait, sa beauté devenait de plus en plus éclatante.

XV

Les bienheureux se turent.

On voit quelquefois, dans les soirées tranquilles et pures, l'atmosphère traversée par un feu soudain qui vous éblouit, semblable à une étoile qui changerait de place, si ce n'est qu'il n'en manque aucune au point d'où il est parti, et qu'il ne dure qu'un instant.

C'est ainsi qu'au pied de cette croix, après en avoir longé le bras droit, accourut une des lumières qui resplendissaient dans cette constellation. Elle ne tomba pas comme une pierre qui se détache d'un anneau; mais elle avait traversé la ligne radieuse, semblable à un feu dans de l'albâtre.

C'est ainsi que s'élança l'ombre pieuse d'Anchise, si le plus grand des poètes mérite crédit, quand elle aperçut son fils dans l'Élysée.

  « *O sanguis meus! O semper infusa*
  Gratia dei! Sicut tibi, cui
  Bis unquam cœli janua reclusa? » (1)

Ainsi fit cette lumière, et Dante se retourna vers Béatrice, et vit ses yeux briller d'un sourire tel qu'il se sentit pénétré d'un bonheur ineffable.

La lumière alors fit entendre des paroles qu'il ne comprit pas d'abord, parce qu'elles dépassaient son in-

_____

(1) « O mon sang! O effet de la grâce divine! A qui donc, comme à toi, la porte du ciel sera-t-elle deux fois ouverte ? » (VIRGILE, *Énéide*.)

telligence. Les premières qu'il put entendre furent les
suivantes :

« Il y a longtemps, mon fils, que je t'attendais. Ta vue
contente le désir que je nourrissais au sein de cette
flamme d'où je te parle, grâce à celle qui t'a fourni des
ailes pour voler si haut. Nous voyons ici comme dans
un miroir les pensées, avant même qu'elles aient été
pensées. Mais parle, et que ta voix ferme, hardie et
joyeuse, exprime ta volonté ou ton désir, ma réponse
est déjà prête. »

Dante regarda Béatrice qui lui adressa un sourire
d'assentiment, et, s'adressant à l'Esprit, il le remercia
chaudement de son accueil paternel, et le supplia,
« O joyau précieux », de lui dire qui il était. L'Esprit
répondit :

« Celui dont tu as reçu ton nom, et qui depuis plus
de cent ans tourne dans le premier cercle de la Monta-
gne (1), fut mon fils et ton bisaïeul. Il serait juste que
tes œuvres vinssent raccourcir la peine qu'il subit.

« Florence, dans son antique enceinte où elle sonne
encore tierce et none, vivait en paix, chaste et sobre.
Elle ne portait encore ni colliers ni couronnes. Point de
femmes parées, point de ces ceintures qui attirent l'œil
plus que la personne elle-même. La fille ne faisait pas
encore peur à son père, quand elle naissait, parce qu'il
n'avait pas à s'inquiéter de l'époque de son mariage ni
de sa dot. Il n'y avait pas de maisons désertes. Il n'était
pas encore venu de Sardanapale montrer quelles infa-
mies peuvent se cacher dans un logis. Vos magnificences
n'avaient pas encore dépassé celles de Rome. J'ai vu

(1) Le cercle des Orgueilleux dans le Purgatoire.

Bellicion Berti s'en aller avec une ceinture de cuir et une boucle en os, et sa femme quitter son miroir sans s'être peint la figure. Et j'ai vu les Nerli et les del Vecchio se contenter d'avoir la peau simplement couverte, et leurs femmes rester à leur quenouille et à leur fuseau. Heureuses celles-là! Chacune connaissait le lieu où elle serait enterrée, et on ne laissait pas leur lit désert pour courir en France. Les unes veillaient auprès du berceau, et pour consoler leur petit enfant lui parlaient ce langage qui fait la joie des pères et des mères. D'autres en filant s'entretenaient en famille des Troyens ou de Fiesole, ou de Rome. Ç'aurait été alors une plus grande merveille d'y rencontrer une femme dissolue comme une Cianghella, ou un homme pétri de vices comme un Lapo Saltarello, que d'y voir aujourd'hui une Cornélie ou un Cincinnatus.

« C'est à cette existence si calme et si belle, c'est à cette cité fidèle, c'est à cette douce demeure, que j'ai appartenu, sous l'invocation de Marie, appelée par ma mère dans les douleurs de son enfantement. C'est dans votre antique baptistère que je fus appelé Cacciaguida; Moronto et Eliseo furent mes frères. Ma femme m'est venue du Val di Po (Ferrare), et c'est à elle qu'est dû ton surnom d'Alighieri.

« Je suivis ensuite l'empereur Conrad (1), qui me fit chevalier tant il avait été content de mes services. J'allai à sa suite combattre cette race mécréante qui, par la faute et l'indifférence du Pape, a usurpé ce qui appartenait à la chrétienté (2). Là je fus arraché violemment à

(1) L'empereur Conrad II avait accompagné saint Louis à la seconde croisade prêchée par saint Thomas.
(2) Les lieux saints de Jérusalem.

cette vie trompeuse qui en a conduit tant au péché. Et
c'est le martyre qui m'a conduit dans ce séjour de paix. »

XVI

« O noblesse du sang », s'écrie le Poète, « quelque
peu que tu sois, je ne m'étonnerai jamais qu'on se glo-
rifie de toi, là-bas où les aspirations sont si peu élevées,
car ici où elles montent droit au ciel, moi-même j'en
tire vanité. Mais tu es comme un manteau qui se rac-
courcit peu à peu. Si l'on n'y ajoute chaque jour ce
qu'il a perdu, le temps finit par le réduire comme si on
l'avait coupé avec des ciseaux. »

Il reprit la parole en disant *vous* par respect, témoi-
gnage qu'avaient introduit les Romains, et qui tend à se
perdre aujourd'hui. Cela fit sourire Béatrice, qui se
tenait à l'écart (1). Il pria son aïeul de lui parler de sa
famille, de l'époque de sa naissance ; il lui demanda ce
qu'était alors la population de Florence, et quelles
étaient les familles les plus distinguées. La réponse fut
faite d'une voix douce et suave, et dans le vieux langage
de ce temps-là.

Cacciaguida est né vers le milieu du onzième siècle.
Il a vu le jour, et ses ancêtres aussi, à Florence, dans le
quartier de Saint-Pierre. Quant à eux, ses ancêtres,
voici tout ce qu'il suffit d'en dire. Qui ils furent et d'où

(1) Béatrice se tenait à l'écart parce que, dit Fraticelli, il ne
devait pas être en ce moment question de théologie.

ils venaient, il convient mieux de le taire que d'en parler (1).

Le nombre des citoyens en état de porter les armes était le cinquième de ceux qui existent aujourd'hui. La population alors était de race pure jusqu'au dernier artisan. Mais depuis elle s'est mêlée avec toutes sortes de gens des environs, et c'est un malheur que Florence ne soit pas restée dans ses anciennes limites. Elle ne se serait pas trouvée envahie par la grossièreté et la friponnerie des paysans d'alentour. C'est Rome qui, au lieu de rester fidèle et soumise à César, a par ses intrigues et ses perfidies rempli l'Italie de désordre, et forcé les villes à se dépeupler, et leurs citoyens à se répandre çà et là. Le mélange des populations, voilà le grand mal dont souffrent les cités, comme le corps souffre alors que les aliments s'y entassent les uns par-dessus les autres.

Suit une longue énumération des familles qui faisaient d'abord l'honneur et la paix de Florence, puis de celles qui sont venues s'y mêler et les remplacer. Tous ces noms, et les allusions qui y ont trait, et les souvenirs qui s'y rattachent, le tout exposé dans le style sibyllin du Poète, nous offrent un tableau tout local et rétrospectif, qui ne solliciterait aucun intérêt, et dont il serait difficile d'essayer une reproduction intelligible.

(1) Par modestie, peut-être : *Più è jacer che ragionare onesto.*

XVII

Dante était resté préoccupé de ce qu'il avait entendu dire sur son propre compte dans les régions qu'il venait de traverser. Béatrice l'encourage à s'en ouvrir sans hésitation. « Exprime hardiment », lui dit-elle, « le désir qui te tient, et que son expression porte l'empreinte de toi-même. Ce n'est pas que tes paroles aient rien à ajouter à ce que nous savons déjà. Mais si tu veux qu'il soit répondu à ta pensée, il faut t'habituer à la manifester ouvertement. »

Il s'adressa alors à la lumière dont il venait d'entendre les discours. « O tige chère, tu vois les événements avant qu'ils se soient accomplis, rien qu'en regardant celui à qui tous les temps sont présents. Tandis que je gravissais avec Virgile la Montagne où les âmes se guérissent, ou bien en descendant avec lui dans le monde des morts, il m'a été dit sur ma vie à venir des choses qui m'ont inquiété, quoique je me sente bien assuré contre les coups du sort. Mon esprit sera satisfait si j'entends ce que la destinée me réserve. Il vaut mieux s'attendre au trait qui doit vous frapper que s'en trouver atteint soudainement. »

L'Esprit, dont la tendresse paternelle ne se trahissait que par l'éclat nouveau de la flamme qui l'enveloppait, pareil à un sourire, répondit, non pas par ces énigmes dont se laissaient autrefois duper les peuples imbéciles, mais par un langage clair, et dans un latin précis.

« L'avenir, qui pour vous ne s'étend pas au delà des

bornes de vos sens, se peint tout entier devant le regard éternel. Mais il ne s'ensuit pas de nécessité, pas plus qu'il n'en résulte de l'aspect d'un navire qui descend le courant. Ce n'est pas la prescience qui détermine l'événement : c'est l'événement qui répond à la prescience.

« Il faudra que tu fuies de Florence, comme Hippolyte dut fuir d'Athènes à cause de son impitoyable et perfide marâtre. C'est là ce qu'on veut, c'est là ce qu'on cherche, et c'est à cela qu'arriveront bientôt ceux qui l'ont dans l'esprit, dans cette cité où l'on fait tous les jours le trafic du Christ. La faute sera comme d'ordinaire rejetée sur les vaincus ; mais un jour justice sera rendue à qui la mérite.

« Tu quitteras tout ce qui t'est le plus cher, et ce sera là le premier trait que te lancera l'arc de l'exil. Tu éprouveras comme est amer le pain d'autrui, et quel dur chemin c'est de monter et de descendre l'escalier des autres. Et ce qui sera le plus lourd à tes épaules, ce sera la compagnie infâme et stupide parmi laquelle tu tomberas dans la vallée de l'exil. Car toute cette foule ingrate et extravagante et impie, elle se retournera contre toi : mais c'est eux, et non toi, qui auront la tête cassée (1). Leurs actes témoigneront de leur bestialité, et ce sera ton honneur d'avoir fait bande à part.

« Ton premier refuge, tu le trouveras auprès du grand Lombard, celui qui porte dans ses armes l'aigle sur des degrés. Il n'attendra pas que tu aies demandé pour t'offrir... Près de lui sera un enfant à qui un grand avenir

_____

(1) Ceci est sans doute une allusion aux vaines tentatives faites par les Gibelins pour rentrer à Florence, et que Dante avait déconseillées.

est promis, et qui changera bien des destinées... (1).

« Voilà, mon fils, l'explication de bien des choses qui t'ont été dites. Voilà les pièges qui te resteront cachés quelque temps encore. Mais je ne veux pas que tu portes envie à tes concitoyens, car tu vivras longtemps encore après qu'ils auront été punis de leurs perfidies (2). »

Dante demande, tout en hésitant, un conseil à cette Ame qui vient de l'éclairer sur son avenir.

« Mon père, je vois bien ce que le temps me prépare et les coups dont je suis menacé. Il faut donc que je m'arme de prudence afin que, si j'ai été arraché du séjour qui m'était le plus cher, les vers que j'écrirai n'aillent pas me faire perdre les autres. Dans le monde où règnent des souffrances sans fin, comme sur la Montagne sur la cime de laquelle m'ont élevé les yeux de ma Dame, et dans ce ciel où je monte d'étoile en étoile, j'ai appris des choses qui, si je les redis, paraîtront à beaucoup d'une saveur très âpre. Et, si je ne me montre qu'un ami trop timide de la vérité, je crains que ma renommée n'en souffre auprès de ceux qui un jour appelleront ce temps-ci l'ancien temps. »

Il vit un éclat nouveau jaillir de la lumière, ce qui répondait à un sourire, et il entendit :

« Les consciences qui se sentiront blessées trouveront effectivement ta parole amère. Néanmoins, te gardant de tout mensonge, raconte tout ce que tu auras vu, et

(1) On ne paraît pas bien fixé sur ce personnage appelé le grand Lombard. Celui qui était auprès de lui ne devait-il pas être ce Can Grande, grand ami du poète, dans lequel celui-ci avait mis tant d'espérances, et qui mourut trop jeune pour avoir pu les réaliser ?

(2) Il n'est pas nécessaire de faire remarquer que Dante se fait redire ici, sous forme de prédiction, ce qui lui était effectivement arrivé.

« que se gratte celui qui se sent démanger ». Car, si ta voix offense d'abord le goût, elle laissera une nourriture solide à qui l'aura digérée. Ton cri fera comme le vent qui frappe plus fort les cimes les plus hautes. Car, comme on ne t'a montré dans les sphères où nous sommes, sur la Montagne et dans la vallée douloureuse, que des âmes dignes de renommée, ce leur sera toujours un honneur d'avoir été nommées par toi. »

XVIII

L'Esprit bienheureux se tut et se recueillit dans sa propre pensée, comme Dante se recueillait dans la sienne, dont la douceur était tempérée d'amertume. « Change le cours de tes pensées », lui dit Béatrice, « et songe que je suis auprès de celui qui redresse tous les torts. » En entendant cette voix pleine d'amour, il éprouva des sensations qu'il ne saurait rendre, et il ne vit plus que cette figure dont la beauté rayonnait d'une joie éternelle qui se reflétait en lui.

Mais elle : « Retourne-toi et écoute, car ce n'est pas seulement dans mes yeux qu'est le Paradis. » Et le flamboiement de la sainte lumière qui lui avait parlé témoigna de sa volonté de lui parler encore.

« Dans ce cinquième astre où nous sommes », dit-elle, « sont des Esprits bienheureux qui, en bas, avant de monter au ciel, possédaient une grande renommée, souvent chantée par les poètes. »

Alors Dante assiste à d'étranges spectacles.

« Regarde », continue l'Esprit de Cacciaguida, « les bras de cette croix, et celui que je nommerai fera ce que fait un éclair dans la nue. »

Et il nomme Josué, puis Machabée, puis Charlemagne et Roland, et d'autres encore, et le duc Godefroi et Robert Guiscard. Aussitôt Josué, Machabée et les autres, décrivant le long de la croix une trace lumineuse, paraissent et disparaissent.

Dante se retourna vers Béatrice pour lire sur son visage ce qu'il devait dire ou faire. Sa beauté lui parut plus merveilleuse encore que jamais, et il s'aperçut que le cercle qui l'environnait s'élargissait ; et de même qu'on voit sur le visage d'une femme la pâleur succéder à la rougeur de l'amour, il vit tout à coup succéder à l'éclat rutilant de Mars la blanche lumière de Jupiter, où il venait d'être transporté.

Ici nouvelle représentation.

Comme on voit, au bord des rivières, des troupes d'oiseaux, joyeux de s'être désaltérés, se lever en groupes allongés ou arrondis, ainsi l'on voyait les Esprits, sous formes de lumières chantantes ou dansantes, se réunir et former des lettres, des D, des J ou des L. Ils se mouvaient d'abord en mesure en chantant, puis, devenus un de ces signes, ils s'arrêtaient un peu et se taisaient.

« O divin Pégase », s'écrie ici le Poète, « toi qui distribues la gloire et l'avenir aux poètes, comme aux villes et aux contrées qu'ils ont chantées, viens m'aider à reproduire en quelques vers ces figures, telles que je les ai vues. »

Les Esprits se montrèrent d'abord en cinq fois sept consonnes et voyelles ; puis en se rangeant suivant l'ordre voulu, ils laissèrent lire : *Diligite justitiam,* et ensuite :

qui judicatis terram (1). Alors apparurent des étincelles innombrables, comme celles qui s'élèvent d'un tison brûlant que l'on frappe. Elles s'arrêtèrent sur le sommet de l'M, et enfin dessinèrent la tête et le col d'un aigle.

Tout ceci est de la fantasmagorie. C'est un feu d'artifice à pièces figuratives. Ici la grandeur du sujet s'abaisse devant la puérilité des images. Est-ce un rêve que le Poète a docilement traduit ? Est-ce un jeu semblable à ceux auxquels aiment à se livrer quelquefois nos Parnassiens ?

Mais en ce moment l'ardent lutteur se réveille et revient à sa Rome maudite.

« O douce étoile (2), comme il est visible que notre justice terrestre n'est qu'un effet du ciel dont tu es une des splendeurs ! Je prie donc l'Intelligence qui est ton moteur et ta vertu de regarder d'où vient la fumée qui t'obscurcit, afin qu'une fois encore elle s'irrite de voir acheter et vendre dans le temple, dont les murs sont faits de miracles et de martyrs. O milice du ciel que je contemple, prie pour ceux qui sont sur la terre, tous dévoyés par des exemples pernicieux ! Autrefois c'était avec l'épée qu'on faisait la guerre : mais aujourd'hui c'est en enlevant de-ci de-là le pain que la bonté du Père céleste ne refuse à personne (3). Et toi qui ne t'occupes qu'à écrire et à effacer (4), ne sais-tu pas que Pierre et

(1) Aimez la justice... vous qui jugez sur la terre.

(2) La planète Mercure où il se trouve.

(3) Ce pain, c'est la grâce divine, c'est-à-dire la foi, l'amour en Dieu.

(4) De quel pape parle-t-il ? Il fait allusion aux bulles qui se multipliaient, souvent contradictoires, aux excommunications effacées et reprises.

Paul, morts pour la vigne que tu gâtes, sont encore vivants? Mais tu ne t'inquiètes ni de Pierre ni de Paul. Tu ne connais qu'un saint, celui dont le florin d'or porte l'image (1). »

XIX

Dante resté vis-à-vis de l'Aigle, ou plutôt de son image, l'interroge sur un doute (*dubbio*) qui le travaille encore. Et le *bec* divin lui répond, devinant les pensées qui l'agitent :

Il développe d'abord l'idée que la volonté divine est insaisissable à la nature humaine.

« Toute nature inférieure est incapable de concevoir ce bien (c'est-à-dire les intentions du Créateur), qui est sans limite et ne se mesure que sur lui-même. »

Ceci n'est encore que l'expression du mystère insondable qui plane sur l'existence de l'homme (et de la nature telle qu'elle apparaît à nos sens et à notre intelligence), sur son origine comme sur sa destinée.

« La vue qui est permise à votre monde pénètre dans la justice éternelle comme l'œil au fond de la mer, quand il la regarde du rivage; tandis qu'il ne le distingue plus en pleine mer, bien que ce fond y existe également : mais sa profondeur le lui dérobe. »

Cependant le doute se précise et la question se presse. Et voici ce que l'Aigle lit dans l'esprit de Dante :

(1) Saint Jean-Baptiste.

« Un homme naît sur les rivages de l'Inde, là où il n'y a personne pour parler du Christ, ni pour lire ni pour écrire. Et toutes ses intentions et ses actions sont bonnes, quant à la vue de la raison humaine, sans aucun péché ni dans sa vie ni dans ses discours. Il meurt sans baptême et sans foi. Où est la justice qui le condamne ? Où est la faute qu'il a commise ? »

Ceci ne rappelle-t-il pas pour le mouvement l'objurgation de Shylock ?

I am a Jew, hath not a Jew eyes?... (1).

Quelle sera la réponse mise dans le *bec* de l'oiseau divin ?

« Maintenant, qui es-tu, toi qui veux siéger pour juger à des milliers de milles de distance avec une vue qui ne va plus loin que la longueur de ta main ? Certes celui qui viendrait raisonner de cela avec moi, il aurait grandement à douter, si l'Écriture n'était au-dessus de nous... »

Il semblait donc prêt à reconnaître la raison du doute. Mais aussitôt il se dérobe derrière l'Écriture. C'est donc la lettre qui l'emporte sur l'esprit. Il dira peut-être que c'est l'esprit qui a dicté la lettre de l'Écriture : et c'est cet esprit qui nous est intangible.

Cependant la voix reprend : elle reconnaît que celui qui se conforme en réalité à la volonté suprême est juste.

Puis : « Dans ce royaume ne montera jamais celui qui n'a pas cru au Christ, soit avant, soit après qu'il eut

(1) SHAKESPEARE, *the Merchant of Venice.*

été cloué sur la croix. Mais, vois, beaucoup crient Christ, Christ, qui au jugement seront moins près de lui que tel qui n'a pas connu le Christ. Et tels chrétiens seront condamnés par l'Éthiopien (1), quand se sépareront les deux groupes, l'un pour monter dans les riches demeures, l'autre pour descendre dans les régions misérables. »

Suivent des extraits du livre divin où sont inscrites toutes les hontes de ces chrétiens qui seront condamnés par les païens eux-mêmes. Et, sous la forme symbolique et apocalyptique chère au Poète, et qui se refuse à toute traduction, peut-être même dans sa propre langue, il stigmatise tous ces rois qui, des confins de l'Écosse et de l'Angleterre aux plaines de la Bohême, ont souillé notre monde de leurs vices et de leurs scélératesses.

Ce n'est donc autre chose que le dogme du péché originel, et de sa dette, qui est ici mis en jeu. Le dogme du péché originel domine toute la théologie chrétienne. Il pesait alors de tout son poids, et avant toutes choses, sur l'universalité des consciences, et nous trouvons ici un témoignage de la lutte, faut-il dire de la révolte, qu'il était propre à soulever. Celle de Dante n'avait pu y échapper : mais elle se trouvait d'un autre côté comme emprisonnée dans ces Limbes où, après avoir fait la part infinitésimale des élus du Paradis, il cantonnait ceux que l'Enfer ne pouvait réclamer. Mais il ne nous y a montré que des gloires terrestres. Bien triste est la place concédée à « l'homme né sur les bords du Gange... ».

En somme, dans cet univers qu'il nous représente enveloppé de souffles d'amour, il y a plus de menaces pour ceux qui se bornent à crier Christ, Christ, que d'espérances pour les justes qui n'auront pas cru au Christ, même avant...

----

(1) Éthiopien est pris ici dans un sens général qui comprend toutes ces populations païennes, si peu connues alors.

XX

Dante continue son colloque avec l'Aigle.

« La partie de moi-même », reprend l'oiseau divin, « qui fixe et supporte le soleil chez les aigles mortels, regarde-la en face. Parmi les feux qui composent ma forme d'Aigle, ceux qui brillent au devant de ma tête dans mon œil sont les premiers en noblesse. »

Celui qui brillait au milieu, sur sa pupille, c'était le roi David, celui qui promenait l'arche en chantant de ville en ville.

Les autres, qui étaient rangés tout autour de l'œil, comme les cils sur les paupières, étaient :

L'empereur Trajan, dont un acte de justice et de bonté a été rappelé dans le Purgatoire (1).

Ezéchias, roi de Judée (2).

L'empereur Constantin, qui se fit Grec, dans une bonne intention, mais au grand détriment du monde.

Guillaume II, dit le Bon, roi de la Pouille et de Sicile, « que la terre pleure mort, tandis que Charles et Ferdinand la faisaient pleurer vivants ».

Enfin Rifeo, un des défenseurs de Troie, que l'on ne connaît que par la mention qu'en a faite Virgile, dans l'Énéide. Il était mort pour son pays, où il avait laissé la réputation d'un homme juste et vertueux.

---

(1) Chant X du *Purgatoire*.
(2) Renan, *Histoire du peuple d'Israël*, t. III, a tracé un tableau très intéressant du règne d'Ezéchias.

Le Poète s'étonne de voir deux païens, Trajan et Rifeo, dans la compagnie des Saints. Les explications fournies par l'Aigle sont assez confuses. Mais il me paraît qu'il y a quelque chose d'intéressant à en tirer.

Nous avons vu tout à l'heure la conscience de Dante aux prises avec l'injustice de la condamnation de tous les êtres humains qui n'ont pas connu le Christ, ou n'en ont pas subi l'empire, condamnation non pas aux tourments de l'enfer, du moins à une éternité misérable.

Son sentiment ne paraît pas douteux. Mais une protestation directe ne lui était pas permise. Il faut toujours remarquer comment, si la guerre qu'il fait aux papes est sans merci, il se garde de toucher aux dogmes de l'Église.

La gloire céleste de ces deux païens n'est-elle pas un symbole de la suprématie de la vertu sur les exigences du dogme?

XXI

Les yeux de Dante restaient fixés sur ceux de Béatrice, et son attention ne pouvait se détourner de son céleste visage. Mais elle demeurait impassible. « Prends garde », disait-elle, « si ma beauté, que tu as vue s'accroître d'étoile en étoile, ne se reposait pas (1), il t'arriverait ce qui est arrivé à Sémélé, quand elle a voulu voir Jupiter dans toute sa gloire : tes facultés mor-

(1) Il y a dans le texte : *quella non rideva*, elle ne riait pas. Les lumières des Bienheureux acquéraient une splendeur nouvelle quand elles *riaient*, c'est-à-dire quand elles témoignaient un sentiment de satisfaction. Béatrice n'était pas enveloppée de lumière. Elle fait allusion à l'éclat de ses yeux et de sa beauté que des yeux mortels finiraient par ne pouvoir supporter, peut-être avec une intention un peu malicieuse.

telles se briseraient comme un arbre frappé de la foudre (1). »

Ils étaient arrivés dans la septième sphère, celle de Saturne, ce roi à qui le monde avait dû l'âge d'or. Cette sphère, qui ne fait qu'emprunter ses rayons à la constellation du Lion, dont elle reçoit la lumière, c'était, d'après Ptolémée, une planète froide, qui présidait à la mélancolie des hommes. C'est ici le séjour des (saints) contemplatifs.

Béatrice recommande à Dante de détourner son attention d'elle-même, et de la concentrer sur ce qu'il verra. Il obéit à regret.

Il voit alors un escalier de couleur d'or, traversé de rayons lumineux, qui montait si haut que son regard ne pouvait le suivre jusqu'au bout. Sur ses degrés s'étagent, montant et descendant, ou s'arrêtant, des lumières si éclatantes qu'il semblait que tous les feux du ciel se fussent concentrés là.

L'une d'elles s'approcha, et par le scintillement de son feu paraissait vouloir s'adresser à lui.

Sur un signe de Béatrice, que le regard de Dante était allé consulter, il la pria de lui dire, bien que son propre mérite ne valût guère une telle faveur, pourquoi, parmi toutes ces lumières, c'était la sienne, et pas une autre, qui s'était trouvée *prédestinée* à s'approcher de lui.

« Ce n'est pas », lui répond l'Esprit du milieu de la flamme où il se cachait, « que l'amour qui brille au

(1) Ceci veut dire que la théologie, que Béatrice représente symboliquement, gagne en éclat et en beauté à mesure que s'élèvent les sujets qu'elle comporte. Quand ceux-ci sont parvenus à une certaine hauteur, ils deviennent inaccessibles à l'esprit humain, qui se briserait s'il s'obstinait à s'y appliquer.

dedans de moi-même soit plus ardent que celui qui les anime toutes. Mais c'est le pouvoir suprême qui gouverne le monde qui m'a choisi. C'est la lumière divine qui a allumé la flamme au dedans de laquelle je suis, et c'est cette flamme même qui me fait percevoir son essence.

« Mais quant à ta demande, la lumière la plus éclatante du ciel, le séraphin le plus rapproché de Dieu même, n'y répondrait pas, parce qu'elle va tellement au delà de l'abîme des décrets éternels que la vue en est interdite à toute créature. Et, quand tu retourneras dans le monde mortel, rapporte ceci, afin que l'on n'ait pas la présomption de mettre les pieds dans un tel secret. Pense donc à ce qu'on pourrait faire là-bas, si on ne peut le faire dans le ciel. »

Cette réponse était si formelle que le Poète n'insista pas, et se borna à demander humblement à l'Esprit qui il avait été (1).

Celui-ci lui raconta que, non loin de sa patrie, et près de la mer Adriatique, il était une région élevée qui dominait la plaine, et était dominée elle-même par un rocher appelé Catria. Il alla se réfugier là, dans un ermitage où il se consacra au service du Dieu unique, vivant de quelques aliments assaisonnés avec la liqueur des oliviers, supportant le chaud comme le froid, heureux de vivre dans la contemplation. Il travaillait là à la

_____

(1) On remarquera combien Dante, si abondant à propos de la plupart des sujets qu'il se donne à traiter, se montre bref et discret sur cette question de la *prédestination,* qui a donné matière à tant de dissertations. N'est-ce pas à proprement parler du fatalisme, la soumission silencieuse avec laquelle il s'incline devant ce que l'on appelle généralement les décrets de la Providence ?

moisson du ciel. Mais on n'y fait plus rien de bon maintenant, et il faut qu'on le sache. Il était entré là Pierre Damien. On l'a appelé ensuite Pierre pêcheur (1).

Il ne lui restait que peu de vie à parcourir, quand il se vit investi de ce chapeau dont les titulaires vont maintenant de mal en pis (2).

« Autrefois Pierre et Paul s'en allaient, maigres et pieds nus, vivant de ce qu'ils trouvaient sur leur chemin. Maintenant, nos pasteurs modernes, il faut qu'on les chausse et qu'on les accompagne, tant est pesante leur importance ; et ils étendent leur manteau sur leur palefroi, ce qui fait deux bêtes sous une seule peau. Quelle patience il faut pour supporter tout cela ! »

On vit alors de nouvelles lumières descendre les degrés, et tourner sur elles-mêmes de plus en plus vives. Elles entourèrent celle qui venait de parler, s'arrêtèrent et poussèrent toutes ensemble un cri si formidable qu'on ne pouvait le comparer qu'au tonnerre (3).

(1) Cesare Beccaria pense qu'il faut traduire autrement, et que Pierre Damien et Pierre Pêcheur sont deux personnages différents. *Di alcuni luoghi difficili... della Divina Comedia* (1889).

(2) Le pape Étienne IX le créa en effet cardinal évêque d'Ostie. Mais Pierre Damien ne tarda pas à renoncer à cette charge, et il retourna dans son ermitage (1062).

(3) C'est un cri de réprobation que fait entendre le chœur des Bienheureux, et qui fait penser aux clameurs de nos meetings d'indignation.

On peut rapprocher le luxe récent des représentants de l'Église de la prédication, peu éloignée pourtant, de saint François, et de l'entraînement des populations à l'adoration de la pauvreté, et du détachement des choses matérielles ; et tel était ce détachement que le fondateur de l'Ordre des Franciscains se reprochait, comme une superfluité, la possession d'une vieille Bible, une dernière chose qui lui était restée dans les mains.

XXII

Dante épouvanté de çes clameurs se retourna vers son guide, comme un enfant se tourne vers celle dont il attend la protection. Et elle, comme une mère qui accourt à l'appel de son enfant, lui dit : « Tu sais bien que nous sommes dans le ciel, et qu'il ne s'y passe que des choses saintes. Vois donc, toi que ces cris ont troublé si fort, que serais-tu devenu tout à l'heure si je m'étais montrée à toi dans tout l'éclat que j'ai dû atténuer pour toi ? Si tu avais pu distinguer les paroles qui viennent d'être prononcées, tu aurais compris qu'il y aurait des punitions auxquelles tu assisterais avant ta mort (1). L'Épée d'en haut frappe à son heure, trop tard pour ceux qui l'attendent, trop tôt pour ceux qu'elle atteindra. Regarde maintenant autour de toi. Tu y verras beaucoup d'Esprits illustres. »

Dante fit comme elle disait, et vit une foule de petites sphères lumineuses qui entremêlaient leurs rayons ; et, comme il n'osait rien demander, l'une d'elles s'approcha de lui et, devinant sa pensée, commença par lui dire qui elle était.

C'était saint Benoît qui, sur le mont Cassin, avait le premier prêché l'Évangile à des populations grossières et païennes qui occupaient cette région sauvage. Du monastère qu'il y avait établi, il avait recueilli une

_____

(1) Le poète (*vates*) s'obstine à des prédictions qu'il ne devait jamais voir se réaliser.

récolte abondante de fleurs et de fruits spirituels. Voici Maccario, voici Romualdo, et tous les frères qui avaient partagé avec eux la vie contemplative (1).

Dante cependant, encouragé par l'empressement affectueux avec lequel il était accueilli, demande à l'Ombre de saint Benoît s'il ne pourrait pas obtenir la grâce de voir à découvert son image que la flamme dérobait à ses yeux.

« Frère », répondit-elle, « ton vœu s'accomplira dans la dernière sphère où résident tous ceux qui sont là, et moi-même. Là tous les désirs ont leur accomplissement parfait. Là tout est immobile. Là il n'y a plus ni lieux ni extrémités.

« C'est là qu'aboutit notre escalier, dont le sommet se dérobe à tes regards. Le patriarche Jacob l'avait bien vu jusqu'en haut, tout chargé d'anges. Mais personne n'y monte plus aujourd'hui. Ma règle est restée en bas, et n'est plus qu'un écrit vain. Les murs qui faisaient de son habitation un temple saint n'entourent plus qu'une caverne, et les capuchons de ses moines ne contiennent plus que de la farine avariée.

« Tout ce que l'Église épargne, et qui appartient aux pauvres de Dieu, est devenu la proie de certaines familles et de toutes sortes de vilains personnages. Ce n'est pas tant une usure condamnable qui encourt le déplaisir de Dieu que l'usage qu'en fait la perversité des moines. Grâce au relâchement des mortels, il ne suffit plus de bien planter pour que le chêne porte des glands.

(1) Il ne semble pas que la vie fût uniquement contemplative au mont Cassin, puisqu'ils évangélisaient les populations d'alentour et les convertissaient.

« Pierre avait commencé sans or et sans argent (1), moi avec le jeûne et les oraisons, François avec l'humilité. Et si tu regardes où nos œuvres ont abouti, tu verras comment elles ont passé du blanc au noir. Le Jourdain a remonté son cours, et la mer s'est enfuie, quand Dieu l'a voulu. Mais il faudrait un plus grand miracle pour que les choses fussent remises en place. »

Après qu'elle eut ainsi parlé, l'Ombre de saint Benoît se rapprocha de ses compagnons, ceux-ci se rassemblèrent, puis ils s'enlevèrent tous comme un tourbillon.

Alors, sur un signe de sa dame, Dante mit un pied sur l'escalier, et, plus vite qu'un doigt touché par le feu se retire, il se trouva transporté dans la constellation des Gémeaux, dans le ciel des étoiles fixes. C'est sous cette constellation qu'il était né (mai 1265). Et, quoiqu'il eût bien reconnu que la destinée des hommes dépendait d'eux-mêmes plus que des influences astrales, il était trop de son temps pour ne pas invoquer à cette occasion celle qui avait présidé à sa naissance.

« O glorieuses étoiles, ô lumière bienfaisante, je reconnais bien que c'est à vous que je dois mon génie, quel qu'il soit. C'est avec vous que naissait et disparaissait l'astre père de notre vie mortelle, alors que je respirai pour la première fois l'air de la Toscane. Aujourd'hui que la grâce m'a permis de pénétrer dans votre sein, je vous demande dévotement de m'assurer la force d'accomplir la tâche qui me reste. »

« A présent », lui dit Béatrice, « que tu es proche du siège suprême du salut, il faut, avant d'y entrer, que tu aies une vue plus claire et plus subtile des choses.

(1) Pierre Damien, dont il vient d'être parlé.

Regarde en bas, regarde ce monde qui est maintenant sous tes pieds. »

Dante alors regarda au-dessous de lui, et il vit les sept sphères qu'il venait de traverser, et ce globe tel que son pauvre aspect le fit sourire. Il vit la lune brillante, et dépouillée de ces taches dont il avait cherché la cause; il vit le soleil et il put en soutenir l'éclat, et il vit Mercure et Vénus se mouvoir autour de lui, et Jupiter que tempéraient Saturne et Mars. Il contempla leurs évolutions, et mesura les distances qui les séparent. Et enfin lui apparut tout entière, avec ses monts et ses abîmes, cette petite planète qui nous rend si orgueilleux. Puis ses yeux se retournèrent vers les beaux yeux de Béatrice.

XXIII

A mesure que le Poète approche du terme de son voyage, et qu'il s'élève vers les saintes régions qu'il doit atteindre, il sent son insuffisance à rendre les spectables divins qui viennent s'offrir à ses yeux mortels.

Si l'on songe au poids énorme qui pèse sur ses épaules, on ne s'étonnera pas s'il tremble. Il faudra que son poème sacré, pour représenter le Paradis, saute bien des choses, comme le voyageur saute les fossés qui coupent son chemin. Il lui semble souvent être comme celui qui a oublié son rêve et s'ingénie inutilement à le refaire en esprit. Et, rien que pour peindre la figure rayonnante de sa bien-aimée, quand il emploierait toutes les langues dont Polymnie et ses sœurs expriment le lait qui nous vivifie, il n'arriverait pas à la millième partie de ce qui pourrait en donner une idée.

Elle se tenait alors immobile et l'œil attentif comme l'oiseau qui, ayant des petits au nid bien abrité, la nuit où tout est secret, se tient sur les branches découvertes, le regard fixé sur l'aube naissante, épiant l'heure où il pourra aller chercher leur pâture.

Il voyait bien qu'elle attendait quelque chose de nouveau. « Voici », dit-elle, « l'escorte triomphale du Christ. Tu vas voir à quoi servent toutes ces sphères que tu as traversées. » Alors, de même que, dans les nuits sereines où la lune est dans son plein, on voit l'astre rire parmi les nymphes éternelles qui se peignent dans le ciel, c'est ainsi qu'il vit des milliers de lumières allumées par un soleil qui planait très haut, sans qu'on pût savoir d'où il venait (1), et dont il ne pouvait affronter l'éclat, comme notre soleil vient allumer toutes les lumières qui scintillent sur nos têtes (2).

Et comme il se tournait encore vers elle : « Pourquoi me regarder ainsi? » lui dit-elle.

« Retourne-toi donc vers le beau jardin qui fleurit sous les rayons du Christ. Là est la rose où le Verbe divin s'est fait chair, et là sont les lis dont l'odeur montre le chemin qu'il faut suivre. »

« Et, au nom de la belle fleur que j'invoque soir et matin », nous dit le poète, « toutes mes facultés se rassemblèrent pour atteindre et contempler cette étoile vivante (3) qui domine là-haut dans son étendue et sa beauté, comme elle a triomphé ici-bas. »

(1) Ce soleil, c'était le Christ.
(2) On croyait à cette époque que c'est au soleil que les étoiles doivent leur éclat.
(3) C'est la Vierge Marie, et c'est à elle que s'adressent toutes ces expressions symboliques.

Et d'en haut se détacha une couronne de feu qui vint se dessiner autour de l'étoile de Marie, et on l'aurait prise pour une lyre enchâssée dans un saphir aussi beau que le plus pur azur des cieux ; et il s'éleva une mélodie telle que les chants les plus pénétrants dont notre âme puisse être saisie ici-bas n'auraient semblé que des bruits déchirants.

Puis l'apparition s'éleva avec sa couronne lumineuse là d'où elle venait et disparut.

Et, comme les petits enfants, après s'être gorgés du lait de leur mère, tendent leurs bras vers celle qui est leur unique recours, chacune des flammes qui brûlaient là montait le plus qu'elle pouvait vers celle qui est leur amour suprême ; et elles chantaient *Regina cœli*, si doucement que les sens du Poète en ressentent encore le charme.

XXIV

Béatrice parla ainsi : « O réunion élue au grand banquet de l'Agneau béni, lequel vous nourrit de manière à vous rassasier, si par la grâce de Dieu celui-ci prélève un peu de ce qui tombe de votre table avant le temps que la mort lui prescrira, veuillez satisfaire à son immense désir, vous qui buvez sans cesse à la fontaine à laquelle il aspire. »

Béatrice parle ici le même langage allégorique dont l'auteur de *Il Convito* (le Banquet) ne se départ pas un instant le long de ce traité philosophique, ce qui était, du reste, entièrement dans les goûts du temps.

C'est à cette grande lumière qui nous représente saint Pierre qu'elle s'adresse. Elle le prie aussi, en termes plus précis, d'interroger Dante sur les points de la foi, importants ou secondaires, qu'il lui plaira de choisir, afin de s'assurer s'il aime, s'il espère, s'il croit enfin comme il faut le faire.

Dante alors fait comme le bachelier qui s'arme d'avance, se gardant de rien dire avant que le maître ait proposé la question, pour l'exposer et non pour la résoudre. Tandis que Béatrice parlait, il s'armait de tous ses raisonnements pour se trouver prêt à toute question et à toute réponse.

Je reproduis, en en suivant scrupuleusement le texte, cet examen solennel. Mais j'ai adopté la forme dialoguée qui en simplifiera le compte rendu.

Saint Pierre : Parle, bon chrétien, explique-toi. Qu'est-ce que la foi?

Ici Dante leva la tête vers son examinateur, puis se tourna vers Béatrice, et celle-ci d'un geste prompt lui fit signe de répondre.

Dante : Que la grâce qui m'est faite de me confesser au Prince des Apôtres (1) fasse que mes pensées s'expriment clairement. Mon père, ainsi que l'a écrit ton frère (saint Paul), celui qui a mis Rome dans le bon chemin, la foi est la substance des choses espérées et l'argument des choses qui ne se voient pas (2). Telle me paraît être son esssence.

Saint Pierre : Tu es dans le vrai, si tu as bien com-

---

(1) Le texte donne ici à saint Pierre le titre de *Principilo,* capitaine, grade militaire chez les Romains.

(2) *Est autem fides sperandarum rerum, argumentum non apparentium.* (Saint Paul, *Épître aux Hébreux.*)

pris pourquoi il a établi sa foi sur les substances, et ensuite sur les arguments.

Dante : Les choses profondes qui ici se manifestent à moi sont si cachées aux yeux de là-bas, que leur existence ne s'établit que sur la croyance sur laquelle se fonde l'espérance suprême, et qui prend le caractère d'une substance. Et il faut raisonner (*sillogizzare*), sans avoir d'autre donnée, sur cette croyance qui prend ainsi le caractère d'un argument.

Saint Pierre : Si ce qui là-bas s'acquiert par la science (*doctrina*) était compris ainsi, l'esprit des sophistes ne trouverait pas à s'exercer. Voici donc une monnaie bien correcte comme poids et comme titre. Mais dis-moi si tu l'as dans ta bourse.

Dante : Oui, je l'ai à bords si nets et si bien arrondis que je n'ai aucun doute sur sa marque.

Saint Pierre : Ce joyau précieux, la foi, sur lequel toute vertu est fondée, d'où te vient-il?

Dante : La pluie abondante que le Saint-Esprit a versée sur les feuilles de l'Ancien et du Nouveau Testament est le syllogisme qui me l'a si profondément enfoncée dans l'esprit que toute démonstration à son sujet me paraît dépourvue de signification.

Saint Pierre : Les propositions qui sont contenues dans l'ancienne et la nouvelle loi, pourquoi les tiens-tu pour parole divine?

Dante : La preuve qui me découvre leur vérité, c'est les œuvres qui les ont suivies (les miracles), pour lesquelles la nature n'a pas chauffé le fer, ni battu l'enclume.

Saint Pierre : Dis-moi, dis-moi qui t'assure que ces œuvres ont eu lieu. N'est-ce pas le même témoignage qui l'affirme? N'y a-t-il pas autre chose qui l'atteste?

Dante : Si le monde s'est converti au christianisme sans miracles, cela seul en est un tel que les autres n'en vaudraient pas la centième partie (1). Car c'est faible et affamé que tu es entré dans le champ où tu as jeté la bonne semence qui germa d'abord, et aujourd'hui ne pousse plus que des ronces.

Saint Pierre : La grâce qui se complaît dans ton esprit t'a fait jusqu'ici ouvrir ta bouche comme elle devait s'ouvrir, et j'approuve ce qui en est sorti. Mais il faut maintenant expliquer ce que tu crois, et d'où procède ta croyance.

Dante : O saint Père, ô esprit qui as vu par toi-même ce que tu crois, alors que tu es entré le premier dans le sépulcre du Christ, tu veux que j'exprime la forme de ma croyance, et aussi la raison qui me fait croire. Et je réponds : Je crois en Dieu seul et éternel, qui a mis les cieux en mouvement, non par une impulsion qu'il leur aurait donnée, mais par l'amour et le désir qui sont en lui. Je n'ai d'une telle croyance aucunes preuves physiques ou métaphysiques. Mais ce qui me le fait croire, c'est ce qu'ont révélé Moïse et les prophètes, et les psaumes, et l'Évangile, et vous-même qui avez écrit ce que Dieu vous inspirait. Je crois en trois personnes éternelles; et je crois qu'elles sont d'une essence une et triple, qui comporte le singulier et le pluriel. Cette profonde conjonction divine dont je parle, c'est la doctrine évangélique qui l'a imprimée à plus d'une reprise dans mon esprit. Tel est le principe de ce que je crois. Telle est l'étincelle qui s'est convertie en une flamme

(1) Dilemme célèbre de saint Augustin.

ardente, et brille en moi comme une étoile dans le ciel.

Et la lumière apostolique l'enveloppa alors trois fois de sa propre flamme, comme par un simulacre d'embrassement, pour lui témoigner combien lui avaient plu ses réponses.

On pourrait supposer que Dante s'est plu à reproduire ici un souvenir d'école, qui aurait remonté non à sa jeunesse, où il n'aurait peut-être trouvé rien de semblable dans son pays, mais à son âge mûr, alors qu'il avait hanté les leçons de l'Université de Paris. Et ce passage n'est peut-être pas un des moindres arguments à faire valoir pour confirmer ce séjour en France tant contesté.

Mais il se pourrait qu'une pensée plus profonde lui eût dicté cette curieuse reconstitution.

La guerre acharnée qu'il avait déclarée à l'Église, non à l'Église issue de l'Évangile, mais à celle de la Rome papale et des Decrétales, et la liberté avec laquelle il avait posé certaines questions de philosophie théologique, n'étaient peut-être pas sans périls. Peut-être a-t-il senti le besoin d'affirmer son orthodoxie (1), et de prévenir des accusations qui devaient le guetter, et dont tout son génie n'aurait pu lui épargner les terribles conséquences. L'histoire de ce temps nous en fournit d'héroïques et tragiques exemples.

Telle est peut-être la signification, et tel est au fond l'intérêt de ce passage, qu'il convenait de reproduire en entier.

(1) Voyez aussi dans le chant XI du *Purgatoire* la touchante paraphrase du *Pater*. Mais celle-ci pouvait convenir à bien des confessions.

XXV

Ici Dante revient un instant sur lui-même, sans doute sous l'inspiration des chants d'espérance qu'il entend retentir autour de lui.

« Si jamais », dit-il, « le poème sacré dont le ciel et la terre m'ont fourni les matériaux, et qui me fait maigrir depuis des années, vient à vaincre la méchanceté qui me sépare de la belle étable où j'ai dormi, petit agneau, et d'où m'ont chassé des loups acharnés contre elle et contre moi, c'est désormais avec une autre voix et une enveloppe nouvelle que je retournerai, poète et le front ceint de la couronne, près des fonts de mon baptême où j'étais entré avec la foi qui rapproche *les* âmes de Dieu. »

Il survient une nouvelle lumière. « Regarde, regarde », dit Béatrice, « voici celui dont on va visiter la tombe en Galice (1). »

C'était saint Jacques, dont on a fait la personnification de l'Espérance théologique. Il s'approche de saint Pierre, et les lumières de ces deux grandes Ames se confondent dans une salutation lumineuse. A la prière de Béatrice, Jacques interroge Dante sur l'Espérance.

(1) On sait que le pèlerinage au tombeau de saint Jacques de Compostelle s'est perpétué jusqu'à nos jours, bien que, d'après les *Actes des Apôtres*, ce soit en Palestine qu'Hérode ait fait mourir ce saint. Béatrice avait annoncé ainsi son apparition : « *Mira, mira, ecco il baron.* » Le poète donne quelquefois ce titre de *baron* aux grands saints qu'il introduit.

« L'Espérance », répond le Poète, « est une attente certaine de la gloire future, laquelle procède de la grâce de Dieu et des mérites antérieurs. »

C'est dans les cantiques du roi David, c'est dans les épîtres de saint Jacques lui-même qu'il s'est pénétré de ce dogme pieux, que lui aussi cherchera à répandre dans ses écrits.

Il apparut alors une étoile encore plus radieuse que les autres. C'était saint Jean, celui à qui le Christ, attaché sur la croix, donna cette mission tendre et suprême (1).

Béatrice le regardait silencieuse et immobile. Dante lui-même fixait sur lui un regard interrogateur, que cette grande lumière aveuglait.

Il s'était répandu cette croyance que saint Jean avait été élevé au ciel en corps comme en esprit : mais il n'y a que Jésus et Marie qui aient emporté au céleste séjour leur vêtement corporel. Il faudra que le Poète le redise aux hommes, quand il se retrouvera auprès d'eux.

Et celui-ci éprouva un grand saisissement quand, se retournant vers Béatrice, ses yeux qu'avait aveuglés l'éclat extrordinaire de cette grande lumière ne furent plus capables de la distinguer.

XXVI

Dante n'avait pas recouvré la vue. Le saint le rassure. Elle n'est pas perdue, elle n'est qu'égarée, et Béatrice

(1) *Mulier, ecce filium tuum.*

saura la lui rendre, et ses yeux auront bien autant de
vertu que la main d'Ananias (1). En attendant, et à titre
de compensation, il l'engage à s'entretenir encore avec
lui.

Le Poète avait déjà été interrogé sur la Foi et sur
l'Espérance. Il restait encore une des trois vertus théo-
logales, la Charité. Ces deux dernières ne donnent lieu
ici qu'à des dissertations concises et assez vagues. La
Foi, comme il est dans son essence, se prêtait à plus de
précision.

Dante explique comment c'est par des arguments
philosophiques, comme par l'autorité qui vient d'en
haut, que l'amour s'est imprimé en lui. Le bien, en
tant que bien, inspire naturellement l'amour, parce
qu'il comporte toujours avec lui la bonté. C'est la bonté
divine qui a présidé à la création. La bonté se trouvait
comprise dans la parole de Dieu lorsqu'il disait à
Moïse : « Je te ferai voir toutes mes perfections. » C'est
elle qui anime l'Évangile de saint Jean.

« J'entends bien », réplique cette sainte lumière,
« que l'intelligence humaine, de concert avec l'autorité,
a dirigé vers Dieu le premier de tes amours. Mais ne
sens-tu pas vibrer d'autres cordes d'où il sorte d'autres
sons ? »

« L'existence du monde », répond le Poète, « et ma
propre existence, la mort de celui qui l'a subie pour
que je vive, l'espérance que garde tout fidèle, comme
moi, dans l'accomplissement de ce qui a été prédit, voilà
tout ce qui, en tournant mon cœur vers Dieu, a abouti

---

(1) Ce fut la main du grand prêtre Ananias qui, en s'imposant,
guérit la cécité de saint Paul.

en moi à la charité. Voilà ce qui m'a arraché aux amours vains et m'a dirigé vers les amours vrais. J'aime toutes les branches qui recouvrent le jardin de l'éternel jardinier (1) de tout l'amour qu'il leur porte lui-même. »

Ces paroles furent suivies, en signe d'assentiment, d'une harmonie douce, et Béatrice cria trois fois avec les autres : Saint, Saint, Saint !

Et soudain il recouvra la vue, sous le regard étincelant de la sainte, avec l'impresssion de celui qui, réveillé par une clarté subite, se sent d'abord les yeux offensés avant qu'il s'en soit rendu compte. Et son étonnement fut grand d'en voir un quatrième auprès des trois Esprits avec lesquels il venait de s'entretenir.

« Sous cette flamme », lui dit Béatrice, « s'abrite la première âme qu'ait créée la puissance suprême. »

Dante fut aussitôt saisi d'un immense désir d'interroger cette âme du premier homme ; mais il osait à peine l'exprimer.

« Je vois en toi », lui dit Adam, « toutes tes pensées mieux que ne peut t'apparaître aucune certitude, parce que je la vois dans un miroir qui s'assimile toutes les choses sans qu'il se reproduise dans aucune (2). Je vais donc te dire tout ce que tu désires savoir.

« Ce n'est pas d'avoir goûté aux fruits de cet arbre, c'est d'avoir désobéi qui m'a valu mon exil.

« Dans cet endroit que la dame de tes pensées a fait quitter à Virgile (3), j'ai passé quatre mille trois cent deux révolutions du soleil à souhaiter d'arriver au séjour

(1) Il faut entendre toutes les créatures mortelles.
(2) Ce passage, très obscur, a été entendu de toutes sortes de façons.
(3) Les Limbes de l'Enfer.

des Bienheureux (1). Et j'avais vu le soleil en parcou-
rir neuf cent vingt tandis que j'étais sur la terre.

« La langue que je parlais fut éteinte avant que les
gens de Nemrod se fussent mis à leur œuvre irréali-
sable (2). Car les effets de la raison humaine et les
caprices des hommes se renouvellent sans cesse suivant
les mouvements du ciel (3). Parler est une œuvre natu-
relle à l'homme : mais que ce soit d'une manière ou
d'une autre, la nature vous laisse faire à votre guise.
Avant que je descendisse dans le séjour infernal, le sou-
verain Bien (4) s'appelait *un*. Il s'appela ensuite *il*. Les
habitudes des mortels sont comme les feuilles qui tom-
bent, puis se renouvellent (5).

« Sur cette montagne qui s'élève au-dessus des mers,
où le Paradis terrestre domine le Purgatoire, j'ai vécu
d'une vie pure d'abord, puis coupable après la septième
heure (6). »

(1) C'est-à-dire 4,302 années.
(2) La tour de Babel.
(3) Dante n'abandonne jamais complètement l'idée de quelque
influence astrale sur les choses humaines.
(4) Dieu.
(5) On lit dans le *Cours de littérature française* de Villemain :
« Dante reconnaît l'hébreu comme l'idiome original et donné de
Dieu. » Ceci ne paraît pas d'accord avec le texte de la *Comédie*.
(6) Si Adam a péché sept heures après son introduction dans le
Paradis terrestre, il n'a pas à se vanter de la vie pure qu'il avait
menée d'abord. C'est, du reste, un temps bien court pour l'appari-
tion d'Adam sur la terre, la création d'Ève et l'évolution du drame
qui devait coûter si cher à l'humanité.

XXVII

Tout le chœur céleste se mit à chanter : Gloire au Père, au Fils et au Saint-Esprit. Et Dante se sentit plongé dans une ivresse qui le pénétrait par chacun de ses sens, et qui lui semblait partagée par tout l'univers. O joie ! O allégresse ineffable ! O vie d'amour et de paix ! O possession qui ne connaît plus aucun désir !

Tandis qu'il s'abandonnait à cette extase délicieuse, les quatre lumières continuaient à flamboyer devant lui, et, comme il voyait la teinte de l'une d'elles se colorer plus vivement, il entendit la voix de saint Pierre.

« Ne t'étonne pas si tu me vois changer d'aspect : tu les verras tous changer ainsi quand j'aurai parlé.

« Celui qui a usurpé ma place, ma place, qui était vacante devant Dieu, a fait de l'endroit qui recèle mes os un cloaque de sang et de pourriture ; et cela fait la joie de ce grand pervers qui a été précipité du ciel (1). »

Et tout à l'entour se répandait la teinte sanglante que le soleil amène sur les nuages au soir et au matin.

Puis il reprit : « Ce n'est pas pour qu'ils se gorgent d'or que j'ai abreuvé de mon sang l'épouse du Christ (l'Église). C'est pour gagner le ciel que les martyrs ont versé le leur. Pouvais-je jamais penser que mes successeurs feraient deux parts du monde chrétien, et rangeraient l'une à leur droite et l'autre à leur gauche, et

---

(1) Le Saint-Siège à Rome, où le premier pontife Pierre a été mis à mort. — La joie de Satan.

que les clefs qui m'ont été remises serviraient d'enseigne pour combattre des chrétiens, et de sceau pour vendre des privilèges mensongers? Il n'est pas de prairie où ne se voient d'ici des loups dévorants vêtus en bergers. O Dieu, que fais-tu de tes vengeances? C'est pour boire notre sang qu'ils nous viendront de la Gascogne et de Cahors (1). A quelle fin misérable aura donc abouti un si beau commencement? Mais la Providence qui a suscité Scipion pour faire triompher à Rome la gloire du monde ne tardera pas à apporter un secours tant attendu, je le prévois. Et toi, mon fils, qui retourneras porter encore le fardeau mortel, ouvre la bouche, et ne cache rien de ce que je te dis. »

Et comme l'hiver on voit des flocons de neige encombrer notre atmosphère, Dante vit s'élever une nuée de lueurs pressées qu'il suivit jusqu'à ce que la distance les eût emportées hors de sa vue. Et, baissant son regard sur l'invitation de Béatrice, il vit de nouveau la terre s'étaler au-dessous de lui, mais sous un tout autre aspect que lui montrait la distance qu'il avait parcourue depuis la première fois qu'il l'avait contemplée; et d'un côté il distinguait le détroit au delà duquel Ulysse avait terminé ses folles aventures, et de l'autre lui apparaissait la région où Jupiter avait emporté la belle Europe (2).

C'est alors que, sous l'empire du regard de Béatrice,

(1) Le premier à qui sont adressées ces objurgations est Boniface VIII. Dante a toujours soutenu que ce n'était que par le mensonge et l'intrigue qu'il avait gagné la tiare. Il était mort depuis plusieurs années quand s'écrivaient ces vers. Les papes Clément X et Jean XXII étaient venus ensuite de la Gascogne et de Cahors.

(2) D'un côté le détroit de Gibraltar et de l'autre l'île de Crète.

si fulgurant qu'il semblait que Dieu s'y mirât lui-même, et dont ni la nature ni l'art ne saurait reproduire la puissance attractive, Dante se trouva transporté dans le ciel mobile. C'est celui dont l'évolution est la plus rapide. C'est à lui que les autres sphères doivent leur mouvement. Lui n'est mû que par l'amour et la lumière que Dieu projette sur lui. Il n'a ni commencement ni fin. Ni forme ni lieu ne s'y distingue ; il n'y a là ni temps ni mesure...

Le vers du Poète suffit-il à rendre ce que son ardente imagination a tenté de fixer ? Comment pénétrer l'impénétrable que la pensée seule peut sonder ? Il faut renoncer à en reproduire les expressions, insuffisantes elles-mêmes à atteindre une réalité à laquelle elles s'essayaient. Quelle pourrait en être ici l'interprétation ? Elle ne pourrait que s'égarer dans un incompréhensible qu'il n'était pas permis de prétendre pénétrer.

Puis, sans transition, une nouvelle objurgation à l'adresse habituelle.

« O cupidité, qui submerges les mortels au point qu'aucun ne parvient à regarder au-dessus de ton niveau !

« La volonté fleurit bien chez les humains : mais la pluie que tu verses sans trêve convertit les bons fruits en fruits inmangeables.

« La foi et l'innocence ne sont plus réparties qu'aux enfants. Dès que la barbe a poussé, elles disparaissent. Tel qui mangeait à peine, à l'âge où il balbutiait, dévorera plus tard n'importe quoi dans n'importe quel temps. Et celui qui, balbutiant encore, aime et caresse sa mère, plus tard ne pensera qu'à la voir enterrée. C'est ainsi que la blancheur qu'apportait le matin n'est plus qu'une teinte brune quand le soir disparaît.

« Ne vous en étonnez pas. Il n'y a plus personne qui gouverne sur la terre, et la famille humaine est toute dévoyée. Mais avant que l'hiver ait fait place à l'été, il y aura dans le ciel une telle colère qu'il faudra bien que la fortune, si longtemps attendue, tourne la proue du côté où était la poupe, et que le navire marche droit, et qu'après les fleurs les bons fruits viennent à maturité. »

XXVIII

Dante se compare à celui qui, apercevant dans un miroir placé devant lui l'image d'un flambeau allumé derrière lui, se retourne avant d'y avoir pensé, pour s'assurer de la réalité de ce que ce miroir lui avait montré. Il se retourna donc vers celle qui paradisait (1) son esprit, et vit que c'était la vérité qu'elle lui avait ouverte.

Il aperçut alors un point lumineux d'où rayonnait une clarté si vive qu'il fallait cacher ses yeux devant elle. Et en même temps il était si petit que la moindre des étoiles que nous regardons eût semblé une lune à côté. Ce point étincelant était Dieu.

Et, comme le halo qui entoure les plus brillants des astres, quand les vapeurs qui le forment sont assez épaisses, et en fait ressortir l'éclat, un cercle de feu l'environnait qui tournait avec une rapidité encore supérieure à celle du ciel mobile. Et ce cercle se trouvait contenu dans une série de cercles semblables et concentriques. On

(1) *Quella che imparadisa la mia mente.*

en comptait ainsi jusqu'à six. Un septième se développait avec un plus grand intervalle, et il en était ainsi d'un huitième et d'un neuvième. Et chacun de ces cercles de feu se mouvait moins vite, suivant qu'il était distant du point lumineux (1).

Béatrice, qui voyait l'étonnement du Poète, lui dit :

« Ce point que tu aperçois, c'est de lui que dépend le ciel et la nature entière. Regarde le cercle qui en est le plus proche. Tu vois la rapidité de sa course. C'est que c'est lui qui ressent le premier embrasement de l'amour divin. »

Dante ne se rendait pas bien compte de ce qui se passait sous ses yeux. Sur la terre on voit aussi se mouvoir des cercles concentriques ; et leur rotation est toujours d'autant plus vite qu'ils se trouvent plus éloignés du centre. Comment en est-il autrement ici ?

« Si tes doigts ne te suffisent pas », répond Béatrice, « pour défaire ce nœud, ce n'est pas étonnant, car il est d'autant plus serré que personne encore ne s'y est essayé : mais fais bien attention à ce que je vais te dire. »

Et elle lui explique que ce n'est pas d'après les apparences qu'il faut mesurer, mais d'après ce qu'elles contiennent.

Les cieux qu'il vient de traverser ont plus ou moins d'étendue, suivant le souffle divin qui se répand sur toutes leurs parties et la vertu dont il les pénètre. Celui dans lequel il se trouve en ce moment, et qui entraîne tout l'Univers avec lui, correspond au cercle le plus

---

(1) Le nom de Dieu n'est point prononcé dans le texte ; il est figuré par le mot un, *uno*.

rapproché du foyer de l'amour et de la connaissance. Et chacun des neuf ciels qu'il connait déjà correspond à chacune des neuf intelligences qui rayonnent autour du foyer suprême (1).

Dante vit alors les cercles lumineux jeter des étincelles, comme le fer qui bout, les uns plus, les autres moins, mais en de telles quantités qu'aucun nombre ne saurait l'exprimer. Et tous les chœurs chantaient : Hosanna !

« Les premiers cercles », lui expliqua alors Béatrice, « qui entourent le point suprême sont les Séraphins, puis les Chérubins, qui cherchent à leur ressembler en redoublant leur éclat par leur vitesse, et les Trônes, ainsi nommés par l'aspect divin dont ils jouissent. Car sache bien que le fondement de la Béatitude est de voir avant d'aimer (2). »

Tel est le premier ternaire. Le second ternaire comprend les Dominations, les Vertus et les Puissances, qui chantent Hosanna sur trois mélodies. Dans le troi-

---

(1) Voici quels sont les rapports qui existent entre les neuf ciels et les neuf intelligences qui entourent le point divin :

Chœurs ou cercles des purs esprits.	Sphères ou lieux du monde matériel.
Séraphins.....................	Premier mobile.
Chérubins.....................	Etoiles fixes.
Trônes	Saturne.
Dominations	Jupiter.
Vertus........................	Mars.
Puissances....................	Le soleil.
Principautés	Vénus.
Archanges	Mercure.
Anges.........................	La lune.

(2) La béatitude consiste-t-elle dans la vue avant l'amour ou dans l'amour avant la vue ? C'était de ces questions que la scolastique du moyen âge aimait à débattre.

sième ternaire sont les Principautés, les Archanges et les Anges joyeux (1). Et tandis que tous tiennent leurs regards élevés vers Dieu, leur influence descend de cercle en cercle, et de ciel en ciel, pour se répandre sur la terre (2).

C'est à saint Denis qu'est due cette exposition de la Cour céleste. Et si l'on s'étonne qu'un mortel ait pu montrer sur la terre de telles choses secrètes, c'est qu'il en avait reçu la révélation de celui qui les avait vues de ses propres yeux, ainsi que d'autres choses secrètes de cette région (3).

XXIX

Béatrice, tout en tenant ses yeux fixés sur le point divin, devinait ce qui se passait dans l'esprit de Dante. Et, sans attendre aucune demande, elle lui donna, sur le mystère de la création, des explications, empruntées aux Pères, et à l'imagination du Poète, dont j'essayerai de rendre de mon mieux la mystique concision : mais il faut reconnaître que ceux-là mêmes qui se sont chargés de les interpréter avec le plus de compétence ne paraissent pas avoir réussi à en donner une intelligence parfaite.

Dieu, bien qu'il n'eût à acquérir aucune perfection, ce qui n'eût pas été possible, voulut que sa splendeur,

(1) *Angelici ludi.*
(2) *Tutti tirati sono e tutti tirano.*
(3) C'est saint Paul qui avait révélé à saint Denis l'ordonnance de la hiérarchie céleste.

par son propre resplendissement, pût dire : J'existe.

Et, hors du temps et de l'espace, qui n'existaient pas alors, il s'entoura de la cour spirituelle que l'on voit rayonner là. Et de même qu'un rayon, dès son apparition, et sans aucun intervalle, se reproduit dans le verre, l'ambre ou le cristal, il produisit du même coup la forme et la matière.

Et tandis que les créatures célestes étaient le sommet, en bas furent placées celles qui ne jouissent que d'une pure aptitude (1), et au milieu les pouvoirs actifs (2), intermédiaires entre le sommet et la base de la construction divine. Et cette triple ordonnance fut comme trois flèches lancées par un arc à trois cordes. Il fallait qu'il en fût ainsi pour qu'aucune de ces parties ne demeurât inactive.

Mais aussitôt après cet accomplissement, le Maudit, que Dante avait vu écrasé sous le poids de l'univers (3), poussé par l'orgueil, essaya de troubler l'œuvre divine. Les autres substances demeurèrent fidèles, et, trouvant leur bonheur dans la contemplation du Divin, reconnurent la bonté qui leur avait donné une intelligence sublime.

Telle est la vérité que nous révèlent les saintes Écritures.

Mais sur la terre on s'en va chercher ailleurs les apparences pour s'y attacher. Chacun s'ingénie à faire preuve d'esprit, et les prédicateurs, laissant là l'Évangile, s'a-

---

(1) *Pura potenzia*, ce qui doit être pris dans le sens du pouvoir de recevoir des actions du dehors.

(2) *Potenzia in atto.*

(3) Il paraît que la révolte des anges rebelles ne tarda guère. *Appena creati.*

bandonnent à leur imagination. Florence ne compte pas plus de *Lapi* et de *Bindi* (1) qu'il ne se débite de fables en chaire dans une année. Le Christ n'a pas dit à ses premiers apôtres : Allez et prêchez au monde des halivernes, mais il leur donna les fondements de la vérité. Ils partirent alors pour le combat de la foi, et l'Évangile leur servait de lance et d'écu. Maintenant c'est avec des mots et des bouffonneries que l'on prêche, et, pourvu qu'on rie, l'auditoire est content, et le prédicateur n'en demande pas davantage. Cependant il y a un méchant (2) qui se cache au fond des capuchons. Et, s'il se laissait voir, la confiance ne durerait pas longtemps.

Mais la sottise s'est si bien développée sur la terre que l'on croit tout ce qu'on vous dit et vous promet, sans exiger le moindre témoignage. C'est de cela que s'engraisse le porc de saint Antoine, comme bien d'autres, pires que des porcs, et qui ne payent jamais qu'en fausse monnaie.

XXX

Comme, lorsque l'aube se lève et que le ciel commence à blanchir, les étoiles disparaissent l'une après l'autre pour faire place au plus éclatant des astres, ainsi les étincelles qui dessinaient ce cercle triomphal s'évanouirent, et le Poète ne vit plus rien. C'était comme le dernier entr'acte d'un drame.

(1) Comme on dit en Angleterre des *Smyth* ou en France des *Martin*.
(2) Le diable.

Il regarda Béatrice, et « si je voulais rassembler dans une seule louange tout ce que j'ai dit d'elle jusqu'ici, je serais inhabile à le faire. Sa beauté dépassait ce qu'il est possible de concevoir, à ce point que son créateur seul eût pu en avoir une jouissance complète. J'ai bien pu la suivre dans mes chants depuis le premier jour où j'ai contemplé son image, cette beauté surhumaine; mais en ce moment je me sens vaincu. Et ma pensée se suspend comme un artiste s'arrête après avoir achevé son dernier chef-d'œuvre. »

Elle dit : « Nous sommes sortis du premier des corps célestes pour le ciel qui est pure lumière, lumière de l'intelligence pleine d'amour, amour du vrai bien plein de joie, joie qui dépasse toute douleur. Tu vas voir ici l'une et l'autre milice du Paradis (1). Et tu verras l'une d'elles (les Bienheureux) sous les aspects qui seront les siens au jour du dernier jugement. »

Ils étaient dans l'Empyrée.

Le Poëte vit alors une grande lumière sous la forme d'une rivière dont les splendeurs d'or coulaient entre deux rives ornées de fleurs merveilleuses. De cette rivière sortaient des milliers de vives étincelles qui venaient de toutes parts se verser dans ces fleurs, semblables à des rubis enchâssés dans de l'or; elles tombaient, comme enivrées de leurs propres senteurs, se replonger dans la merveilleuse rivière; et, à mesure que les unes y rentraient, d'autres en ressortaient. Et tandis que ses yeux, tout éblouis d'abord, accoutumés ensuite, se penchaient sur le fleuve étincelant, fleurs et

---

(1) Ces deux milices sont : les créatures célestes qui entourent le trône de Dieu, et l'assemblée des Bienheureux.

étincelles semblaient revêtir une beauté nouvelle (1).

« O splendeur de Dieu », s'écrie le Poète, « à travers laquelle j'ai pu apercevoir le triomphe éclatant du royaume de la vérité, prête-moi le pouvoir de raconter ce que j'ai vu. »

Ainsi qu'un sommet vient se mirer dans l'eau comme pour s'y voir orné des verdures et des fleurs qui le couronnent, il vit, dominant la clarté partout répandue, se refléchir, dans la rivière lumineuse, plus de dix mille degrés sur lesquels se tenaient ceux qui sont revenus d'en bas. Et, comme chacun de ces degrés recueillait plus de lumière que ne nous en verse le soleil, quelle ne devait pas être la richesse de cette rose, jusqu'à l'extrémité de ses feuilles !

La vue du Poète ne s'égarait pas dans l'ampleur de ce spectacle, mais il jouissait tout entier de l'allégresse qui en émanait de toutes parts. Rien ne lui semblait être ni loin ni près, car là où Dieu gouverne immédiatement, les lois naturelles n'existent plus. Des pétales de cette rose éternelle qui s'ouvre et monte par degrés s'exhalait une odeur de louange sous le soleil d'un printemps sans fin.

Et Béatrice lui disait : « Regarde cette assemblée de blancheurs. Regarde l'immensité de notre cité, et comment toutes ces places remplies n'en laissent plus guère à occuper (2). Sur ce grand siège qui attire ton regard

(1) Il faut voir dans ces étincelles qui vont et viennent les Anges, et dans les fleurs qui couronnent les rives du fleuve étincelant les Bienheureux.

(2) Ceci paraît se rapporter à l'idée populaire, et longtemps persistante, que le jugement dernier, c'est-à-dire la fin du monde, était proche. Le monde, disait-on, finirait quand toutes les places du Paradis seraient prises.

par la couronne qui y est déjà posée, viendra s'asseoir, avant que tu viennes prendre part toi-même à la fête, l'Ame, auguste là-bas, du grand Arrigo, celui qui viendra pour relever l'Italie, avant même qu'elle y soit prête (1).

« Mais l'aveugle cupidité qui vous ronge fait de vous comme un enfant qui meurt de faim, et qui chasse sa nourrice. Il y aura alors sur le divin siège un pontife, aux paroles ouvertes et aux actions cachées, qui suivra un tout autre chemin. Mais Dieu ne l'y laissera pas longtemps, et il sera chassé là où il rencontrera Simon le Magicien, et où il devra s'étendre aux côtés du pasteur d'Anagni (2). »

XXXI

Tandis que Dante ravi contemplait la rose immaculée où s'épanouissait la milice sainte qu'avec son sang le

---

(1) Cet Arrigo est l'empereur Henri VII, qui avait entrepris sans succès de ramener l'ordre dans le monde italien. Le pape simoniaque est Clément V, qui prononça la condamnation des Templiers et transféra le trône pontifical à Avignon.

Dante, qui attendait toujours de l'empereur quel qu'il fût la régénération de l'Italie, a tenu à consacrer au moins les bonnes intentions de celui sur qui il avait fondé ses dernières espérances, et à flétrir la mémoire de Clément V, qu'il envoie, dans le VIIe cercle de l'Enfer, tenir compagnie au pape Boniface VIII.

L'empereur est mort en 1313 et le pape en 1314. Le passage du poète dans les régions secrètes étant supposé avoir lieu en 1300, il a simulé une prédiction d'événements qui étaient accomplis effectivement alors qu'il écrivait, ou peut-être qu'il retouchait son poème.

(2) Boniface VIII.

Christ a consacrée son épouse, l'autre milice (1) volti-
geait, comme un essaim d'abeilles qui va de fleur en
fleur ; et les anges répandaient sur les pétales et les
fleurs les souffles d'amour et de paix qu'ils étaient allés
respirer près de Dieu. Leurs figures étaient de flamme,
et leurs ailes étaient d'or et le reste d'une blancheur
que la neige n'a jamais égalée (2).

Et cette multitude, dans son vol épars, ne faisait
aucune ombre. Car la lumière divine pénètre partout
dans l'univers où l'on est digne de la recevoir, sans que
rien l'arrête (3).

Si les barbares accourus des régions boréales, en
voyant Rome et ses grandeurs, s'arrêtaient stupéfaits
devant le Latran, qui surpasse les autres choses mortel-
les, de quelle stupeur ne devait pas être frappé le Poète,
qui arrivait de l'humain au divin, qui passait du temps
à l'éternité, qui avait laissé derrière lui Florence pour
une assemblée de justes et de sages !

Il promenait ses regards sur les degrés célestes, et
n'y rencontrait que des expressions lumineuses de cha-
rité, d'amour et de toutes les vertus. Il n'en avait encore

(1) Les deux milices célestes sont d'une part les Anges, dont les
cercles lumineux tournaient autour de Dieu et qui voltigeaient à
l'entour, et de l'autre part les Bienheureux dont l'assemblée for-
mait la Rose mystique. Ceux-ci sont identifiés ici avec l'Église,
épouse du Christ, qui a scellé de son sang son union avec elle.

(2) Il faut bien se prêter à ces allégories, aussi gracieuses qu'é-
tranges, qui nous montrent les Anges sous une apparence d'étin-
celles, allant et venant, comme des abeilles sur les fleurs, puiser à
l'entour de Dieu des effluves de paix et d'amour, pour les répandre
ensuite dans l'espace, et qui confondent les Bienheureux avec des
pétales et des feuilles, pour en composer la Rose, ou mieux le bou-
quet mystique.

(3) Il s'agit de la pensée de Dieu que rien de matériel ne saurait
intercepter.

saisi que l'ensemble, et il se retourna pour interroger Béatrice sur les choses qui remplissaient son esprit.

Ce fut une autre voix qui lui répondit, et il vit près de lui un vieillard dont l'aspect respirait une bonté toute paternelle.

« Où est-elle ? » s'écria aussitôt le Poète.

Et le vieillard : « Béatrice m'a appelé de la place où je siégeais pour que je me prête à tes désirs. Regarde au troisième rang de ces degrés, tu la reverras sur le trône que lui ont valu ses mérites. »

Dante regarda, et il la vit entourée de rayons lumineux qui lui faisaient une couronne.

Si du fond de l'Océan on essayait d'atteindre du regard la région où se forme le tonnerre, on se trouverait à une distance moindre que celle qui le séparait d'elle, mais cela ne faisait rien, car il ne s'interposait rien entre elle et lui.

« O femme », s'écria-t-il, « à qui je dois tout le courage qui m'anime, toi qui as consenti pour mon salut à laisser dans l'Enfer la trace de tes pas, je reconnais bien la grâce et la vertu de toutes ces choses que ton pouvoir et ta bonté m'ont permis de voir. Tu m'as mené de l'esclavage à la liberté par tous les chemins et tous les moyens qui pouvaient l'atteindre. Et tu m'as prêté ta magnificence, afin que mon âme te plaise alors qu'elle se sera séparée de mon corps. »

Celle à qui il adressait cette invocation le regarda en souriant, puis se tourna vers la fontaine éternelle.

Le vieillard, qui était saint Bernard, invite alors le Poète à lever ses yeux jusqu'au sommet de la céleste assemblée : il y verra assise la Reine du ciel, devant qui ici tout s'incline.

Il la vit : et son éclat était tel que toute autre lumière semblait pâlir à l'entour, comme le feu du soleil amoindrit les clartés dont se parait le reste du firmament. Et plus de mille Anges, les ailes déployées, voletaient autour d'elle; et elle souriait à leurs jeux et à leurs chants.

XXXII

Saint Bernard, ce contemplatif, qui s'était pendant sa vie voué à l'adoration spéciale de Marie, voulut alors servir à Dante de guide à son tour, et lui faire connaître plus en détail la composition de la Rose mystique.

C'était donc comme un immense amphithéâtre dont le point le plus reculé se trouvait aussi éloigné que « le fond de l'Océan l'est des régions où se forme le tonnerre ». Mais ici, comme on l'a déjà dit, la distance ne comptait pas parce que l'étendue avait cessé d'être, et que rien de matériel ne venait s'interposer entre l'œil et l'objet de sa vision. Là étaient rangés sur des gradins, et à la place qui leur avait été dévolue, les Bienheureux (1).

L'un des côtés appartenait à ceux qui avaient cru au Christ avant sa venue, et toutes les places en étaient

(1) Il paraît qu'ils pouvaient la quitter, comme avait fait Béatrice, lorsqu'elle était allée trouver Virgile dans les Limbes, et qu'elle était venue retrouver Dante dans le Paradis terrestre, et comme avait fait saint Bernard quand il avait remplacé Béatrice auprès de lui. Quant aux apparitions lumineuses successivement rencontrées dans les sphères célestes, il semble que nous ne devions les considérer que comme des doublures.

occupées. L'autre côté était réservé à ceux qui avaient cru au Christ depuis son apparition sur la terre ; et ici des places demeuraient vides.

Au-dessous de Marie Dante vit la beauté parfaite de celle qui avait ouvert les plaies que Marie devait venir plus tard panser et guérir (1). Au-dessous d'elle Rachel, et à son côté Béatrice, et Sara, Rebecca, Judith et l'aïeule de celui qui devait chanter *Miserere mei* (2) ; au-dessous encore les femmes juives.

Au-dessous de Jean-Baptiste, saint et martyr, et qui dut passer deux années dans l'Enfer (les Limbes), parce qu'il mourut deux ans avant Jésus-Chrit, étaient assis saint Benoit, saint François et saint Augustin.

Entre les deux classes de bienheureux se trouvaient les élus qui n'ont pas été choisis pour leur propre mérite, mais pour les mérites d'autres, et dans de certaines conditions, car leurs esprits ont été séparés de leurs corps avant qu'ils eussent été en état de choisir (entre le bien et le mal). « Et tu peux les reconnaître », dit saint Bernard au Poète, « à leurs visages et à leurs voix enfantines. Ceux dont l'existence trop courte s'est hâtée vers la vie véritable (*vita vera*) n'ont pas tous une destinée semblable. Et ce n'est pas *sine causâ* (3), car ici rien n'est livré au hasard. Le souverain de ce royaume, où l'amour et la joie dépassent tout ce qui peut être souhaité, en créant tous ces esprits, les a dotés de sa grâce suivant son bon plaisir (4). Nous n'avons pas à chercher au delà de ce fait qui a été consacré par les

(1) Ève.
(2) Ruth, aïeule de David, roi et poète.
(3) Ainsi dans le texte.
(4) *A suo piacer.*

Saintes Écritures (1). Ce n'est donc pas la différence de leurs mérites qui mesure leur destin, mais le degré de la grâce qui leur a été accordé!

« Dans les premiers âges, leur innocence n'avait besoin que de la foi de leurs parents. Plus tard, elle dut, pour obtenir la grâce, être consacrée par la circoncision des mâles.

« Mais après la venue du Christ, il fallut le baptême, à défaut duquel ils furent retenus dans les régions inférieures. »

Dante vit alors se peindre sur les traits de Marie une telle allégresse que rien de ce qu'il avait vu jusqu'alors ne lui avait causé une telle admiration.

Et un ange descendit devant elle et ouvrit ses ailes; et ses traits paraissaient embrasés d'amour. Il chantait : *Ave, Maria, gratia plena*. Et la cour heureuse répondit à la divine cantilène.

« C'est », dit saint Bernard, « celui qui apporta la palme du triomphe à Marie, quand le Fils de Dieu a voulu prendre sur lui le fardeau de nos péchés. Mais lève les yeux, que je te fasse voir les hôtes les plus illustres de ce séjour divin.

« Ceux que tu vois les plus rapprochés de Marie, à ses côtés, sont comme les deux racines de cette rose. A gauche, c'est le père qui a osé goûter ce fruit dont l'amertume s'est répandue sur tout le genre humain. A droite, c'est le père antique à qui le Christ a confié les clefs de sa sainte Église. Auprès de lui, celui qui avait prévu de loin les maux qui devaient fondre sur la belle épouse du

---

(1) Allusion à la double destinée d'Ésaü et de Jacob, issus d'une même mère.

Christ (l'Église); et plus loin, ce guide qui nourrit de manne un peuple ingrat, capricieux et obstiné (1). Tout contre Pierre est assise Anne, qui ne quitte pas des yeux sa fille (2), tout en chantant *Hosanna,* et Lucie, qui t'a envoyé la dame de ton cœur, quand tu étais près de succomber.

« Mais le temps presse; il faut nous arrêter (3). Et si tu veux que tes yeux atteignent la source de tout amour, adresse-toi, pour obtenir une telle grâce, à celle dont l'aide pourra t'être efficace. Suis-moi donc attentivement, et que ton cœur ne se sépare pas de mes paroles. »

Et il commença cette sainte oraison.

J'ajouterai quelques mots à la partie du discours de saint Bernard qui a trait aux enfants.

Le Poète nous avait déjà montré dans les Limbes, séjour d'une tristesse éternelle sans souffrances, une foule d'hommes, de femmes et d'*enfants* (l'*Enfer,* ch. IV), parce qu'ils n'avaient pas adoré Dieu comme il faut le faire.

Plus tard Virgile lui révèle qu'avec lui-même habitent ce morne séjour de petits êtres innocents, que les dents de la mort ont mordus avant qu'ils eussent été lavés des péchés humains. (Le *Purgatoire,* VII.)

Ici il revient avec une insistance manifeste sur le sort de ces petits êtres, « incapables de discerner le bien et le mal », lequel dépend du *bon plaisir* de la source de tout amour et de toute joie, et de la somme quelconque de grâce qui leur a été accordée, en dehors de tout mérite. C'est ainsi qu'il s'en trouve dans le Paradis, comme il en est ailleurs.

(1) Adam, saint Pierre, Jean, auteur de l'*Apocalypse,* Moïse.
(2) Sainte Anne, mère de la Vierge.
(3) Le poète se livre quelquefois, dans ses plus hauts envolements, aux comparaisons les plus triviales. Il fait dire à saint Bernard : « Nous ferons ici un point, comme le bon tailleur qui fait l'habit selon qu'il a de la toile. »

On est tout d'abord tenté de reprocher à Dante l'impassibilité cruelle avec laquelle il enregistre ces effets de la volonté immanente et impénétrable de Dieu ou, comme on dit encore, de la Providence.

Mais ne peut-on pas admettre qu'il ait voulu précisément exposer, dans toutes ses conséquences, et dans toute leur iniquité apparente, une doctrine qu'il n'était pas libre de rejeter, et qu'il semble impossible que sa conscience ait acceptée?

Il faut se rappeler comment il a coupé court sur le sujet de la prédestination (*Paradis,* ch. XXI), et aussi avec quelle éloquence saisissante il a parlé des justes qui n'avaient pas été sauvés alors qu'ils n'avaient pu recevoir aucune notion du Christ. (*Paradis,* ch. XIX.)

De semblables réticences ne nous permettent-elles pas de pénétrer ce qui se passait au fond de l'âme de Dante? Il pouvait impunément vouer à l'exécration publique les personnes de l'Église : mais il lui était interdit de toucher à ses dogmes.

Une telle interprétation est-elle exacte? Je ne le sais pas. Mais assurément elle est à l'honneur du Poète.

XXXIII

« Vierge Marie, fille de ton fils, plus humble et plus élevée qu'aucune créature, tu es celle qui a tellement anobli la nature humaine que le Créateur n'a pas dédaigné de se faire engendrer par toi. Tu es pour nous le soleil de la charité, et chez les mortels tu es la fontaine vivante de l'espérance. Femme, ta puissance et ta grandeur sont telles que vouloir une grâce sans s'adresser à toi, c'est vouloir voler sans ailes. Tu ne te contentes pas de secourir ceux qui t'implorent, tu n'attends pas tou-

jours leurs prières. En toi la miséricorde, en toi la
piété, en toi la magnificence, en toi se réunit tout ce
qu'il peut y avoir de bonté dans la créature.   -

« Maintenant, celui-ci qui est venu jusque-là pour
voir une à une toutes les vies spirituelles, je t'en sup-
plie, fais qu'il ait la grâce de pouvoir lever les yeux
vers le signe du salut, et que les nuages de son huma-
nité se dissipent, et qu'à lui se découvre la volonté
suprême. Et toi, qui peux ce que tu veux, fais qu'après
tout ce qu'il aura vu, son âme reste pure et dépouillée
des passions humaines. Vois Béatrice et tous ces bien-
heureux lever leurs mains jointes vers toi. »

Ici il faut laisser la parole au Poète.

« Ces yeux aimés et vénérés du Seigneur, fixés sur le
saint orateur, montraient combien elle agréait cette
dévote prière. Et moi, qui m'approchais du terme de
mes désirs, je les sentais s'apaiser, et je sentais ma vue
s'éclaircir à mesure que je regardais en haut. Ce que je
vis dépasse ce qui peut se dire, et ma mémoire ne le
retrouve qu'à peine, comme, au sortir d'un rêve, on
n'en garde que l'impression en en perdant la forme, et
comme se perdaient au vent les sentences de la Si-
bylle (1).

« O suprême lumière qui t'élèves tellement au-dessus
de la conception humaine, ramène pourtant un peu ma
pensée sur ce qui m'est apparu, afin que ma langue
puisse transmettre au monde un mot sur ta gloire.

« Une fois fixé sur le foyer divin, je sentis que, s'il
s'en détournait un instant, mon regard serait anéanti.

(1) *Fata canit foliisque notas et carmina mandat*
......*rapidis ludibria ventis.* (*Enéide*, ch. VI.)

« O grâce abondante qui m'as permis de fixer la lu-
mière éternelle, j'ai vu comment ta profondeur recèle
tout ce qui se répand par tout l'univers. La substance,
l'accident, le mode, tout s'y confond dans une simple
lueur. La jouissance infinie qui m'inondait, je la retrouve
en en parlant.

« J'étais là suspendu, fixe, immobile, et plus je re-
gardais, plus s'embrasait mon esprit, devant ce Bien,
objet suprême auquel chacun aspire, devant cette per-
fection hors laquelle tout est imparfait.

« Maintenant mon discours sera court, car ma mé-
moire vacille, incertaine, comme celle d'un petit enfant
encore à la mamelle. C'est qu'à mesure que ma vue
grandissait dans cette contemplation unique, je me sen-
tais moi-même comme transfiguré.

« Et voici que dans cette grande lumière m'apparu-
rent trois cercles de couleur différente et de semblable
étendue. L'un d'eux semblait réfléchi de l'autre, et le
troisième émané de tous deux (1). Comment dire ce que
je voyais?

« O lumière éternelle qui résides seule en toi-même,
qui seule te comprends, qui t'aimes et te complais en
toi, ce cercle qui, conçu en toi, semblait réfléchi par toi,
me laissa voir une effigie humaine où s'abîma mon
regard.

« Je voulais voir ce qu'était l'image pour le cercle qui
l'offrait, et comment elle s'y adaptait. Mais ce n'était
pas à ma portée, si ce n'est la lueur soudaine qui était
venue répondre à mon désir.

---

(1) Ces trois cercles figuraient les trois personnes de la Trinité,
le Fils issu du Père, et le Saint-Esprit émané des deux.

« Mais déjà, telle une roue qui tourne d'un mouvement égal, mon esprit et ma volonté avaient suivi ailleurs l'amour qui meut le soleil et les autres étoiles (1). »

(1) Je me suis attaché, dans le récit de cette vision extraordinaire, à rendre, aussi fidèlement qu'il m'a été possible de le faire, les sensations du poète, et à reproduire les termes où il a essayé lui-même de les fixer. Toute la dernière partie en a été traduite textuellement.

Chacun des trois cantiques se termine par un même mot : *le stelle.*

E quindi uscimmo a riveder le STELLE (l'Enfer).

Puro e disposto a salire alle STELLE (le Purgatoire).

L'amor che muove il sole et l'altre STELLE (le Paradis)

FIN

Le chant portant le n° XXIX dans le poème de l'Enfer ayant été omis au cours du travail, nous le reproduirons ici (1).

XXIX

Dante était à ce point troublé par le spectacle auquel il venait d'assister, qu'il n'avait envie que de rester là et de pleurer. Virgile le tança de cette sensibilité qu'il n'avait pas montrée ailleurs, et lui rappela que le temps avançait, et qu'ils avaient encore beaucoup de choses à voir.

Tout en s'entretenant ainsi, ils arrivèrent au-dessus de la dernière enceinte de Maleboldge. Là au fond d'un gouffre obscur ils aperçurent un monceau de gens renversés les uns sur les autres. Il en sortait des lamentations si pitoyables que Dante se sentait le cœur comme percé par des flèches, et se bouchait les oreilles avec les mains. Il s'en exhalait en même temps une puanteur semblable à celle qui viendrait de corps putréfiés. C'était comme si l'on avait mis en tas tous les malades qui peuplent les hospices de Valdichiano entre juillet et septembre, avec ceux de Maremmes ou de Sardaigne.

Ces malheureux étaient étendus les uns sur le ventre, et les autres sur le dos, entassés les uns par-dessus les autres ; quelques-uns se traînaient à quatre pattes.

Deux d'entre eux, appuyés l'un sur l'autre, comme

(1) Par suite de cette omission, les numéros des chants qui suivent à partir de la page 80 devront être augmentés d'une unité.

17

deux marmites que l'on a mises à chauffer devant le feu, étaient couverts des pieds à la tête de croûtes hideuses. On n'a jamais vu manier si vivement l'étrille un garçon d'écurie surveillé par son maître, ou pressé d'aller dormir, que chacun d'eux le faisait de ses ongles, pour tâcher de soulager la démangeaison enragée que rien ne pouvait apaiser.

« O toi qui te dépouilles avec tes doigts », commença Virgile, en s'adressant à l'un d'eux, « comme on ferait avec des tenailles, dis-moi donc s'il y a quelque Latin parmi ceux qui sont ici, et puissent tes ongles suffire éternellement à un semblable travail ! »

« Nous sommes Latins tous les deux », répondit l'un d'eux en pleurant. « Mais toi qui nous fais cette question, qui es-tu toi-même ? »

Virgile lui répondit qu'il était quelqu'un qui était descendu avec un vivant dans l'Enfer, pour le lui montrer, et que ce vivant pourrait, s'ils le désiraient, rappeler leur mémoire aux humains restés là-haut.

Et comme Dante les encourageait à s'ouvrir à lui sans crainte, ils se séparèrent un peu et se tournèrent vers lui en tremblant, ainsi que d'autres qui avaient entendu

L'un d'eux, natif d'Arezzo, qui avait été brûlé à Sienne, prétendit que c'était moins pour ses pratiques d'alchimie qu'il l'avait été, que pour une plaisanterie qu'il avait faite en assurant qu'il saurait bien s'élever dans l'air en volant. C'est pour son alchimie que Minos l'avait envoyé dans ce bouge. Mais c'est pour cette parole insensée qu'on l'avait brûlé.

Dante dit alors à Virgile : « Y eut-il jamais race plus sotte que ces gens de Sienne? Les Français ne le sont certainement pas autant. »

L'autre lépreux, qui avait entendu, dit aussitôt :

« Il faut faire une exception pour Stricca, qui savait si bien régler ses dépenses, et pour Niccolo, qui a introduit dans ses jardins une culture si coûteuse, la girofle, et pour la bande où Caccia d'Ascian est parvenu à se débarrasser de ses vignes et de ses bois, et où l'Abbagliata a déployé tant de bon sens. Et pour que tu saches bien qui partage tes sentiments à l'égard des gens de Sienne, tu n'as qu'à regarder ma figure : tu verras que je suis l'Ombre de Capocchio qui falsifiait les métaux au moyen de l'alchimie. Et tu dois te rappeler, si je te reconnais bien, avec quelle habileté je savais singer la nature (1). »

(1) Si l'on veut comprendre ce passage, tout dans la manière ironique, il faut savoir qu'il s'était formé, vers cette époque, une association de jeunes gens riches qui, après avoir tous mis leur fortune en commun, s'étaient engagés à l'épuiser le plus vite possible. On les connaissait sous le nom de bande joyeuse, ou bande dépensière, *la brigata godericcia o spendericcia*. Leurs folles prodigalités n'avaient pas de mesure, et dans leurs orgies ils jetaient de l'or par les fenêtres. Au bout de vingt mois, dit-on, il ne leur restait plus rien. Quelques-uns se suicidèrent. Les autres finirent leur existence à l'hôpital ou dans des couvents.

TABLE DES MATIÈRES

(1) Se reporter à la note de la page 289.

FIN DE LA TABLE.

CPSIA information can be obtained
at www.ICGtesting.com
Printed in the USA
BVHW04*0900011018
528933BV00013B/644/P